高等院校医学实验教学系列改革教材

生物化学与分子生物学实验

主　编　宋海星　王　丹

副主编　蒲铃铃　尹小菲

编　委　曾莉萍　程　琳

　　　　杨　菁

西南交通大学出版社

·成都·

图书在版编目（CIP）数据

生物化学与分子生物学实验 / 宋海星，王丹主编
. 一成都：西南交通大学出版社，2021.8（2025.7 重印）
ISBN 978-7-5643-8200-1

Ⅰ. ①生… Ⅱ. ①宋… ②王… Ⅲ. ①生物化学 – 实
验 – 高等学校 – 教材②分子生物学 – 实验 – 高等学校 – 教
材 Ⅳ. ①Q5-33②Q7-33

中国版本图书馆 CIP 数据核字（2021）第 171444 号

Shengwu Huaxue yu Fenzi Shengwuxue Shiyan
生 物 化 学 与 分 子 生 物 学 实 验

主编　宋海星　王 丹

责任编辑	罗在伟
封面设计	何东琳设计工作室

出版发行	西南交通大学出版社
	（四川省成都市金牛区二环路北一段 111 号
	西南交通大学创新大厦 21 楼）
邮政编码	610031
发行部电话	028-87600564　028-87600533
网址	http://www.xnjdcbs.com
印刷	成都中永印务有限责任公司

成品尺寸	185 mm × 260 mm
印张	18
字数	448 千
版次	2021 年 8 月第 1 版
印次	2025 年 7 月第 3 次
定价	48.00 元
书号	ISBN 978-7-5643-8200-1

前 言

PREFACE

"生物化学与分子生物学实验"课程经过多年的改革和完善，充分体现出实验技术在生物化学与分子生物学中的重要地位和作用。以往实验项目常附属理论课程之后，作为知识补充和实践学习，在教学过程也经常出现实验相关知识在理论课程教学中相对独立或涉及很少，以及实验教学因学时有限，没有充足的时间讲授相关理论内容等情况。生物化学与分子生物学实验技术具有完整而系统的知识体系，实验理论详尽充分，可以构成独立设置的课程，以便于学生进行实验技术的系统培训。本书内容按实验不同层面类别分列于 4 篇中，从基本实验操作到综合设计性实验延伸，可供不同条件的学校选做，特别是一些实验设备和经费有限的院校，可以让学生做一些基本实验。同时添加了生物化学与分子生物学常用软件和相关网站介绍，通过教师的讲授和演示，借助微课视频和网络等手段，可以提高实验技术的教学效果。书中一些难度较大的实验，可供教学条件较好的院校选做，也为学校条件的改善和学科的发展留出了适当的余地。希望本书的出版，能够促进生物化学与分子生物学实验独立设课的进程，能够有利于提高学生的技术水平和创新能力，也希望本书的出版能进一步推广"讲做结合"的教学模式，从而大幅提高生物化学与分子生物学实验教学水平。

本书将生物化学与分子生物学实验理论与技术融为一体，涉及有机化学、物理化学、生物化学以及分子生物学等多门学科，故仅是生物化学与分子生物学理论难以支撑，特别是实验中各实验试剂的作用及功能，质与量对实验的影响等方面，以往教学中往往有所偏缺，因此对于实验本身的原理及实验相关理论，本书进行了补充和完善，有利于提高教学效率。另外，由于不少院校相关课程学时较少，附属实验项目和时间更为简略，因此本书作为独立系统的一门课程引导教材，对于单独开设实验课程具有一定支撑意义，将生物化学与分子生物学实验作为一门单独的课来开设，对于促进学生培养动手能力、加深理论知识掌握，显然是有利的。

本书力求全面系统、深入浅出、注重实用，技术原理的叙述避免与理论课重复，对于每一种生物大分子都从定量到定性进行实验讲解和操作，在第 4 篇中注重综合设计性实验思维和技能的培养，提高学生对理论和实验的掌握能力。同时补充部分最新实验技术，如生物芯片和蛋白质组学涉及的相关部分实验，以增加学生对前沿知识领域的了解和掌握。

本书适合作为本科生或硕士研究生实验技术课的教材，也可供有关科技人员参考。

由于作者水平有限，本书难免存在疏漏和不足之处，恳请有关专家和广大读者批评指正。

编　者

2021 年 5 月

目 录
CONTENTS

第五篇　生物信息与数据库的使用

第一篇
常用实验仪器及实验技术

一、引 言

层析法又称色层分析法或色谱法（Chromatography），是一种基于被分离物质的物理、化学及生物学特性的不同，使它们在某种基质中移动速度不同而进行分离和分析的方法。例如：我们利用物质在溶解度、吸附能力、立体化学特性及分子的大小、带电情况及离子交换、亲和力的大小及特异的生物学反应等方面的差异，使其在流动相与固定相之间的分配系数（或称分配常数）不同，达到彼此分离的目的。目前层析法已成为生物化学、分子生物学及其他学科领域有效的分离、分析工具之一。

二、层析的基本概念

（一）固定相

固定相是层析的一个基质。它可以是固体物质（如吸附剂，凝胶，离子交换剂等），也可以是液体物质（如固定在硅胶或纤维素上的溶液），这些基质能与待分离的化合物进行可逆的吸附，溶解，交换等作用。它对层析的效果起着关键的作用。

（二）流动相

在层析过程中，推动固定相上待分离的物质朝着一个方向移动的液体、气体或超临界体等，都称为流动相。柱层析中一般称为洗脱剂，薄层层析时称为展层剂。它也是层析分离中的重要影响因素之一。

（三）分配系数及迁移率（或比移值）

分配系数是指在一定的条件下，某种组分在固定相和流动相中含量（浓度）的比值，常用 K 来表示。分配系数是层析中分离纯化物质的主要依据。

$$K=C_s/C_m \tag{1-1}$$

式中：C_s——固定相中的浓度；

C_m——流动相中的浓度。

迁移率（或比移值）是指在一定条件下，在相同的时间内某一组分在固定相移动的距离与流动相本身移动的距离之比值。常用 R_f 来表示。实验中我们还常用相对迁移率的概念。相对迁移率是指在一定条件下，在相同时间内，某一组分在固定相中移动的距离与某一标准物质在固定相中移动的距离之比值。它可以≤1，也可以>1，用 R_x 来表示。

不同物质的分配系数或迁移率是不同的。分配系数或迁移率的差异程度是决定几种物质采用层析方法能否分离的先决条件。很显然，差异越大，分离效果越理想。

分配系数主要与下列因素有关：被分离物质本身的性质；固定相和流动相的性质；层析柱的温度。对于温度的影响有下列关系式：

$$\ln K \sim (\Delta G^{\ominus}/RT)$$

式中：K——分配系数（或平衡常数）；

$\Delta G^{\ominus}$——标准自由能变化；

R——气体常数；

T——绝对温度。

这是层析分离的热力学基础。一般情况下，层析时组分的 $\Delta G^{\ominus}$ 为负值，则温度与分配系数成反比关系。通常温度上升20 ℃，K 值下降一半，它将导致组分移动速率增加。这也是为什么在层析时最好采用恒温柱的原因。有时对于 K 值相近的不同物质，可通过改变温度的方法，增大 K 值之间的差异，达到分离的目的。

三、层析的基本理论

对于一个层析柱来说，可作如下基本假设：

（1）层析柱的内径和柱内的填料是均匀的，而且层析柱由若干层组成。每层高度为一个理论塔板。塔板一部分为固定相占据，一部分为流动相占据，且各塔板的流动相体积相等，称为板体积。

（2）每个塔板内溶质分子在固定相与流动相之间瞬间达到平衡，且忽略分子纵向扩散。

（3）溶质在各塔板上的分配系数是一常数，与溶质在塔板的量无关。

（4）流动相通过层析柱可以看成是脉冲式的间歇过程（即不连续过程）。

（5）溶质开始加在层析柱的第零塔板上。根据以上假定，将连续的层析过程分解成了间歇的动作，这与多次萃取过程相似，一个理论塔板相当于一个两相平衡的小单元。

四、层析的分类

层析根据不同的标准可以分为多种类型。

（一）按固定相基质的形式分

层析可以分为纸层析、薄层层析和柱层析。纸层析是指以滤纸作为基质的层析。薄层层析是将基质在玻璃或塑料等光滑表面铺成一薄层，在薄层上进行层析。柱层析则是指将基质填装在管中形成柱形，在柱中进行层析。纸层析和薄层层析主要适用于小分子物质的快速检测分析和少量分离制备，通常为一次性使用，而柱层析是常用的层析形式，适用于样品分析、分离。生物化学中常用的凝胶层析、离子交换层析、亲和层析、高效液相色谱等都通常采用柱层析形式。

（二）按流动相的形式分

层析可以分为气相层析和液相层析。气相层析是指流动相为气体的层析，而液相层析指流动相为液体的层析。气相层析测定样品时需要气化，大大限制了其在生物化学领域的应用，主要用于氨基酸、核酸、糖类、脂肪酸等小分子的分析鉴定。而液相层析是生物领域最常用的层析形式，适于生物样品的分析、分离。

（三）按分离的原理不同分

层析主要可以分为吸附层析、分配层析、凝胶过滤层析、离子交换层析、亲和层析等。

1. 吸附层析

以吸附剂为固定相，根据待分离物与吸附剂之间吸附力不同而达到分离目的的一种层析技术。

2. 分配层析

根据在一个有两相同时存在的溶剂系统中，不同物质的分配系数不同而达到分离目的的一种层析技术。

3. 凝胶过滤层析（分子筛）

指混合物随流动相流经固定相的层析柱时，混合物中各组分按其分子大小不同而被分类的技术。

（1）基本原理。

凝胶过滤层析的固定相是凝胶。凝胶是一种不带电荷的具有三维空间多孔网状结构的物质，凝胶的每个颗粒内部都具有很多细微的小孔，如同筛子一样，如图 1-1 所示。凝胶特点：不带电荷，三维结构，细微多孔呈网状。

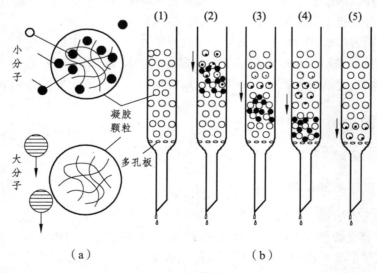

图 1-1　凝胶层析的原理

常用凝胶有琼脂糖凝胶、聚丙烯酰胺凝胶、葡聚糖凝胶等。

葡聚糖凝胶介质是由多聚葡聚糖与环氧绿丙烷交联而成。最常用的葡聚糖凝胶层析介质是 Sephadex G 系列，不同型号的凝胶用 G 表示，G 代表交联度，从 G-10 到 G-100。"G"后面的数字表示每 10 g 干胶的吸水量，可根据待分离混合物分子量大小选用不同"G"值的凝胶。

（2）分离过程。

小分子物质→凝胶内部→进出，流程长→V 下降→后流出大分子物质→不进入孔内部，只在颗粒间移动→流程短，先流出。分子量大小不同的物质因此得以分离。

（3）影响凝胶层析的主要因素。

① 层析柱的选择与装填：层析柱的大小应根据分离样品量的多少及对分辨率的要求而定。凝胶柱填装后用肉眼观察应均匀、无纹路、无气泡。

凝胶层析

② 流动相-洗脱液的选择：是含有一定浓度盐的缓冲液，目的是防止凝胶可能有吸附作用。其选择主要取决于待分离样品，一般来说只要能溶解洗脱物质，并不使其变性的缓冲液都可用于凝胶层析。

③ 加样量：加样量的多少应根据具体的实验而定。一般分级分离时加样量约为凝胶柱床体积的 1% ~ 5%，而分组分离时加样量约为凝胶柱床体积的 10% ~ 25%。

④ 凝胶再生：葡聚糖凝胶再生使用 NaOH（0.2 mol/L）和 NaCl（0.5 mol/L）合液处理。

4. 离子交换层析

利用离子交换剂对需要分离的各种离子具有不同的亲和力（静电引力）而达到分离目的的层析技术。

（1）离子交换层析的固定相是离子交换剂，流动相是具有一定 pH 和一定离子强度的电解质溶液。

（2）离子交换剂是具有酸性或碱性基团的不溶性高分子化合物，这些带电荷的酸性或碱性基团与其母体以共价键相连，这些基团所吸引的阳离子或阴离子可以与水溶液中的阳离子或阴离子进行可逆的交换。因此根据可交换离子的性质将离子交换剂分为两大类：阳离子交换剂和阴离子交换剂。

（3）据离子交换剂的化学本质，可将其分为离子交换树脂、离子交换纤维素和离子交换葡聚糖等多种。

① 离子交换树脂是人工合成的高分子化合物，生化实验中所用的离子交换树脂多为交联聚苯乙烯衍生物。离子交换树脂多用于样品去离子，从废液中回收所需的离子和水的处理等。由于它可使不稳定的生物大分子变性，因此不适用于对生物样品进行分离。

② 离子交换纤维素可用于生物大分子的分离。其缺点是分子形态不规则，孔隙不均一，对要求非常严格的试验尚不能达到要求。较为理想的离子交换剂是离子交换葡聚糖凝胶和离子交换琼脂糖凝胶。它们具有颗粒整齐，孔径均一等优点，往往得到较好的分离效果。

（4）根据各种离子交换剂所带酸性和碱性功能团的不同和其解离能力的差异，各种交换剂又可进一步分为强酸型、弱酸型、强碱型和弱碱型四种。

（5）离子交换层析的基本过程是：离子交换剂经适当处理、装柱后，应该先用酸或碱处理（视具体情况可用一定 pH 的缓冲液处理），使离子交换剂变成相应的离子型（阳离子交换剂带负电并吸引相反离子 H^+，阴离子交换剂带正电并吸引相反离子 OH^-）。加入样品后，使样品与交换剂所吸引的相反离子（H⁺或 OH⁻）进行交换，样品中待分离物质便通过电价键吸附于离子交换剂上面。然后用不会改变交换剂对样品离子亲和状态的溶液（如起始缓冲液）充分冲洗，使未吸附的物质洗出。洗脱待分离物质时常用的两种方法，一是制作电解质浓度梯度，即离子强度梯度。通过不断增加离子度使吸附到交换剂上的物质根据其静电引力的大小而不断竞争性的解脱下来；二是制作 pH 梯度，影响样品电离能力，也使交换剂与样品离子亲和力下降，当 pH 梯度接近各样品离子的等电点时，该离子就被解脱下来。在实际工作中，离子强度梯度和 pH 梯度可以是连续的（称梯度洗脱），也可以是不连续的（称阶段洗脱）。一般来讲，前者分离的效果比后者的分离效果理想，梯度洗脱需要梯度混合器来制造离子强度梯度或 pH 梯度。最简单的梯度混合器，它由两个容器组成，两容器之间以连通管相连接，与出口连接的容器装有搅拌装置，内盛起始洗脱液，此洗脱液代表开始洗脱的离子强度（或起始 pH）；另一容器内盛有终末洗脱液，此洗脱液代表洗脱的最后离子强度（或最后 pH）。在洗脱过程中，由于终末洗脱液不断进入起始洗脱液中，并不断被搅拌均匀，所以流出的洗脱液成分不断的由起始状态向终末状态演变形成连续的梯度变化。

5. 亲和层析

亲和层析法是近年来被广为重视并得到迅速发展的提纯、分离方法之一。许多物质都具有和某化合物发生特异性可逆结合的特性。例如：酶与辅酶或酶与底物（产物或竞争性抑制剂等），抗原与抗体，凝集素与受体，维生素与结合蛋白，凝集素与多糖（或糖蛋白、细胞表面受体），核酸与互补链（或组蛋白、核酸多聚酶、结合蛋白）以及细胞与细胞表面特异蛋白（或凝集素）等。亲和层析法就是利用化学方法将可与待分离物质可逆性特异结合的化合物（称配体）连接到某种固相载体上，并将载有配体的固相载体装柱，当待提纯的生物大分子通过此层析柱时，此生物大分子便与载体上的配体特异的结合而留在柱上，其他物质则被冲洗出去。然后再用适当方法使这种生物大分子从配体上分离并洗脱下来，从而达到分离提纯的目的。

亲和层析由于配体与待分离物质进行特异性结合，所以分离提纯的效率极高，提纯度可达几千倍，是当前最为理想的提纯方法。亲和层析配体与待分离物质特异性结合性质还可用来从变性的样品中提纯出其中未变性部分，从大量污染的物质中提纯小量所需成分。亲和层析还可用来从极度稀薄的液体中浓缩其溶质。亲和层析所用的载体和凝胶过滤所要求的凝胶特性相同，即化学性质稳定，不带电荷，吸附能力弱，网状疏松，机械强度好，不易变形，保障流速的物质。聚丙烯酰胺凝胶颗粒、葡聚糖凝胶颗粒以及琼脂糖凝胶颗粒都可用，其中以琼脂糖凝胶（Sephadex 4B）型应用最广泛。亲和层析的关键是设法选择合适的配体并将此配体与载体化学连接起来，形成稳定的共价键，这需要在实际工作中根据需要加以选择和试验。

第二节　分光光度技术

一、分光光度技术简介

有色溶液对光线有选择性地吸收作用，不同物质由于其分子结构不同，对不同波长光线的吸收能力也不同，因此，每种物质都具有其特异的吸收光谱。有些无色溶液，虽对可见光无吸收作用，但所含物质可以吸收特定波长的紫外线或红外线。分光光度法是利用物质对光的吸收特征和吸收强度，对物质进行定性、定量分析和物质结构分析的方法，其理论依据主要是利用物质特有的朗伯-比尔定律（Lambert-Beer law）。

分光光度法由比色法发展而成。比色法的应用只限于在可见光区，所用的单色光来自滤光片，谱带宽度为 40~120 nm，精度不高；而分光光度法可以扩展到紫外光区和红外光区，所用的单色光要求近于真正单色光，来自棱镜或光栅，其光谱带宽最大不超过 3 nm，在紫外区可到 1 nm 以下，具有较高的精度。

二、基本原理

当光线照射到物体上，便会有部分光线的能量被物质所吸收。不同物质有它特异的吸收光谱，吸收光谱的测定可以用来鉴别各种不同的物质。

朗伯-比尔定律是分光光度法的基本定律，是描述物质对某一波长光吸收的强弱与吸光物质及其液层厚度间的关系。

根据朗伯-比尔定律，当一束单色光通过溶液时由于部分能量被溶液吸收，通过溶液后射出的光线强度 I 就要比入射光线强度 I_0 小，它们的比值（透光度 $T=I/I_0$）和溶液的厚度（L）及溶液的浓度（C）有如下的关系：

$$D = -\lg \frac{I}{I_0} = KCL \qquad (1-2)$$

式中：K——常数，称为消光系数（Extinction coefficient，也有用符号 E 表示），表示物质对光线吸收的本领，其数值因物质的种类及光线的波长而异。

D——吸光度（Optical density，OD），表示该溶液对光线吸收的量，亦称之为吸光率（Absorbance，A）。

常用的有紫外分光光度法及比色分析法。前者应用紫外光区波长的光，其优点是不需显色、简便迅速，有时标本还可回收，减少消耗；后者是指应用波长为可见光范围内的分光光度计，比较待测溶液和标准溶液的光吸收能力来测定未知浓度的方法。待测溶液浓度的计算方法如下：

（一）利用标准管浓度的计算

当溶液的厚度（L）不变，对于同一物质和同样波长的单色光（即消光系数不变），溶液的吸光度和溶液的浓度成正比，即：

$$\frac{D_1}{D_2} = \frac{C_1}{C_2} \qquad (1-3)$$

根据式（1-3），D_1 为待测溶液的吸光度值，D_2 为标准溶液的吸光度值，若 C_2 为已知浓度的标准溶液的浓度，则根据吸光度的比值即可求出待测溶液的浓度 C_1。

（二）利用消光系数的计算

从式（1-2）还可以看到若已知溶液的消光系数和溶液的厚度（即比色杯的内径，常用的比色杯内径为 1 cm），也可以直接从吸光度推算出溶液的浓度。

消光系数的常用表示方法有如下 2 种：

（1）百分消光系数：即浓度以百分浓度 g/100 mL 来表示的消光系数，实际就是当溶液浓度为 1%及厚度为 1 cm 时的吸光度值。

（2）摩尔消光系数：即浓度以摩尔浓度来表示的消光系数，实际就是当溶液浓度为 1 mol/L 及厚度为 1 cm 时的吸光度值。

（三）利用标准曲线求得

分析大批样品时，采用此法比较方便，但需要事先制作一条标准曲线（或称工作曲线）。

配制一系列浓度由小到大的标准溶液，测出它们的光吸收。在标准溶液的一定浓度范围内，溶液的浓度与其光吸收之间呈直线关系。以各标准溶液的浓度为横坐标，相应的光吸收为纵坐标，在方格坐标纸上绘出标准曲线。制作标准曲线时，起码要选 5 种浓度递增的标准溶液，测出的数据至少要 3 个落在直线上，这样的标准曲线方可使用。

比色测定待测样品时，操作条件应与制作标准曲线时相同。测出光吸收后，从标准曲线上可以直接查出它的浓度，并计算出待测样品的含量。

三、分光光度技术的基本应用

（一）测定溶液中物质的含量

可见或紫外分光光度法都可用于测定溶液中物质的含量。测定标准溶液（浓度已知的溶液）和未知液（浓度待测定的溶液）的吸光度，进行比较，由于所用吸收池的厚度是一样的。也可以先测出不同浓度的标准液的吸光度，绘制标准曲线，在选定的浓度范围内标准曲线应该是一条直线，然后测定出未知液的吸光度，即可从标准曲线上查到其相对应的浓度。

含量测定时所用波长通常要选择被测物质的最大吸收波长，这样做有如下 2 个好处：

（1）灵敏度大，物质在含量上的稍许变化将引起较大的吸光度差异。

（2）可以避免其他物质的干扰。

（二）用紫外光谱鉴定化合物

使用分光光度计可以绘制吸收光谱曲线。方法是用各种波长不同的单色光分别通过某一浓度的溶液，测定此溶液对每一种单色光的吸光度，然后以波长为横坐标，以吸光度为纵坐标绘制吸光度-波长曲线，此曲线即吸收光谱曲线。各种物质有它自己一定的吸收光谱曲线，因此用吸收光谱曲线图可以进行物质种类的鉴定。当一种未知物质的吸收光谱曲线和某一已知物质的吸收光谱曲线形状一样时，则很可能它们是同一物质。一定物质在不同浓度时，其吸收光谱曲线中，峰值的大小不同，但形状相似，即吸收高峰和低峰的波长是一定的。紫外线吸收是由不饱和的结构造成的，含有双键的化合物表现出吸收峰。紫外吸收光谱比较简单，同一种物质的紫外吸收光谱应完全一致，但具有相同吸收光谱的化合物其结构不一定相同。除了特殊情况外，单独依靠紫外吸收光谱决定一个未知物结构，必须与其他方法配合。紫外吸收光谱分析主要用于已知物质的定量分析和纯度分析。

第三节　离心技术

一、离心技术简介

离心技术是根据颗粒在匀速圆周运动时受到一个外向的离心力的行为发展起来的一种分离分析技术。

当物体围绕一个中心轴做圆周运动时，运动物体就会受到离心力的作用，旋转速度越快，运动物体所受到的离心力越大。将装有悬浮液或高分子溶液的容器放在离心机内，使之绕离心机中心轴高速旋转，就会产生离心力场，强大的离心力作用于溶剂中的悬浮颗粒或高分子，会使其沿着离心力的方向运动而逐渐背离中心轴。在相同转速条件下，容器中不同大小的悬浮颗粒或高分子溶质会以不同的速率沉降。经过一定时间的离心，就能实现不同悬浮颗粒或高分子溶质的有效分离。

离心机的主要用途是分离溶液中的物质，如分离蛋白质、DNA、细胞等。通常用各种专门的离心机、转子、离心管来完成不同的实验，离心机提供驱动力，而转子决定细化的离心功能。通过仔细选用离心机、转子和离心管，可以达到预期的目的。

用于工业生产的，如化工、制药、食品等工业大型制备用的离心技术，转速都在5000 r/min 以下。用于生物、医学、化学等实验室分析研究的，转速从每分钟几千到几万转以上，此类技术的使用目的在于分离和纯化样品，以及对纯化样品的有关性能进行研究。

二、基本原理

（一）离心力（Centrifugal force，F）

$$F=m\omega^2 r \qquad (1\text{-}4)$$

式中：ω——旋转角速度，rad/s；

　　　r——旋转体离旋转轴的距离，cm；

　　　m——颗粒质量。

（二）相对离心力（Relative centrifugal force，RCF）

实际离心力转化为重力加速度的倍数。

$$RCF = F_{离心力}/F_{重力} = m\omega^2 r/mg = \omega^2 r/g \qquad (1\text{-}5)$$

式中：g——重力加速度（9.807 m/s^2）。

由于转子旋转一周等于 2π 弧度，因此转子的角速度以每分钟旋转的次数（每分钟转数 n 或 r/min）表示：一般情况下，低速离心时常以 r/min 来表示，高速离心时则以 g（或数字 Xg）表示。

用"Xg"表示每分钟转速可以真实反映颗粒在离心管不同位置的离心力。

（三）沉降系数（Sedimentation coefficient, S）

当转子内样品绕着旋转轴离心时，样品沉降率是由样品颗粒的大小、形状、密度和溶剂的黏度、密度以及离心加速度决定的，在一般情况下，样品的沉降特征可以用沉降系数来表示：

S 是指单位离心场中粒子移动的速度。S 的物理意义是颗粒在离心力作用下从静止状态到达匀速运动所经过的时间。S 在实际应用时常在 $10 \sim 13$ s，故把沉降系数 $10 \sim 13$ s 称为一个 Svedberg 单位，简写 S，单位为（s），$1S=1 \times (10 \sim 13)$ s。对一定的样品，在一定的介质中，样品沉降系数 S 常保持不变。文献中常用沉降系数来描述某些生物大分子或亚细胞器大小。

三、离心分离方法

根据离心原理，按照实际工作的需要，目前可设计出各种离心方法，综合起来可分三类：

（一）平衡离心法

根据粒子大小、形状不同进行分离，包括差速离心法（Differential velocity centrifugation）和速率区带离心法（Rate zonal centrifugation）。

1. 差速离心法

（1）基本原理：它利用不同的粒子在离心力场中沉降的差别，在同一离心条件下，沉降速度不同，通过不断增加相对离心力，使得非均匀混合液内的大小、形状不同的粒子分步沉淀。操作过程中一般是离心后用倾倒的办法把上清液与沉淀分开，然后将上清液加高转速离心，分离出第二部分沉淀，如此往复加高转速，逐级分离出所需要的物质。差速离心的分辨率不高，沉淀系数在同一个数量级内的各种粒子不容易分开，常用于其他分离手段之前的粗制品提取。

（2）注意点：可用角式、水平式转头；可用刹车；难以获得高纯度。例如，用差速离心法分离已破碎的细胞各组分。

2. 速率区带离心法

（1）基本原理：离心前在离心管内先装入密度梯度介质（如蔗糖、甘油、KBr、CsCl 等），待分离的样品铺在梯度液的顶部、离心管底部或梯度层中间，同梯度液一起离心。离心后在近旋转轴处的介质密度最小，离旋转轴最远处介质的密度最大，但最大介质密度必须小于样品中粒子的最小密度。这种方法是根据分离的粒子其在梯度液中沉降速度的不同，使具有不同沉降速度的粒子处于不同的密度梯度层内分成一系列区带，达到彼此分离的目的。

梯度液在离心过程中以及离心完毕后，取样时起着支持介质和稳定剂的作用，避免因机械振动而引起已分层的粒子再混合。该离心法的离心时间要严格控制，既要有足够的时间使各种粒子在介质梯度中形成区带，又要控制在任意一个粒子达到沉淀前。如果离心时间过长，所有的样品可全部到达离心管底部；离心时间不足，样品还没有分离。由于此法是一种不完全的沉降，沉降受物质本身大小的影响较大，一般是应用在物质大小相异而密度相同的情况。

（2）注意点：严格控制离心时间；粒子密度大于介质密度；样品事先配制在较平缓的连续密度的梯度溶液；不能用角式转头、只能用水平式转头；不能用刹车。

（二）等密度离心法（Isopynic centrifugation）

等密度离心法又称等比重离心法，根据粒子密度差进行分离，等密度离心法和上述速率区带离心法合称为密度梯度离心法。

（1）基本原理：在离心前预先配制介质的密度梯度，此种密度梯度液包含了被分离样品中所有粒子的密度，待分离的样品铺在梯度液顶部或和梯度液先混合，离心开始后，当梯度液由于离心力的作用逐渐形成管底浓而管顶稀的密度梯度，与此同时原来分布均匀粒子也发生重新分布。当管底介质的密度大于粒子的密度，粒子上浮；在弯管顶处粒子密度大于介质密度时，则粒子沉降，最后粒子进入一个它本身的密度位置即粒子密度等于介质密度，此时粒子速度为零，不再移动，粒子形成纯组分的区带，与样品粒子的密度有关，而与粒子的大小和其他参数无关，因此只要转速、温度不变，则延长离心时间也不能改变这些粒子的成带位置。

（2）注意点：离心时间要长；可用角式转头或水平式转头；粒子密度相近或相等时不宜用；密度梯度溶液中要包含所有粒子密度；不能用刹车。

（三）经典式沉降平衡离心法

用于对生物大分子分子量的测定、纯度估计、构象变化。

四、梯度溶液的制备

（一）梯度材料的选择原则

（1）与被分离的生物材料不发生反应，且易与所分离的生物材料分开。

（2）可达到要求的密度范围，且在所要求的密度范围内，黏度低，渗透压低，离子强度和 pH 变化较小。

（3）不会对离心设备发生腐蚀作用。

（4）容易纯化，价格便宜或容易回收。

（5）浓度便于测定，如具有折光率。

（6）对于分析超速离心工作来说，它的物理性质，热力学性质应该是已知的。

（二）梯度材料的选择范围

1. 蔗　糖

水溶性大，性质稳定，渗透压较高，其最高密度可达 1.33 g/mL。由于价格低，容易制备，是现在实验室里常用于细胞器、病毒、RNA 分离的梯度材料，但由于有较大的渗透压，不宜用于细胞的分离。

2. 聚蔗糖

商品名 Ficoll，常采用 Ficoll-400，也就是相对分子重量为 400 000。Ficoll 渗透压低，但它的黏度却特别高，为此常与泛影葡胺混合使用以降低黏度。主要用于分离各种细胞包括血细胞、成纤维细胞、肿瘤细胞、鼠肝细胞等。

3. 氯化铯

一种离子性介质、水溶性大，由于它是重金属盐类，在离心时形成的梯度有较好的分辨率，被广泛地用于 DNA、质粒、病毒和脂蛋白的分离，但价格较贵。

4. 卤化盐类

KBr 和 NaCl 可用于脂蛋白分离，KI 和 NaI 可用于 RNA 分离，其分辨率高于铯盐。NaI 也可用于分离天然或变性的 DNA。

5. Percoll

商品名，一种 SiO_2 胶体外面包了一层聚乙烯吡咯酮（PVP），渗透压低，对生物材料的影响小，而且颗粒稳定，在冷却和冻融情况下还是稳定的。其黏度高，在酸性 pH 和高离子强度下不稳定。可用于细胞、细胞器和病毒的分离。

五、分析性超速离心

与制备性超速离心不同的是，分析性超速离心主要是为了研究生物大分子的沉降特性和结构，而不是专门收集某一特定组分。因此它使用了特殊的转子和检测手段，以便连续地监视物质在一个离心场中的沉降过程。

分析性超速离心机主要由一个椭圆形的转子、一套真空系统和一套光学系统所组成。该转子通过一个柔性的轴连接一个高速的驱动装置，这轴可使转子在旋转时形成自己的轴。转子在一个冷冻的真空腔中旋转，其容纳两个小室：分析室和配衡室，有上下两个平面的石英窗，离心机中装有的光学系统可保证在整个离心期间都能观察小室中正在沉降的物质，可以通过对紫外光的吸收（如对蛋白质和 DNA）或折射率的不同对沉降物进行监视。该方法的原理是：当光线通过一个具有不同密度区的透明液时，在这些区带的界面上产生光的折射。在分析室中物质沉降时重粒子和轻粒子之间形成的界面就像一个折射的透镜，结果在检测系统的照相底板上产生一个"峰"。由于沉降不断进行，界面向前推进，故这个"峰"也在移动，从峰移动的速度可以得到物质沉降速度的指标。

第四节　透析超滤沉淀法

常用的分离纯化方法有：透析、超滤、沉淀、快速制备型液相色谱以及等电聚焦制备电泳等。

一、透　析

自 Thomas Graham 1861 年发明透析方法至今已有 160 余年。透析已成为生物化学实验室最简便最常用的分离纯化技术之一。在生物大分子的制备过程中，除盐、除少量有机溶剂、除去生物小分子杂质和浓缩样品等都要用到透析的技术。

（一）基本原理

透析是利用蛋白质等生物大分子不能透过半透膜的性质的一类纯化方法。用半透膜将含生物大分子的盐类溶液与蒸馏水（或其他不含该生物大分子的溶液）分隔开，放置一段时间后，大分子溶液的成分就会发生改变，除不能透过膜的生物大分子外，其他低分子物质（如盐类、单糖或二糖等）则可透过膜而使两边的成分达到平衡，膜两侧这些物质的浓度都会发生明显的变化。

透析的动力是扩散压，扩散压是由横跨膜两边的浓度梯度形成的。透析的速度反比于膜的厚度，正比于透析的小分子溶质在膜内外两边的浓度梯度，同时还正比于膜的面积和温度，通常是 4 ℃ 透析，升高温度可加快透析速度。

（二）透析膜

透析膜可用动物膜和玻璃纸等，用得最多的是用纤维素制成的透析膜，目前常用的是美国联合碳化物公司（Union Carbide）和美国光谱医学公司生产的各种尺寸的透析管，截留分子量 MwCO（即留在透析袋内的生物大分子的最小分子量，缩写为 MwCO）通常为 1 万左右。商品透析袋制成管状，其扁平宽度为 23～50 mm。为防干裂，出厂时都用10%的甘油处理过，并含有极微量的硫化物、重金属和一些具有紫外吸收的杂质，它们对蛋白质和其他生物活性物质有害，用前必须除去。可先用 50%乙醇煮沸 1 h，再依次用 50%乙醇、0.01 mol/L 碳酸氢钠和 0.001 mol/L EDTA 溶液洗涤，最后用蒸馏水冲洗即可使用。实验证明，50%乙醇处理对除去具有紫外吸收的杂质特别有效。使用后的透析袋洗净后可存于 4 ℃ 蒸馏水中，若长时间不用，可加少量 NaN$_3$，以防长菌。洗净晾干的透析袋弯折时易裂口，用时必须仔细检查，不漏时方可重复使用。

新透析袋如不做如上的特殊处理，则可用沸水煮 5～10 min，再用蒸馏水洗净，即可使用。使用时，一端用橡皮筋或线绳扎紧，也可以使用特制的透析袋夹夹紧，由另一端灌满水，用手指稍加压，检查不漏，方可装入透析液，通常要留 1/3～1/2 的空间，以防透析过程中，透析的小分子量物质较多时，袋外的水和缓冲液过量进入袋内将袋胀破。含盐量很高的蛋白质溶液透析过夜时，体积增加 50%是正常的。为了加快透析速度，除多次更换透析液外，还可使用磁力搅拌。透析的容器要大一些，可以使用大烧杯、大量筒和塑料桶。小量体积溶液的透析，可在袋内放一截两头烧杯的玻璃棒或两端封口的玻璃管，以使透析袋沉入液面以下。

（三）透析的分类

（1）沉淀法去盐透析是应用最为广泛的一种透析方法。在盐析后，将含大量盐类的蛋白质溶液放在半透膜的袋内，再将袋浸入蒸馏水或生理盐水中，经过一段时间，袋内的盐类除净，从而达到除盐的目的。

（2）平衡透析是另一类常用的透析方法。将盛有大分子溶液的透析袋浸入一定浓度盐类溶液或缓冲溶液中，经过一段时间后，袋内外的盐类浓度阈值即可达到平衡。

二、超 滤

超过滤即超滤，自 20 世纪 20 年代问世后，直至 60 年代以后进入迅速发展快车道，很快由实验室规模的分离手段发展成重要的工业单元操作技术。超滤现已成为一种重要的生化实验技术，广泛用于含有各种小分子溶质的各种生物大分子（如蛋白质、酶、核酸等）的浓缩、分离和纯化。

（一）基本概念

超滤是一种加压膜分离技术，即在一定的压力下，使小分子溶质和溶剂穿过一定孔径的特制的薄膜，而使大分子溶质不能透过，留在膜的一边，从而使大分子物质得到了部分的纯化。

根据所加的操作压力和所用膜的平均孔径的不同，可分为微孔过滤、超滤和反渗透三种。微孔过滤所用的操作压通常小于 4×10^4 Pa，膜的平均孔径为 500nm ~ 14 μm（1 μm= 10^3nm），用于分离较大的微粒、细菌和污染物等。超滤所用操作压为 4×10^4 ~ 7×10^5 Pa，膜的平均孔径为 10 ~ 100 nm，用于分离大分子溶质。反渗透所用的操作压比超滤更大，常达到 35×10^5 ~ 140×10^5 Pa，膜的平均孔径最小，一般为 10 nm 以下，用于分离小分子溶质，如海水脱盐，制高纯水等。

（二）超滤技术的优点及局限性

优点：操作简便，成本低廉，不需增加任何化学试剂，尤其是超滤技术的实验条件温和，与蒸发、冰冻干燥相比没有相的变化，而且不引起温度、pH 的变化，因而可以防止生物大分子的变性、失活和自溶。

局限性：超滤法也有一定的局限性，它不能直接得到干粉制剂。对于蛋白质溶液，一般只能得到 10% ~ 50% 的浓度。

（三）超滤技术的关键

超滤技术的关键是膜。膜有各种不同的类型和规格，可根据工作的需要来选用。早期的膜是各向同性的均匀膜，即现在常用的微孔薄膜，其孔径通常是 0.05 mm 和 0.025 mm。近几年来生产了一些各向异性的不对称超滤膜，其中一种各向异性扩散膜是由一层非常薄的、具有一定孔径的多孔"皮肤层"（厚为 0.1 ~ 1.0 mm），和一层相对厚得多的（约 1 mm）更易通渗的、作为支撑用的"海绵层"组成。皮肤层

超滤演示

决定了膜的选择性，而海绵层增加了机械强度。由于皮肤层非常薄，因此高效、通透性好、流量大，且不易被溶质阻塞而导致流速下降。常用的膜一般是由乙酸纤维、硝酸纤维或此二者的混合物制成。近年来为适应制药和食品工业上灭菌的需要，发展了非纤维型的各向异性膜，例如聚砜膜、聚砜酰胺膜和聚丙烯腈膜等。这种膜在 pH1 ~ 14 都是稳定的，且能在 90 ℃ 下正常工作。超滤膜通常是比较稳定的，若使用恰当，能连续用 1 ~ 2 年。暂时不用，可浸在 1% 甲醛溶液或 0.2% NaN₃ 中保存。

超滤膜的基本性能指标主要有：水通量[cm³/（cm²·h）]；截留率（以百分率表示，%）；化学物理稳定性（包括机械强度）等。

（四）超滤装置

超滤装置一般由若干超滤组件构成。通常可分为板框式、管式、螺旋卷式和中空纤维式四种主要类型。由于超滤法处理的液体多数是含有水溶性生物大分子、有机胶体、多糖及微生物等，这些物质极易黏附和沉积于膜表面上，造成严重的浓差极化和堵塞。这是超滤法最关键的问题，要克服浓差极化，通常可加大液体流量，加强湍流和加强搅拌。

（五）超滤技术的应用

在生物制品中应用超滤法有很高的经济效益，例如供静脉注射的 25% 人胎盘血白蛋白（即胎白）通常是用硫酸铵盐析法、透析脱盐、真空浓缩等工艺制备的。该工艺流程硫酸铵耗量大，能源消耗多，操作时间长，透析过程易产生污染。改用超滤工艺后，平均回收率可达 97.18%，吸附损失为 1.69%，透过损失为 1.23%，截留率为 98.77%。大幅度提高了白蛋白的产量和质量，每年可节省硫酸铵 6.2 t，自来水 16 000 t。

三、沉　淀

沉淀是溶液中的溶质由液相变成固相析出的过程。此方法的基本原理是根据不同物质在溶剂中的溶解度不同而达到分离的目的，不同溶解度的产生是由于溶质分子之间及溶质与溶剂分子之间亲和力的差异而引起的，溶解度的大小与溶质和溶剂的化学性质及结构有关，溶剂组分的改变或加入某些沉淀剂以及改变溶液的 pH、离子强度和极性都会使溶质的溶解度产生明显的改变。

在生物大分子制备中最常用的几种沉淀方法是：

（1）中性盐沉淀（盐析法）：多用于各种蛋白质和酶的分离纯化。

（2）有机溶剂沉淀：多用于蛋白质和酶、多糖、核酸以及生物小分子的分离纯化。

（3）选择性变性沉淀：多用于除去某些不耐热的和在一定 pH 下易变性的杂蛋白。

（4）等电点沉淀：用于氨基酸、蛋白质及其他两性物质的沉淀，但此法单独应用较少，多与其他方法结合使用。

（5）有机聚合物沉淀：是发展较快的一种新方法，主要使用聚乙二醇（Polyethyene glycol，PEG）作为沉淀剂。

（一）中性盐沉淀法（盐析法）

在溶液中加入中性盐使生物大分子沉淀析出的过程称为"盐析"。除了蛋白质和酶以外，多肽、多糖和核酸等都可以用盐析法进行沉淀分离，20% ~ 40% 饱和度的硫酸铵可以使许多病毒沉淀，43% 饱和度的硫酸铵可以使 DNA 和 rRNA 沉淀，而 tRNA 保留在上清。盐析法应用最广的还是在蛋白质领域，已有 90 多年的历史，其突出的优点是：成本低，不需要特别昂贵的设备；操作简单、安全；对许多生物活性物质具有稳定作用。

1. 基本原理

蛋白质和酶均易溶于水，因为该分子的 —COOH、—NH$_2$ 和—OH 都是亲水基团，这些基团与极性水分子相互作用形成水化层，包围于蛋白质分子周围形成 1 ~ 100 nm 颗粒的亲水胶体，削弱了蛋白质分子之间的作用力。蛋白质分子表面极性基团越多，水化层越厚，蛋白质分子与溶剂分子之间的亲和力越大，因而溶解度也越大。亲水胶体在水中的稳定因素有两个：电荷和水膜。因为中性盐的亲水性大于蛋白质和酶分子的亲水性，所以加入大量中性盐后，夺走了水分子，破坏了水膜，暴露出疏水区域，同时又中和了电荷，破坏了亲水胶体，蛋白质分子即形成沉淀。

2. 盐析的操作方法

最常用的是固体硫酸铵加入法。欲从较大体积的粗提取液中沉淀蛋白质时，往往使用固体硫酸铵，加入之前要先将其研成细粉不能有块，要在搅拌下缓慢均匀少量多次地加入，尤其到接近计划饱和度时，加盐的速度更要慢一些，尽量避免局部硫酸铵浓度过大而造成不应有的蛋白质沉淀。盐析后要在冰浴中放置一段时间，待沉淀完全后再离心、过滤。在低浓度硫酸铵中盐析可采用离心分离，高浓度硫酸铵常用过滤方法，因为高浓度硫酸铵密度太大，要使蛋白质完全沉降下来需要较高的离心速度和较长的离心时间。

蛋白盐析演示

（二）有机溶剂沉淀法

有机溶剂对于许多蛋白质（酶）、核酸、多糖和小分子生化物质都能发生沉淀作用，是较早使用的沉淀方法之一。沉淀作用主要是降低水溶液的介电常数。溶剂的极性与其介电常数密切相关，极性越大，介电常数越大。如 20 ℃ 时水的介电常数为 80，而乙醇和丙酮的介电常数分别是 24 和 21.4，因而向溶液中加入有机溶剂能降低溶液的介电常数，减小溶剂的极性，从而削弱了溶剂分子与蛋白质分子间的相互作用力，增加了蛋白质分子间的相互作用，导致蛋白质溶解度降低而沉淀。溶液介电常数的减少就意味着溶质分子异性电荷库仑引力的增加，使带电溶质分子更易互相吸引而凝集，从而发生沉淀。另一方面，由于使用的有机溶剂与水互溶，它们在溶解于水的同时从蛋白质分子周围的水化层中夺走了水分子，破坏了蛋白质分子的水膜，因而发生沉淀作用。

（三）选择性变性沉淀法

选择性变性沉淀法是利用蛋白质、酶与核酸等生物大分子与非目的生物大分子在物理化学性质等方面的差异，选择一定的条件使杂蛋白等非目的物变性沉淀而得到分离提纯，称为选择性变性沉淀法。常用的有热变性、有机溶剂变性和选择性酸碱变性等。

1. 热变性

利用生物大分子对热的稳定性不同，加热升高温度使某些非目的生物大分子变性沉淀而保留目的物在溶液中。此方法最为简便，不需消耗任何试剂，但分离效率较低，通常用于生物大分子的初期分离纯化。

2. 表面活性剂和有机溶剂变性

不同蛋白质和酶等对于表面活性剂和有机溶剂的敏感性不同，在分离纯化过程中使用它们可以使那些敏感性强的杂蛋白变性沉淀，而目的物仍留在溶液中。使用此法时通常都在冰浴或冷室中进行，以保护目的物的生物活性。

3. 选择性酸碱变性

利用蛋白质和酶等对于溶液中酸碱不同 pH 的稳定性不同而使杂蛋白变性沉淀，通常是在分离纯化流程中附带进行的一个分离纯化步骤。

（四）等电点沉淀法

等电点沉淀法是利用具有不同等电点的两性电解质，在达到电中性时溶解度最低，易发生沉淀，从而实现分离的方法。氨基酸、蛋白质、酶和核酸都是两性电解质，可以利用此法进行初步的沉淀分离。但是，由于许多蛋白质的等电点十分接近，而且带有水膜的蛋白质等生物大分子仍有一定的溶解度，不能完全沉淀析出，因此，单独使用此法分辨率较低，效果不理想，因而此法常与盐析法、有机溶剂沉淀法或其他沉淀剂一起配合使用，以提高沉淀能力和分离效果。此法主要用于在分离纯化流程中去除杂蛋白，而不用于沉淀目的物。

（五）有机聚合物沉淀法

有机聚合物是 20 世纪 60 年代发展起来的一类重要的沉淀剂，最早应用于提纯免疫球蛋白和沉淀一些细菌和病毒。近年来广泛用于核酸和酶的纯化。其中应用最多的是 PEG，它的亲水性强，溶于水和许多有机溶剂，对热稳定，有广泛范围的分子量，在生物大分子制备中，用得较多的是分子量为 6 000~20 000 的 PEG。

PEG 的沉淀效果主要与其本身的浓度和分子量有关，同时还受离子强度、溶液 pH 和温度等因素的影响。在一定的 pH 下，盐浓度越高，所需 PEG 时浓度越低，溶液的 pH 越接近目的物的等电点，沉淀所需 PEG 的浓度越低。在一定范围内，高分子量和浓度高的 PEG 沉淀的效率高。

第五节 电泳技术

一、基本原理

电泳是指带电颗粒在电场的作用下发生迁移的过程。许多重要的生物分子，如氨基酸、多肽、蛋白质、核苷酸、核酸等都具有可电离基团，它们在某个特定的 pH 下可以带正电或负电，在电场的作用下，这些带电分子会向着与其所带电荷极性相反的电极方向移动。电泳技术就是利用在电场的作用下，由于待分离样品中各种分子带电性质以及分子本身大小、形状等性质的差异，使带电分子产生不同的迁移速度，从而对样品进行分离、鉴定或提纯的技术。

二、影响电泳分离的因素

影响电泳分离的因素很多，下面简单讨论一些主要的影响因素。

（一）待分离生物大分子的性质

在相同 pH 条件下，分子带电荷量的多少取决于该分子的等电点 pI。一般来说，分子带的电荷越大，直径越小、形状越接近球形，则其电泳迁移速度越快。

（二）缓冲溶液的pH

溶液的pH决定被分离物质的解离程度和生物大分子的带电性质及所带净电荷量。如蛋白质是既有酸性基团（—COOH），又有碱性基团（—NH$_2$）的两性电解质，在某一溶液中所带正负电荷相等，即分子的静电荷为零，此时，蛋白质在电场中不再移动，溶液的这一pH为该蛋白质的等电点（Isoelectric point, pI）。当缓冲液pH大于蛋白质分子的等电点时，蛋白质分子带负电荷，其电泳的方向是指向正极。当缓冲液pH小于蛋白质分子的等电点时，蛋白质分子带正电荷，其电泳的方向是指向负极。溶液的pH距其等电点越远，其所带净电荷量就越大，受到的电场力也就越大，其电泳的速度也就越大。蛋白质的等电点一般为4~6，蛋白质电泳时多用pH 8.6缓冲体系；而核酸含有磷酸，其等电点很低，所以核酸电泳时的缓冲体系通常为弱碱性。

（三）缓冲溶液的离子强度

为了保持电泳过程中待分离生物大分子的电荷以及缓冲液pH的稳定性，缓冲液通常要保持一定的离子强度，一般为0.02~0.2 mol/L。离子强度过低，则缓冲液的缓冲能力小，不易维持pH恒定；离子强度过高，会在待分离分子周围形成较强的带相反电荷的离子扩散层（即离子氛），由于离子氛与待分离分子的移动方向相反，它们之间产生了静电引力，因而会使电泳速度减慢。

（四）电场强度

电场强度是指每厘米的电位降，也称电位梯度，它对泳动速度起着十分重要的作用。电场强度越大，带电颗粒受到的电场力也越大，带电颗粒移动速度越快。但增大电场强度会引起通过介质的电流强度增大，而造成电泳过程产生的热量增大。通常介质中心温度一般要高于外周，因此引起介质中间相对于外周部分黏度下降，电泳迁移速度增大。由于中间部位的电泳速度比边缘快，所以电泳分离带通常呈弓形。产热的同时还可能造成蛋白变性，对流加强导致待分离物质混合等。降低电流强度，可以有效减少产热，但会延长电泳时间，这样会增加待分离大分子的扩散程度从而影响分离效果。在电泳的过程中，需要选择适当的电场强度，同时应配备冷却装置降低温度以达到较好的分离效果。

（五）电　渗

在电泳过程中，液体对于固相支持物的相对移动称为电渗。电泳的固体支持物常带有可解离的化学基团，因此会吸附溶液中的正离子或负离子，使溶液相对带负电或正电。如用滤纸做支持物时纸上纤维素吸附OH$^-$带负电荷，与纸接触的水溶液因产生H$_3$O$^+$，带正电荷移向负极。电渗往往与电泳同时存在，所以带电颗粒的移动速度也受电渗影响，如果电渗方向与待分离分子电泳方向相同，则加快电泳速度；如果相反，则降低电泳速度。因此应尽可能选择低电渗作用的支持物以减少电渗的影响。电渗所造成的移动距离可用不带电的有色染料或者有色葡聚糖点在支持物的中心，以观察电渗的方向和距离。

（六）温　度

在凝胶电泳过程中要产生热，而热对电泳的分离效果影响很大。温度升高时，介质黏度下降，分子运动加剧，使自由扩散的速度变快，迁移率增加。据实验证实温度每升高 1 ℃，迁移率增加约 2.4%。在电泳过程中，可以控制电压或电流，也可以在电泳装置中安装冷却装置，降低热效应。

三、电泳的类型

电泳类型目前还没有统一的划分标准，不同的划分依据所分类型也不同，见表 1-1。

表 1-1　电泳的类型

划分依据	类型
支持介质种类	纸电泳、醋酸纤维薄膜电泳、琼脂凝胶电泳、聚丙烯酰胺凝胶电泳、SDS-聚丙烯酰胺凝胶电泳
支持介质	U 形管电泳、薄层电泳、板状电泳（又分为垂直板电泳和水平电泳）、柱状电泳、毛细管电泳
用途	分析电泳、制备电泳、定量免疫电泳、连续制备电泳
电压	常压电泳、高压电泳
原理	等速电泳、免疫电泳、等电聚焦电泳
电泳形式	单向电泳、双向电泳

【小　结】

通过本章的学习，我们了解了层析技术、分光光度技术、离心技术、透析超滤沉淀法及电泳技术的基本原理和应用。层析技术又称色层分析法或色谱法，是一种基于被分离物质的物理、化学及生物学特性的不同，使它们在某种基质中移动速度不同而进行分离和分析的技术。分光光度技术是通过测定被测物质在特定波长处或一定波长范围内光的吸收度，对该物质进行定性和定量分析的方法。离心技术是根据颗粒在匀速圆周运动时受到一个外向的离心力的行为发展起来的一种分离分析技术。透析是利用蛋白质等生物大分子不能透过半透膜的性质，可对生物大分子进行除盐、除少量有机溶剂、除生物小分子杂质和浓缩的一类纯化技术。超滤是一种加压膜分离技术，即在一定的压力下，使小分子溶质和溶剂穿过一定孔径的特制的薄膜，而使大分子溶质不能透过，留在膜的一边，从而使大分子物质得到了部分的纯化。沉淀是溶液中的溶质由液相变成固相析出的过程，根据不同物质在溶剂中的溶解度不同而达到分离的技术。电泳技术就是利用在电场的作用下，由于待分离样品中各种分子带电性质以及分子本身大小、形状等性质的差异，使带电分子产生不同的迁移速度，从而对样品进行分离、鉴定或提纯的技术。

【巩固练习】

1. 简述层析的分类，凝胶层析、离子交换层析及亲和层析的基本过程。
2. 简述什么是郎伯-比尔定律，分光光度技术的基本应用。

3. 简述离心分离方法的分类及其原理。

4. 简述透析超滤沉淀法的分类、原理及其应用。

5. 简述电泳的基本原理及影响电泳分离的因素。

【实验小故事】

朗伯-比尔定律发现者约翰·海因里希·朗伯，12 岁就离开学校，在从事多份工作之余，他仍然会利用时间读书进修。他做过的工作包括当裁缝父亲的助手、铁匠铺的记账员、报社的秘书和私人教师。在当私人教师时，他常常借助雇主家偌大的图书馆来求取学问，后来成为瑞士伟大的数学家、物理学家、天文学家和哲学家。约翰·海因里希·朗伯和他的老师皮埃尔·布格（法国物理学家）先后阐明了物质对光的吸收程度和吸收厚度之间的关系，直到奥古斯特·比尔（德国物理学家）提出了光的吸收程度与吸光物质浓度具有类似的关系，后人将两者结合起来形成了朗伯-比尔定律。正是由于各位科学家在各种困境下的坚持不懈，对知识孜孜不倦的追求，才有了现在伟大的发现——光吸收的基本定律。

第二章

常用实验仪器的工作原理及操作

第一节　分光光度计的使用

一、分光光度计基本结构简介

能从含有各种波长的混合光中将每一单色光分离出来并测量其强度的仪器称为分光光度计。分光光度计因使用的波长范围不同而分为紫外光区、可见光区、红外光区以及万用（全波段）分光光度计等。如图 2-1 所示，无论哪一类分光光度计都由下列五部分组成，即光源、单色器、狭缝、吸收池、检测系统。

图 2-1　分光光度计的组成部分

（一）光　源

光源要求能提供所需波长范围的连续光谱，稳定而有足够的强度。常用的有白炽灯（钨灯、卤钨灯等），气体放电灯（氢灯、氘灯及氙灯等），金属弧灯（各种汞灯）等多种。

钨灯和卤钨灯发射 320 ~ 2 000 nm 连续光谱，最适宜的工作范围为 360 ~ 1 000 nm，稳定性好，可用作可见光分光光度计的光源。氢灯和氘灯能发射 150 ~ 400 nm 的紫外光，可用作紫外光区分光光度计的光源。红外线光源则由能斯特（Nernst）棒产生，此棒由 ZrO_3，Y_2O_3（Zr 为锆，Y 为钇）或 Y_2O_3，GeO_2（Ge 为锗）及 ThO_2（Th 为钍）之混合物制成。汞灯发射的不是连续光谱，能量绝大部分集中在 253.6 nm 波长外，一般作波长校正用。钨灯在出现灯管发黑时应及更换，如换用的灯型号不同，还需要调节灯座位置。氢灯及氘灯的灯管或窗口是石英的，且有固定的发射方向，安装时必须仔细校正，接触灯管时应戴手套以防留下污迹。

（二）单色器（分光系统）

单色器是指能从混合光波中分解出来所需单一波长光的装置，由棱镜或光栅构成。棱镜是利用不同波长的光有不同的折射率而使复合光分开的光学元件，有玻璃和石英两种材料。玻璃棱镜色散力强，分光性能好，其工作波长范围为 350 ~ 3 200 nm，即只能在可见光区工作。

石英棱镜工作波长范围为 185 ~ 4 000 nm，在紫外区有较好的分辨力，也适用于可见光区和近红外区。棱镜的特点是波长越短，色散程度越好，越向长波一侧越差。所以用棱镜的分光光度计，其波长刻度在紫外区可达到 0.2 nm，而在长波段只能达到 5 nm。有的分光光系统是衍射光栅，即在石英或玻璃的表面上刻划许多平行线，刻线处不透光，于是通过光的干涉和衍射现象，较长的光波偏折的角度大，较短的光波偏折的角度小，因而形成光谱。

（三）狭　缝

狭缝是指由一对隔板在光通路上形成的缝隙，用来调节入射单色光的纯度和强度，也直接影响分辨力。狭缝可在 0 ~ 2 mm 宽度内调节，由于棱镜色散力随波长不同而变化，较先进的分光光度计的狭缝宽度可随波长一起调节。

（四）吸收池

吸收池也叫样品池、比色皿或比色杯，用来盛溶液，各个杯子壁厚度等规格应尽可能完全相等，否则将产生测定误差。玻璃比色杯只适用于可见光区，在紫外区测定时要用石英比色杯。不能用手指拿比色杯的光滑面，用后要及时洗涤，可用温水或稀盐酸、乙醇以及铬酸洗液（浓酸中浸泡不要超过 15 min）洗涤，表面只能用柔软的绒布或拭镜头纸擦净。

（五）检测系统

有许多金属能在光的照射下产生电流，光越强电流越大，此即光电效应。因光照射而产生的电流叫作光电流。受光器有两种，一是光电池，二是光电管。光电池的组成种类繁多，最常见的是硒光电池。光电池受光照射产生的电流颇大，可直接用微电流计量出。但是，当连续照射一段时间会产生疲劳现象而使光电流下降，要在黑暗中放置一些时候才能恢复。因此使用时不宜长期照射，随用随关，以防止光电池因疲劳而产生误差。

光电管装有一个阴极和一个阳极，阴极是用对光敏感的金属（多为碱土金属的氧化物）做成，当光射到阴极且达到一定能量时，金属原子中电子发射出来。光越强，光波的振幅越大，电子放出越多。电子是带负电的，被吸引到阳极上而产生电流。光电管产生电流很小，需要放大。分光光度计中常用电子倍增光电管，在光照射下所产生的电流比其他光电管要大得多，这就提高了测定的灵敏度。

检测器产生的光电流以某种方式转变成模拟的或数字的结果，模拟输出装置包括电流表、电压表、记录器、示波器及与计算机联用等，数字输出则通过模拟/数字转换装置如数字式电压表等。

二、分光光度计的使用

（一）721 型分光光度计

分光光度计的使用

波长范围为 360 ~ 1 800 nm，在 410 ~ 700 nm 时灵敏度较好。该仪器用棱镜分光，光电管作检测器，光电流放大后，用一高阻毫伏计直接指示读数，如图 2-2 所示。

图 2-2　721 型分光光度计

721 型分光光度计的操作方法如下：

（1）仪器未接通电源时，电表指针必须位于刻度"0"上，否则可用电表上的校正螺丝进行调节。

（2）接通电源（220 V），打开样品室的盖板，使电表指针指示"0"位，预热 20 min，转动"波长选择"钮，选择所需波长，用"灵敏度选择"钮选用相应的放大灵敏度挡（灵敏度范围：第一挡 1 倍；第二挡 2 倍；第三挡 20 倍），调整"0"电位器校正"0"位。

（3）将比色杯分别盛空白液、标准液和待测液，放入暗箱中的比色杯架，先置空白液于光路上，打开光门，旋转"100"电钮位，使电表指针准确指向 T 100%，反复几次调整"0"及 100%透光度。

（4）将比色杯架依次拉出，使标准液和待测液分别进入光路，读取吸光度值。每次测定完毕或换盛比色液时，必须打开样品室的盖板，以免光电管持续曝光。

（二）722 型分光光度计

近年来，我国在 721 型基础上新生产的 722 型分光光度计，其特点是用液晶板直接显示透光度和吸光度，用光栅作单色器，使用方便，稳定性提高，如图 2-3 所示。

图 2-3　722 型分光光度计

722 型分光光度操作方法如下：

（1）检查 722 型分光光度计的旋钮，使选择钮指向透光度"T"，灵敏度钮置 1 挡（此时放大倍率最小）。

（2）接通电源，打开检测室盖（此时光门自动关闭），打开电源开关，指示灯亮，预热 20 min。

（3）调节波长旋钮至所需波长。

（4）比色杯分别盛装空白液、标准液和待测液，依次放入检测室比色杯架内，使空白管对准光路。

（5）打开检测室盖，调节"0"旋钮，使数字显示为"0.00"，盖上检测室盖（光门打开），调节透过率"100"旋钮，使数字显示为"100.0"，重复数次，直至达到稳定。

（6）吸光度 A 的测量：选择钮拨向"A"，显示为".000"。如果不是此值，可调节消光零钮，使其达到要求。再移动拉杆，使标准液和待测液分别置于光路，读取"A"值，然后再使空白液对准光路，如 A 值仍为".000"，则以上标准液与待测液读数有效。

（7）打开检测室盖，取出比色皿，倾去比色液，用水冲洗干净，倒置于铺有滤纸的平皿中。

（8）浓度 C 的测定：选择开关由"A"旋置"C"，将已标定浓度的标准液放入光路，调节浓度旋钮，使数字显示为标定值，再将待测液放入光路，即可读出待测液的浓度值。

（9）关上电源开关，拔出电源插头，取出比色皿架，检查检测室内是否有液体溅出并擦净。检测室内放入硅胶袋，盖上检测室盖后套上仪器布罩。

（三）UV 1102 型紫外分光光度计

如图 2-4 所示，UV 1102 型紫外分光光度计常用氢灯作为光源，其发射波长的范围为 150～400 nm，简易操作如下：

（1）启动电源开关后，仪器会自动进行质检测试，待每项指标测试完成（大约需要 1 min）。

（2）质检完后，仪器会制动进入%T/ABS 画面，此画面有 4 个选项，既 NUM WL、WL Setting、Date Mode、End Setting。

（3）首先，用 NUM WL 来测试波长的数目，按[1]键进入 NUM WL 子菜单，用于设定测试波长的数目。设置完后按[Enter]键确定。

图 2-4　UV 1102 型紫外分光光度计

然后，按[2]键进入 WL Setting，用于显示 NUM WL 设定的波长数，设置完后按[Enter]键确定。按[3]键进入 Date Mode，选择要使用的数据模式%T 或 ABS。各种条件设定完成后，最后按[0]键选择 End Setting。按[0]键后，仪器进入%T/ABS Autozero 画面，此时将装有空白样品的比色皿放入样品室中，再按[START/STOP]键，可进行零点的自动调整。自动调整后，将装有空白样品的比色皿取出，换成装有被测样品的比色皿，再按[START/STOP]键进行测量。

（四）Alpha-1506 紫外可见光分光光度计

波长范围为 200～1000 nm，该仪器采用低杂散光、高分辨率的单光束光路结构单色器，具有良好的稳定性，重现性和精确的测量读数，可完成定量测量，DNA/蛋白质测量，动力学分析等，如图 2-5 所示。

图 2-5　Alpha-1506 紫外可见光分光光度计

Alpha-1506 紫外可见光分光光度计操作方法如下：

（1）给仪器通上电，仪器会自动自检并初始化，系统自检完成之后进入主菜单界面。测试前需让仪器至少预热 15 min。

（2）在主菜单中按[1]键进入"光度计基本模式"测试界面，通过按[F₃]键，共有 4 种测试模式供选择，分别为：吸光度，透过率，能量，含量。按[F₃]键后按[∧]或者[∨]选择吸光度模式，按[Enter]键确认。

（3）设置波长：按[SET λ]，屏幕下方出现对话条，用数字键输入想要设置的波长，按[Enter]键确认。

（4）将比色杯分别盛装空白液、标准液和待测液，打开检测室，依次放入比色杯架内，使空白管对准光路。

（5）调空白：在"光度计基本模式"主界面中，按[ZERO]键调空白。

（6）吸光度值的测量：将比色杯架依次拉出，使标准液和待测液分别进入光路，读取吸光度值。

（7）测量完成后，打开检测室盖，将比色杯架全部推入，取出比色皿，倾去比色液，用水冲洗干净，倒置于铺有滤纸的平皿中。

（8）关上电源开关，拔出电源插头，检查检测室内是否有液体溅出并擦净，盖上检测室盖后套上仪器布罩。

（五）注意事项

（1）仪器需安装在稳固不受振动的工作台上，不能随意搬动。严防振动、潮湿和强光直射。

（2）比色皿先用蒸馏水洗后，再用比色液润洗才能装比色液。盛装比色液时，约达比色皿 2/3 体积，不宜过多或过少。若不慎使溶液流至比色皿外面，须用棉花或拭镜纸擦干，才能放入比色架。拉比色杆时要轻，以防溶液溅出，腐蚀机件。

（3）千万不可用手或滤纸等摩擦比色皿的光滑面。

（4）比色皿用后应立即用自来水冲洗干净，若不能洗净，用 5%中性皂溶液或洗衣粉稀溶液浸泡，也可用新鲜配制的重铬酸钾洗液短时间浸泡，然后用水冲洗干净，倒置晾干。

（5）每套分光光度计上的比色皿和比色皿架不得随意更换。

（6）试管架或试剂不得放置于仪器上，以防试剂溅出腐蚀机壳。

（7）如果试剂溅在仪器上，应立即用棉花或纱布擦干。

（8）测定溶液浓度的吸光度值在 0.2～0.8 最符合吸收定律，线性好，读数误差较小。如吸光度小于 0.2 或大于 0.8，可调节比色液浓度，适当加浓或稀释，再进行比色。

（9）合上检测室连续工作时间不宜过长，以防光电管疲乏。每次读完比色架内的一组读数后，立即打开检测室盖。

（10）仪器连续使用不应超过 2 h，如使用时间长，则中途需间歇 0.5 h 再使用。

（11）测定未知待测液时，先作该溶液的吸收光谱曲线，再选择最大吸收峰的波长作为测定波长。

（12）722 型分光光度计的左侧下角有一干燥剂筒，检测室内放硅胶袋，应经常检查，发现硅胶变色，应更换新硅胶或烘干再用。

（13）仪器较长时间不使用，应定期通电，使用前预热。

第二节　离心机的使用

一、离心机的基本类型

离心机的用途广泛，机型种类繁多，各生产厂家的离心机都有自己的特色。因此，目前对离心机还没有一个严格的分类标准或规定，通常可按用途、转速进行分类。

（一）按用途分

离心机按用途可分为制备性离心机和分析性离心机两大类。

（1）制备性离心机主要用于分离提纯不同密度、不同形态的生物材料微粒。

（2）分析性离心机一般都带有光学系统，主要用于研究纯的生物大分子和颗粒的理化性质，推断物质的纯度、形状和分子质量等。

（二）按转速分

离心机按机器额定的最高转速高低可分为低速离心机、高速离心机和超速离心机三种类型。

1. 低速离心机

离心机最大转速不超过 6 000 r/min，最大相对离心力可达 6 000 g，主要用于血液或细胞制备、蛋白质和酶沉淀物的分离。

2. 高速离心机

离心机最大转速可达 25 000 r/min，最大相对离心力可达 89 000 g，主要用于分离病毒、细菌、细胞核、线粒体等，并可用于 DNA 制备。

3. 超速离心机

离心机最大转速可超过 30 000 r/min，最大相对离心力可达 510 000 g。目前销售的最高转速已达到 100 000 r/min，其最大相对离心力达 1 000 000 g。常用于分离亚细胞器、病毒、DNA、RNA 和蛋白质，在分离时无须加入可能引起被分离物质结构改变的物质，故为观察它们的"天然"结构与功能提供了手段。配合光学仪器，可用于分子质量测定、蛋白质结构及凝集状态分析、化合物纯度测定等。

二、离心机的基本构造

如图 2-6 所示，离心机有各种各样的类型，结构也越来越复杂，但基本结构大同小异，一般都由驱动系统、离心室和离心转头组成。高速离心机和超速离心机都带有制冷系统（以消除高速旋转转头与空气之间摩擦而产生的热量）、控制系统、防护系统等，超速离心机还装有真空系统。

图 2-6　离心机

（一）驱动系统

驱动系统是离心机的心脏，包含电动机，是提供离心机动力的重要组成部分。不同类型驱动系统有不同寿命限制，在使用时应注意使用年限或累积的总转数。驱动系统的类型主要分为电机驱动、油轮驱动、空气旋涡驱动和磁悬浮驱动。

（二）离心室

老式离心机的离心室上盖装有电源开关，当盖上离心室盖后，电机才能启动，可以确保安全。新式离心机的离心室都装有电磁锁，在电机运行前将上盖锁住，离心结束转头停稳后，将室内压力降到大气压时，才能将盖打开。

（三）离心转头

1. 转头的类型

根据转头的结构和用途主要分为固定角转头、水平转头、垂直转头，还有近垂直转头、区带转头、连续流转头和酶标板转头等。

（1）固定角转头。

离心管在离心机中放置的位置与旋转轴心形成一个固定的角度，角度在 14°～40°变化，常见的角度有 20°、28°、34°及 40°等。固定角转头的重心低，转速可较高，样品粒子穿过溶剂层的距离略大于离心管的直径；又因为有一定的角度，故在离心过程中撞到离心管外壁的粒子沿着管壁滑到管底形成沉淀，这就是"管壁效应"，此效应使最后在管底聚成的沉淀较紧密。

（2）水平转头。

此类转头静止时，处在转头中的离心管中心线与旋转轴平行，而在转头旋转加速时，离心管中心线由平行位置逐渐过渡到垂直位置，即与旋转轴成 90°角，粒子的沉淀方向同旋转半径方向基本一致，但也有少量的"管壁效应"。由于此类转头的重心位置较高，样品粒子沉降穿过溶剂层的距离大于直径。它对于多种成分样品分离特别有效，常用于速率区带离心和等密度离心。

（3）垂直转头。

离心管垂直插入转头孔内，在离心过程中始终与旋转轴平行，而离心时液层发生 90°角的变化，从开始的水平方向改成垂直方向，转头降速时，垂直分布的液层又逐渐趋向水平，待旋转停止后，液面又完全恢复成水平方向。这是因为在进行密度梯度离心前，由于重力的作用，垂直转头的粒子沉淀距离等于离心管的直径，离心分离所需的离心力最小，适用于速率区带离心和等密度离心，但一般不用于差速离心。

2. 离心管及其管帽

离心管及其管帽是转头的重要附件。制造离心管的材料主要有塑料和不锈钢。塑料离心管常用材料有聚乙烯（PE）、聚碳酸酯（PC）、聚丙烯（PP）等。塑料离心管都有盖，离心前管盖必须盖严，倒置不漏液。塑料离心管的优点是透明或半透明、硬度小，缺点是易变形、抗有机溶剂的腐蚀性差、使用寿命短。不锈钢离心管强度大，不变形，能抗热、抗冻、抗化学腐蚀，但用时也应避免接触强腐蚀性的化学药品。

（四）制冷系统

高速离心机和超速离心机都带有制冷系统，以冷却离心腔，保持在较低的温度下离心。制冷系统主要由温度传感器和制冷器组成，以前多采用氯氟烃（Chloro fluoro carbon，CFC）制冷，现在主要采用半导体固态制冷。

（五）真空系统

超速离心机通过制冷系统还不足以抵消转头与空气摩擦产生的大量热量，因此设计了真空系统。转速一般在 60 000 r/min 以下的超速离心机，只使用简单的机械油泵来抽真空；转速在 60 000 r/min 以上的超速离心机，要使用机械油泵加油扩散二级真空系统。真空系统给操作、维修和保养带来许多不便，因此，高速离心机和低速离心机中均不使用真空系统。

（六）控制系统

控制系统是离心机的指挥中心，各种设定的参数通过控制系统来执行，主要有速度控制、温度控制和真空度控制。

三、离心机的主要技术指标

反映离心机性能的主要技术指标有离心机转速、相对离心力及最大容量。

（一）离心机转速

离心机转速是指离心时每分钟旋转次数，单位符号用"r/min"表示，其大小取决于所用离心机的型号和转头。转速一般有最低转速和最高转速，多数情况下，主要标明最高转速。

（二）相对离心力（RCF）

通常离心力常用地球引力的倍数来表示，因而称为相对离心力。相对离心力是指在离心场中，作用于颗粒的离心力相当于地球引力的倍数，单位是重力加速度"g"（980 cm/s²）。相对离心力与转速、离心半径有关。一般情况下，低速离心时，常以转速（r/min）来表示，高速离心机则以相对离心力（g）表示，如图2-7所示。

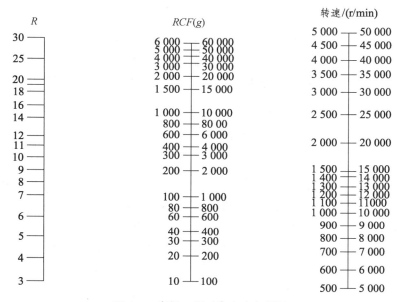

图2-7　半径、相对离心力与转速

（三）最大容量

最大容量是指离心机转头最多能容纳悬浮液的容积数，单位用"mL"表示。最大容量一般都用转头最多能装载的离心管数与每个离心管能盛装的悬浮液容积表示。例如：4×100 mL 指转头最多能装载 4 个离心管，每个离心管最多能盛装 100 mL 的悬浮液，其最大容量为 400 mL。

四、离心机的使用及维护

（一）合理使用转头

（1）选用与离心机配套的转头。每种型号的离心机都有配套的转头，不同型号离心机的转头不能混用。

（2）根据转数要求选用合适的转头。每个转头各有其最高允许的转速，绝对不允许超过额定转速使用。

离心机的使用

（3）建立转头使用档案。每个转头各有其最高允许的使用累积限时，每一个转头都应建立一份使用档案，记录累积的使用时间，如果超过了该转头的最高使用累积限时，必须按规定降速使用。

（4）预冷转头。如果在低于室温的温度下离心时，转头在使用前应放置在冰箱或置于离心机的转头室内预冷。

（5）不使用带伤的转头。使用前应认真检查转头是否有划痕或被腐蚀，必须保证所用的转头完好无损。

（6）准确组装转头。转头与轴承固定于一体，防止转头在高速运转时与轴承发生松动，导致转头飞溅出来。

（二）装载溶液适量

装载溶液时，要根据各种离心机的具体操作说明进行，根据将要离心溶液的性质及体积选用适合的离心管。有的离心管无盖，液体不能装得过多，以免离心时甩出，造成转头不平衡、生锈或被腐蚀。制备性超速离心机的离心管常要求必须将液体装满，以防止离心时塑料离心管的上部产生凹陷变形。

（三）精密地平衡离心管及其内容物

1. 平衡离心管及内容物

使用各种离心机时，必须事先在天平上精密地平衡所有的离心管、离心管载具、帽子及顶盖、护罩和管套等。平衡时重量之差不得超过各个离心机说明书上所规定的范围。管套与护罩通常都标有重量，注意平衡过程中不要混淆配套的管套、护罩。平衡管内必须用与要离心的材料相似的材料来填充，例如，从培养基中离心细菌，可以用水平衡，但不可以用水来平衡氯化铯。

2. 离心管对称装载

转头中绝对不允许装载单数的离心管，当转头只是部分装载时，管子必须互相对称地放在转头中，以便使负载均匀地分布在转头的周围。

（四）关紧盖子后开始启动

开始启动前，切记将离心机腔门或盖子及转头盖子关紧。启动后，当转速还未达到预置的转速时，操作者不能离开离心机，直到运转正常，方可离开，不过仍要随时观察运行情况。运行过程中，如果出现异常情况，应立即停机，进行适当处理。若在运行过程中突然停电，必须将电源切断，等待转头慢慢靠惯性减速，直到确定已经停止后，手动打开离心机腔门，取出样品和转头。

（五）及时取出离心管

离心结束，立即从离心机内取出离心管，将离心管中内容物取出后，立即清洗离心管，并使离心管自然干燥。

（六）及时清洗转头

当离心结束后，转头应用温水洗涤，一般用水洗就足够了，切勿将转头浸泡在去污剂中。洗净的转头擦干后放在室温中干燥。转头长时间不用时应涂一层上光蜡保护。

第三节　电泳仪的使用

一、电泳装置的基本结构

电泳仪实际是一套电泳装置，主要包括电泳仪和电泳槽两个部分。

（一）电泳仪

电泳仪是电泳装置的电源，它是提供直流电源的装置，能控制电压和电流的输出，驱动带电物质的迁移。一般根据电泳仪所使用的电压范围分为常压电泳仪（600 V）、高压电泳仪（3 000 V）和超高压电泳仪（3 000 ~ 5 000 V）。电泳仪基本元件包括电路系统、显示系统和控制系统。

（二）电泳槽

电泳槽是电泳装置的关键部件，它是凝胶分离样品的工作场所，用于生化分析研究中对电荷粒子进行分离、提纯或制备。目前在生物实验室中最常用的是凝胶电泳，其组成部件一般包括连接电源的正负电极、盛放缓冲液的缓冲液槽、支持凝胶的管状或板状玻璃，以及冷却装置。向凝胶一端的加样孔内点上样品后，将凝胶直接（如垂直板状或管状电泳）或间接（如水平板状电泳）与缓冲液接触，再接通电源，即可进行电泳操作。电泳槽可以分为水平式和垂直式两类。

1. 水平式电泳槽

水平式电泳槽种类很多，形状各异，一般包括水平放置的电泳槽、凝胶板（冷却板）和电极。常用的水平式电泳槽，其装置如图2-8所示，包括2个缓冲液槽和1个可以密封的玻璃盖。两侧的缓冲液槽均用有机玻璃（或相应的材料）板分隔成两个部分，外格装有电极（直径0.5 ~ 0.8 cm），里格为可放支持介质的有机玻璃电泳槽架，此架可以从槽中取出；两侧缓冲液槽内的电极经隔离导线穿过槽壁与外接电泳仪电源相连。

图 2-8　水平式电泳槽

在水平式电泳槽中，水平板电泳槽由于具有较多的优点而越来越受到重视。水平板电泳槽一般由装有铂丝电极的主槽、装有电源线的上盖、制胶架、凝胶托盘、试样格组成。使用时，凝胶铺在水平的玻璃或塑料板上并将凝胶直接浸入缓冲液中，如图2-9、图2-10所示。

1—缓冲液槽；2—可密封玻璃盖；3—分隔板；4—电极；
5—电泳介质；6—电泳槽架。

图2-9 水平式电泳槽模式图

1—电泳缓冲液储存槽；2—梳齿；3—制胶槽；4—加样槽；
5—电极；6—制胶槽两端封条；7—电泳缓冲液。

图2-10 水平式电泳槽组成部件

2. 垂直式电泳槽

垂直式电泳槽通常指垂直平板电泳槽。它采用两片垂直放置的平行玻璃板以夹住凝胶，设置上、下缓冲液槽各1个，其中下槽还配有冷却系统以保证电泳中的凝胶维持在一定温度范围内。电泳槽中间是由塑料隔条将两块玻璃板隔开，在玻璃平板中间制胶，凝胶的大小通常为12～14 cm，厚度为1～2 mm。电泳槽设有铂金丝制成的正、负电极，通过接头与电源连接。制胶时在凝胶溶液中插入梳子，在胶聚合后移去，形成上样品的凹槽，如图2-11～图2-13所示。

图2-11 垂直平板电泳槽

（a）垂直板电泳槽

（b）夹心式凝胶膜组装

1—导线接头；2—下液槽；3—样品槽模板；4—凹形橡胶框；
5—固定螺丝；6—上液槽；7—冷却系统。

图 2-12　垂直平板电泳槽模式图

（a）电泳槽本体　　　　（b）电泳槽主槽（下液槽）　　　　（c）电泳槽上盖；

（d）斜插板　　　　（e）夹心式凝胶板　　　　（f）样品槽模板（梳子）

图 2-13　垂直平板电泳槽组成部件

　　管状电泳又称圆盘电泳、柱状电泳，如图 2-14 所示。电泳槽有上、下两个电泳槽和带有铂金电极的盖，上电泳槽内具有若干个孔洞，以供穿插电泳管，电泳管直径一般为 3～8 cm，长度为 9～23 cm。凝胶在电泳管中聚合成柱状胶条，样品经电泳分离，蛋白质区带染色后呈圆盘状，因而称圆盘电泳。它的缺点是由于聚合效率、凝胶长度和直径等的细微差别，即使是同一样品在两个胶柱上以相同条件电泳，其结果也会稍有不同。但在研究工作中还会用到柱胶，如测定放射性标记的蛋白质、洗脱并测定蛋白质的生物活性、欲确定蛋白质组分分离时的最适 pH 或凝胶浓度、双向电泳技术中的第一向分离等，所以柱胶还不能被板胶所完全取代。

（a）圆盘电泳槽正面图　　（b）圆盘电泳槽剖面　　（c）玻璃管中凝胶

1—上槽缓冲液；2—下槽缓冲液；3—样品；4—浓缩胶；5—分离胶。

图 2-14　管状电泳

3. 毛细管电泳

毛细管电泳又叫高效毛细管电泳，是经典电泳技术和现代微柱分离相结合的产物，也是近年来发展最快的分析方法之一。它是用毛细管代替普通的玻璃管，在其中灌入凝胶，待凝胶聚合后，除去水层并用毛细管加蛋白质溶液（0.1 ~ 1.0 μL，浓度为 1~3 mg/mL）于凝胶上，毛细管的空隙用电极缓冲液注满，去除一端的封闭物，即可电泳。由于毛细管电泳符合了以生物工程为代表的生命科学各领域中对多糖、蛋白质（包括酶、抗体）、核酸乃至脱氧核糖核酸（DNA）的分离分析要求，从而得到了迅速的发展。

毛细管电泳装置包括毛细管柱、电泳槽、进样器、高压电源、检测器和数据采集处理系统等，如图 2-15 所示。

HV—高压电源；C—毛细管柱；E—电泳槽；Pt—铂电极；
D—检测器；S—进样器；DA—数据采集处理系统。

图 2-15　毛细管电泳装置

（1）毛细管柱。

毛细管柱是毛细管电泳装置最关键的部件。常用的毛细管柱有空心柱、壁处理柱和填充柱 3 种类型。理想的毛细管柱应具有化学惰性和电惰性、不吸收紫外光，有柔韧性、耐用性和价廉等特点。

空心柱一般为内径 25 ~ 75 cm、长 50 ~ 100 cm 的石英毛细管，外壁涂聚酰亚胺以增加其柔软性。填充柱的内径一般为 75～100 cm，长 20～30 cm，常填充 3 mm 厚的 ODS。壁处理柱除去了石英柱内壁的活性吸附点。

（2）高压电源。

毛细管电泳中直流电源的电压一般为 0～30 kV，稳定在 0.1%。高压电源应有极性切换装置，在正常情况下，电渗流的方向由正极到负极，此时样品从正极端进样，在负极端检测。

（3）电极。

选用化学惰性和导电性能好的铂丝电极。

（4）溶液控制系统。

溶液控制系统包括自动进样器、分部收集器（供放置缓冲液或样品小瓶的转盘）、更换缓冲液装置以及缓冲液的水平系统。

（5）检测器。

毛细管电泳的检测器主要有紫外可见光检测器、二极管阵列检测器、荧光检测器、质谱检测器、电化学检测器、激光类检测器等。

二、电泳仪（槽）的主要技术参数

常见电泳仪的主要技术参数见表 2-1、表 2-2。

表 2-1　DYY-12C、BG-Power 600 型电泳仪的主要技术参数

技术参数	电泳仪型号	
	DYY-12C	BG-Power600
电源电压	交流 220（1±10%）V　50（1±2%）Hz	100～120 V/200～240 V，50～60 Hz，自由切换
输出电压	20～5 000 V（显示精度：2 V）	5～600 V（显示精度：2 V，连续可调）
输出电流	2～200 mA（显示精度：1 mA）	1～500 mA（显示精度：1 mA）
输出功率	5～200 W（显示精度：1 W）	1～300 W（显示精度：1 W，连续可调）
其他	稳压、稳流、稳功率，状态可以相互转换	恒压、恒流或恒功率

表 2-2　DYCP-31D、DYCZ-24A 型电泳槽的主要技术参数

技术参数	电泳槽型号	
	DYCP-31D 型琼脂糖水平电泳槽	DYCZ-24A 型垂直电泳槽
外接电源最大电压	500 V	电压为 600 V，电流为 200 mA
凝胶板规格	6 cm×6 cm、12 cm×6 cm　6 cm×12 cm、12 cm×12 cm	170 mm×170 mm
缓冲液总体积	约 450 mL	600 mL
可加样孔数量	13、18、25 齿三种规格	20、26 齿两种规格
外形尺寸（$L \times W \times H$）	245 mm×140 mm×117 mm	240 mm×150 mm×240 mm

三、电泳仪（槽）的使用

此处主要介绍纸电泳法的操作。

纸电泳法是以滤纸为支持介质的电泳。纸电泳仪装置包括直流电源和电泳槽两部分。常压电泳一般为 100~500 V，分离时间长，从数小时到几天，多用于分离大分子物质；高压电泳一般为 500~10 000 V，电泳时间短，有时只需几分钟，多用于分离小分子物质。电泳槽可根据要求自制或购买，类型有水平式、悬架式和连续式等，要求能控制溶液的流动、能防止滤纸中的液体由于通电发热而蒸发。

（一）配制缓冲溶液

根据待测样品理化性质，选 pH、离子强度适宜的缓冲液。电泳时将缓冲液加入两槽中浸没铂电极，并保持两槽的水平液面相同。

（二）滤纸的处理

一般选用新华层析滤纸，要求纸质均匀、吸附力小，否则将导致电场强度不均匀，区带不整齐。将滤纸放入 1 mol/L 甲酸溶液中，浸泡过夜，次日取出，用水漂洗至洗液的 pH 接近中性，置于 60 ℃ 的烘箱中烘干。根据要求和电泳槽规格裁好滤纸，一般可裁成长 27 cm、宽 18 cm 的滤纸，并在长度方向距一端 5~8 cm 处作一起始线，每隔 2.5~3 cm 处作一记号供点样用。

（三）点　样

点样有湿法点样和干法点样两种方法。

1. 湿法点样

将裁好的滤纸全部放入电泳缓冲液中润湿，用镊子取出，将其夹在干净的干燥滤纸中吸干，然后平放在滤纸架上，使起始线靠近阴极端，将滤纸的两端浸入缓冲液中，在标记处点样。样品可点成长条形或圆点状，一般长条形分离效果好，但样品量少时，点成圆点状比较集中，便于显色。双向电泳必须点成圆点状。定量分析时，点样量必须准确。一般可用微量注射器点样，整个点样操作要快，点样完毕，立即开启电源进行电泳，以防止样品扩散。

2. 干法点样

将样品直接点在滤纸的标记处，第一次样品晾干或冷风吹干后，再点第二次，依此类推，直至全部点完。点样完毕后，将滤纸两端浸入缓冲液中浸润至距样品数厘米处，立即取出，让缓冲液扩散至点样处，然后将滤纸置于支架上电泳。

（四）电　泳

点样完毕后，接通电源稳压挡，开启电源，根据滤纸有效长度计算电压梯度，并调整电压以在规定的范围内保持稳定。电泳一段时间后切断电源，一般判断方法是使样品圆点移动 6~8 cm。立即连同支架取出滤纸，水平放置，用冷风吹干或烘干，使被分离的组分固定在滤纸上。

（五）染色或显色

根据被测组分的性质，可用紫外灯检测或用特定的显色剂显色。有适当的显色剂显色时，可用碘蒸气显色了解区带位置，进行检测。

（六）定性与定量

当成分不明确，可通过计算迁移率进行定性分析。定量分析时，将被测组分的区带分别剪下，置于洗脱液中，将各组分从滤纸中全部洗脱下来，用适当的方法测定其含量。也可将干燥后的纸电泳图谱放入色谱扫描仪，通过反射方式在记录器上自动绘出各组分的曲线图。

第四节　PCR 仪的使用

一、PCR 仪的基本组成元件

（一）PCR 仪的外形构造

PCR 仪的外形构造，如图 2-16 所示。

图 2-16　PCR 仪的外形构造

（二）温控设备

对普通 PCR 仪来说，温度控制指标主要是指温度的准确性、均匀性以及升降温速度，对梯度 PCR 仪来说，除了温度的准确性和均匀性、升降温速度以外，还必须考虑仪器在梯度模式和标准模式下是否具有同样的温度特性。

温度的准确性是指样品孔温度与设定温度的一致性，对于 PCR 反应而言最重要的莫过于温度控制的准确性，由于 PCR 反应是一个 2^n 扩增的过程，扩增过程中退火温度的细微变化会被放大而直接影响结果，不论是变性、退火还是延伸都需要准确控制温度。

温度的均匀性是指样品孔间的温度差异，它关系到在不同样品孔进行反应结果的一致性。PCR 实验中发现用同样的样品和同样的 PCR 反应程序，最后的结果竟然差异非常明显，这就是不同位置的温度不均一性所致，特别是加热块角落和边缘的样品孔存在的边缘效应。

更快的升降温速度，可以缩短反应进行的时间，而且缩短了可能的非特异性结合、反应的时间，能提高 PCR 反应特异性。升降温速度主要是机器加热方法和特性决定的，除此之外，影响升降温速度的因素还有制作承托样品管的基座模块材料的导热性和 PCR 仪的导热介质。理想的介质是要求导热性好、比热容大、接触紧密。

1. 水浴和油浴

温控的首选，比热容大（油比水更大），与反应物无缝接触，效果好。缺点不能自动化、小型化，只有最初的水浴锅式适用。

2. 硅加热

这是使用最普遍的一种，缺点是成本较高。

3. 金属介质

其优点是易自动化、速度快、直接加热降温、效果好；其缺点是与反应管很难做到无缝接触，定性时可以加油，但由于油有荧光信号，所以不能用于荧光定量 PCR。

4. 空气加热

与反应体系无缝接触，微量试剂利用离心来产生空气流动，增强导热性，同时使用毛细管，加大接触面积。但空气的导热性差、比热容小的弱点明显。因此空气加热要利用加大接触面积、试剂微量化来弥补。

现在的 PCR 仪一般具有两种温控模式，即模块温控模式和反应管温控模式。在模块温控模式下，机器根据探测器直接探测的温控模块（即承载样品的金属台）的温度进行控制，这种模式适用于长时间的静态孵育（如连接、酶切、去磷酸化等）。反应管温控模式实际上是一种模拟试管/PCR 板的温控模式，根据探测器所探测到的温控模块的温度由计算机计算出管/PCR 板孔内样品液的温度来进行控制。一般说来，反应管温控更为准确，因为管内样品的温度无法与温控模块同时达到预设温度。特别是 PCR 反应过程一般都很短暂（30 s 到几分钟），如果只采用模块温控模式的话，反应物达到需要温度的时间与程序设定的时间会有相当大的差距。而反应管温控模式能自动补偿时间，而且适合各种类型的反应管，确保反应物按照程序设定的时间维持预设温度。

（三）检测设备

最早的 PCR 仪是由 3 个水浴锅和 1 个机械臂构成，定时抓出反应管转换水浴锅。PCR 的结果需要借助其他手段来检测。后来随着定量技术的发展，将 PCR 和检测做成一体，就形成了定量 PCR 仪，由于应用的是荧光技术，同时在每个扩增过程都能实施监控，所以标准的叫法为实时荧光定量 PCR 仪。荧光定量检测技术具有时间短、检测灵敏度高、准确定量的优势。

监测系统：光源、钨灯、激光、发光二极管。

检测器：摄像头、光电二极管、光电倍增管、PMT 激发光源检测器。

（四）其他设备

1. 热 差

现在的 PCR 仪一般均配备热盖，热盖温度设为 105 ℃，目的是使样品管顶部的温度达 105 ℃ 左右，蒸发的反应液就不会在管盖上产生凝集从而改变反应体积，这样用户就无须再向反应管内加石蜡油，直接减少后继反应的麻烦。最新的 ESP 技术是指热盖加热时不接触样品管，避免加热样品管导致非特异产物，等加热到设定温度后热盖下降，将样品管压入加热模块，下降时间和压力都由电子控制。

2. 样品基座

PCR 反应多在 0.2 mL 或者 0.5 mL 的管子中进行，多数 PCR 仪也配备了不同的可更换样品槽，适配不同的样品管。有些 PCR 一个槽内带有 0.2 mL 和 0.5 mL 两种不同的样品孔，不需更换基座就可以分别使用两种不同的反应管，避免了换基座的麻烦。

二、PCR 仪的分类

（一）定性 PCR 仪

1. 普通 PCR 仪

可进行普通的 PCR 反应，现在向着多功能方向发展。

2. 梯度 PCR 仪

对于一个 PCR 反应，退火温度十分重要。一般的退火温度是由引物设计软件或者经验公式计算得出，可是由于模板中碱基的组合千变万化，对于特殊片段，计算的温度在实验中不一定能得出结果，细微的变化对结果都可能产生决定性的影响，因而 PCR 反应的退火温度就需要通过多次 PCR 反应的长时间摸索。梯度 PCR 仪的出现解决了部分难题，其方法是在反应过程中每个孔的温度控制条件可以在一定的范围逐级变化，根据 PCR 结果的分析，一次反应就可以摸索出最适合的反应条件。

（二）定量 PCR 仪

定量 PCR 仪原理是实时定量 PCR，又称荧光定量 PCR，是于 1995 年研制出的一种新的核酸定量技术。该技术在常规 PCR 基础上运用荧光能量传递技术，加入荧光标记探针，巧妙地把核酸扩增、杂交、光谱分析和实时检测技术结合在一起，借助于荧光信号来检测 PCR 产物。该技术一方面提高了灵敏度，另一方面还可以做到 PCR 每循环一次就收集一个数据，从而确定起始 DNA 的复制数，做到真正意义上的 DNA 定量。

三、PCR 仪的使用

（一）PCR 仪的主要技术参数

PCR 仪的主要技术参数有样品容量、温控范围、温控精确度、温控速率、最大循环数目和程序数目等，如表 2-3 所示。

表 2-3   PCR 仪的主要技术参数

技术参数	仪器型号	
	Eppendorf Mastercycler 梯度 PCR 仪	Bio-rad mycyler 梯度 PCR 仪
样品容量	96×0.2 mL PCR 管或 77×0.5 mL PCR 管或 8×12 PCR 板	96 反应模块，可用 0.2 mL PCR 管或 PCR 反应板
温控范围	4～99 ℃，梯度范围从 1～20 ℃	4～100 ℃
温控精确度	±0.2 ℃	±0.5 ℃
温控速率	（模块上测量）约 3 ℃/s（加热）约 2 ℃/s（冷却）	升温速度 2.5 ℃/s，制冷速度 1.5 ℃/s
最大循环数	99	99
程序数目	仪器上可储存 100 种，个人卡上可储存约 10 种	仪器上可储存 99 种
电源	230 V，50～60 Hz，消耗功率 500 W	
均一性		±0.5 ℃
温控模式		模块温控模式和反应管温控模式

（二）PCR 仪的使用

根据 PCR 反应条件，以 Eppendorf Mastercycler 梯度 PCR 仪为例，进行 PCR 仪的设定。反应条件：循环 1：94 ℃，3 min；循环 2：94 ℃ 变性 45 s，52 ℃ 退火 45 s，72 ℃ 延伸 1 min，共 30 个循环；最后 72 ℃ 延伸 10 min。

使用步骤：

（1）打开电源。

（2）通过按[1][4]键，选择文件菜单，按[Enter]键进入。

（3）通过按[1][4]键，选择新建菜单[New]，按[Enter]键进入，编写新的反应条件程序。

（4）通过按[Enter]键，选择热盖温度的设定项；按数字键输入数值，结束按[Enter]键。

（5）进入预变性条件的设定，用[Set]键，选择温度选项[T]，用数字键设定温度，按[Enter]键确认，再用数字键设定预变性时间，按[Enter]键确认。同样的方法设定变性、退火、延伸 3 个步骤的温度和时间。如果反应条件需要进行梯度设定，可以按[Opt]键，选择梯度[G]设定。

（6）用[Set]键，选择循环次数选项[Go To]，按[Enter]键进入，按数字键输入数值选择下一循环的起始步骤，一般为按[Enter]键确认，再按数字键输入循环的次数，按[Enter]键确认。

（7）用同样方法设定最终延伸的温度和时间。

（8）按[Exit]键，推出[New]菜单，按[Enter]两次，确认程序名称。

（9）回到主菜单，按[Start]键，启动程序。

四、PCR 仪使用的注意事项及保养

PCR 仪为精密仪器，在使用过程中一定要注意以下问题：

（1）使用的环境要恒定，工作环境的温度不能过高或过低，最好在用空调的房间使用，

有些 PCR 仪有温度保护程序，在过低的温度下机器不能启动。

（2）使用的电源要稳定，工作的电压不能波动过大，波动过大会造成电子器件损坏，一般建议将 PCR 仪电源接于稳压电源上。

（3）在使用前要详细阅读使用说明书，遇到不能解决的问题不要随意拆卸机器，应该让生产厂商负责售后服务的专业工程师进行处理。

第五节 移液器的使用

一、移液器的工作原理

移液器工作的基本原理是活塞通过弹簧的伸缩运动来实现吸液和放液。在活塞推动下，排出部分空气，在大气压作用下吸入液体，再由活塞推动空气排出液体。由于弹簧具有伸缩性，在移液器的使用中要配合弹簧的这个特点来操作，就可以很好地控制移液的速度和力度。

二、移液器介绍

移液器通常有 4 种不同的量程，在移液器量程范围内能连续调节读数。不同量程的移液器，其精度范围也不同。量程越小，精度越高。因此，当两种移液器都能完成移液操作时，优先选用量程小的移液器会得到更加精确的结果。移液器各部分的名称如图 2-17 所示。

图 2-17　移液器各部分名称

三、移液器的使用

一个完整的移液过程，包括吸头安装—容量设定—预洗吸头—吸液—放液—卸去吸头等步骤，每一个步骤都有需要遵循的操作规范。

1. 吸头安装

正确的安装方法叫旋转安装法，具体的做法是将套筒顶端插入吸

移液器的使用

头（无论是散装吸头还是盒装吸头都一样），在轻轻用力下压的同时，把手中的移液器按逆时针方向旋转180°。

2. 容量设定

正确的容量设定分为两个步骤：一是粗调，即通过排放按钮将容量值迅速调整至接近自己的预想值；二是细调，当容量值接近自己的预想值以后，应将移液器横置，水平放至自己的眼前，通过调节轮慢慢地将容量值调至预想值，从而避免视觉误差所造成的影响。

在容量设定时，还有一个需要特别注意的地方：当从大值调整到小值时，刚好即可；但从小值调整到大值时，就需要调超1/3圈后再返回，这是因为计数器里面有一定的空隙，需要弥补。

3. 预洗吸头

在安装了新的吸头或增大了容量值以后，应该把需要转移的液体吸取、排放2~3次，这样做是为了让吸头内壁形成一道同质液膜，确保移液工作的精度和准度，使整个移液过程具有极高的重现性。其次，在吸取有机溶剂或高挥发液体时，挥发性气体会在套筒室内形成负压，从而产生漏液的情况，这时就需要预洗4~6次，让套筒室内的气体达到饱和，负压就会自动消失。

4. 吸 液

先将移液器按钮轻轻按压至第一停点；垂直握持移液器，使吸头浸入液面下几毫米，切记不要将吸头直接插到液体底部；然后缓慢、平稳地松开控制按钮，吸上液体，稍等片刻后将吸头提离液面。

5. 放 液

放液时，吸头紧贴容器壁，先将排放按钮按至第一停点，稍作停顿后，再按至第二停点，这样做可以确保吸头内无残留液体。如果这样操作还有残留液体存在的话，应该考虑更换吸头。

6. 卸掉吸头

按压枪头卸却按钮，将使用过的吸头卸却至废液缸中，卸掉的吸头一定不能和新吸头混放，以免产生交叉污染。

注意事项：

（1）标准操作适用于液体溶液的取用：如水、缓冲液、稀释的盐溶液和酸碱溶液。

（2）黏稠或易挥发液体的移取时，很容易导致体积误差较大。为了提高移液准确性，建议采取以下方法：

① 移液前先用液体预湿吸头内部，即反复吸打液体几次使吸头预湿，吸液或排出液体时最好多停留几秒。

② 采用反向移液法：吸液时按至第二挡，慢慢松开控制按钮；放液时按至第一挡即可，部分液体残留在吸头内。

四、移液器使用的注意事项及日常保养

（1）严禁吸液后将移液器平放。

（2）吸液时一定要缓慢松开排放旋钮使液体进入吸头，否则液体会迅速进入吸头，导致液体（尤其是一些腐蚀性液体）倒吸入移液器内部，对移液器造成损伤，同时也可能造成溶液的污染。

（3）移液器在每次实验后应将量程调至最大，让弹簧恢复原形以延长移液枪的使用寿命，并且将移液器垂直放置在移液器架上。

（4）如液体不小心进入活塞室应及时清除污染物。

（5）平时检查是否漏液的方法：吸液后在液体中停 1~3 s 观察吸头内液面是否下降，如果液面下降首先检查吸头是否有问题，如有问题更换吸头，如更换吸头后液面仍下降，说明活塞组件有问题，应找专业维修人员修理。

【小结】

通过本章的学习，我们了解了分光光度计、离心机、电泳仪、PCR 仪和移液器的基本构造、基本原理、如何操作及保养等内容，需要重点掌握的内容是这几种常用仪器的基本操作。

【巩固练习】

1. 简述分光光度计及比色皿的使用方法。
2. 简述离心机使用前后的注意事项。
3. 简述电泳仪的分类。
4. 简述 PCR 仪的操作步骤。
5. 简述移液器的使用步骤及注意事项。

【实验小故事】

PCR 不只是一个方法改进

1989 年美国 *Science* 杂志将 PCR 列为十余项重大科学发明之首，将 1989 年比作 PCR 爆炸年，Mullis 因此荣获 1993 年度诺贝尔化学奖。

故事发生在 1983 年的春夏之交，Kary B. Mullis（1944—）在 Cetus 公司工作期间，发明了 PCR。他原本是要合成 DNA 引物来进行测序工作，却常为没有足够多的模板 DNA 而烦恼。1983 年春夏之交的一个晚上，他开车去乡下别墅的路上萌发了用两个引物（而不是一个引物）去扩增模板 DNA 的想法。Mullis 在开车的时候，瞬间感觉两排路灯就是 DNA 的两条链，自己的车和对面开来的车像是 DNA 聚合酶，面对面地合成着 DNA……

1983 年 9 月中旬，Mullis 用大肠杆菌 DNA 聚合酶做了第一个 PCR 实验，他在反应体系中加入 DNA 聚合酶后在 37 ℃ 一直保温，结果第二天在琼脂糖电泳上没有看到任何条带。于是他认识到有必要用加热来解链，每次解链后再加入 DNA 聚合酶进行反应，依次循环。1983 年 12 月，他终于看到了被同位素标记的 10 个循环后的 49 bp 长度的第一个 PCR 片断。

1986 年 5 月，Mullis 在冷泉港实验室做专题报告，全世界从此开始学习 PCR 的方法。1986 年 6 月，Cetus 公司纯化了第一种高温菌 DNA 聚合酶，Taq DNA polymerase，这是 1985 年春天 Mullis 建议做的。1987 年 7 月 28 日批准了 PCR 的专利，Mullis 是第一发明人。1988 年，第一台 PCR 仪问世。1991 年，Hoffman LaRoche 以 3 亿美元的代价从 Cetus 公司获得全权开发权。

　　PCR 不只是一个方法改进，它和 DNA 重组技术一样意义深远！

第二篇
生物化学实验

糖主要由碳、氢、氧三种元素构成，是一类多羟基醛、多羟基酮或是它们的缩聚物或衍生物的总称。糖几乎存在于所有动物、植物、微生物体内，是生物体生命活动所需能量的主要来源和生物体的结构成分之一。糖类化合物对医学来说，具有更重要的意义。例如：血型与红细胞表面的糖有关；血糖核酸的组成成分中也含有糖类化合物——核糖和脱氧核糖等。

糖类化合物根据能否被水解及水解产物的情况分为单糖、低聚糖、多糖类。糖类的命名通常根据其来源而用俗名。

单糖：不能被水解成更小单位的糖类，如葡萄糖、果糖等。

低聚糖：水解能生成 2～10 个单糖分子的糖，如蔗糖、麦芽糖等。

多糖：能水解生成许多分子单糖的糖，如淀粉、糖原、纤维素等。

血液中的葡萄糖称为血糖（Glu）。葡萄糖是人体的重要组成成分，也是能量的重要来源。正常人体每天需要很多的糖来提供能量，为各种组织、脏器的正常运作提供动力，所以血糖必须保持一定的水平才能维持体内各器官和组织的需要。正常人血糖的产生和利用处于动态平衡的状态，维持在一个相对稳定的水平，这是由于血糖的来源和去路大致相同的结果。血糖的来源包括：① 食物消化、吸收；② 肝内储存的糖元分解；③ 脂肪和蛋白质的转化。血糖的去路包括：① 氧化转变为能量；② 转化为糖原储存于肝脏、肾脏和肌肉中；③ 转变为脂肪和蛋白质等其他营养成分加以储存。糖尿病是一组以高血糖为特征的代谢性疾病。高血糖则是由于胰岛素分泌缺陷或其生物作用受损，或两者兼有引起。糖尿病是长期存在的高血糖，导致各种组织，特别是眼、肾、心脏、血管、神经的慢性损害、功能障碍等并发症，如图 3-1 所示。

图 3-1　血糖引起的并发症

糖尿病视网膜病变
脑梗塞
心绞痛
乙糖尿病肾病
糖尿病神经障碍
心肌梗死
下肢闭塞性动脉硬化症

第一节　糖的分子结构

一、单　糖

根据所含碳原子数，单糖可分为：丙、丁、戊、己、庚、辛、壬、癸。自然界的单糖主要是戊糖和己糖。根据构造，单糖又可分为醛糖和酮糖。例如，葡萄糖为己醛糖，果糖为己酮糖。

（一）单糖的链式结构

在单糖的开链结构中，一般每个碳原子都与氧原子相连，其中有一个碳原子是以羰基形式存在的，其余的碳原子上都有一个羟基。开链的单糖既有羰基的结构特征，又有多羟基的结构特征，如葡萄糖是开链的五羟基己醛糖，果糖是开链的五羟基-2-己酮。

（二）单糖的立体结构

单糖分子中都含有手性碳原子，所以都有立体异构体。例如五羟基己醛分子中有四个手性碳原子，其立体异构体总数应为 24 个，天然葡萄糖是其中的一个。

糖类的构型习惯用 D/L 名称进行标记，即编号最大的手性碳原子上 OH 在右边的为 D 型，OH 在左边的为 L 型。

二、低聚糖

低聚糖，也称作寡糖，一般是由二十个以下的单糖通过糖苷键构成的。自然界中以游离态存在的低聚糖主要为二糖和三糖。二糖是两个单糖分子通过一个糖苷键形成的缩合产物，常见的二糖有蔗糖、麦芽糖、乳糖、纤维二糖等。

三、多　糖

多糖是由很多个单糖分子缩合而成的高聚物。自然界中的植物、动物及微生物体内都含有多糖。同低聚糖一样，多糖是由单糖通过糖苷键连接起来的。从多糖的形状上看，可分为直链和支链两种，且多糖链中由于糖苷键的类型不同可有不同的空间结构。由一种单糖构成的多糖叫纯多糖，由两种以上单糖构成的多糖叫杂多糖。淀粉是由 α-D-葡萄糖分子通过 α-1,4 苷键和 α-1,6 苷键连接而成的多糖。淀粉通常是两种淀粉的混合物：20%直链淀粉（溶于水）和 80%支链淀粉（不溶于水）。

第二节　糖分子的理化性质

一、糖的物理性质

（一）溶解度

单糖、双糖、低聚糖、糊精都溶于水。淀粉不溶，与水加热后可吸水膨胀，变成糊状。膳食纤维可吸水膨胀，吸水量依来源、周围液体的 pH 和离子浓度等而不同，如麦麸可吸收 5 倍于本身重量的水。

（二）旋光性

旋光性是具有不对称碳原子的化合物溶液能使平面偏振光的振动平面旋转的特性。一切糖类都有不对称碳原子，都具有旋光性。每种糖在一定条件下的旋光率是常数，旋光性是鉴定糖的一个重要指标。

二、糖的化学性质

（一）单糖的化学性质

在单糖分子的开链式结构中，羰基和羟基的共存表现在化学性质上，单糖分别有羰基和羟基的反应。

1. 由羟基产生的性质

（1）脱水反应：戊糖和己糖与强酸共热分别生成糠醛和羟甲基糠醛，它们与酚类化合物反应生成有色化合物，此反应可以用来鉴定糖和区分醛糖和酮糖。

（2）Molisch 反应（α-萘酚反应）：此方法是鉴定糖类最常用的颜色反应。戊糖和己糖与强酸共热，分别生成糠醛和羟甲基糠醛，可以进一步与 α-萘酚作用，形成红紫色复合物。此法由于在糖溶液与浓硫酸两液面间出现红紫色的环，又称紫环反应。

（3）酮糖的 Seliwanoff 反应（间苯二酚反应）：此方法是鉴定酮糖的特殊反应。酮糖在酸的作用下较醛糖更易生成羟甲基糠醛。后者与间苯二酚作用生成鲜红色复合物，反应仅需 20 ~ 30 s。醛糖在浓度较高时或长时间煮沸，才产生微弱的阳性反应。

（4）酯化反应：单糖分子中含多个羟基，这些羟基能与酸作用生成酯。人体内的葡萄糖在酶作用下生成葡萄糖磷酸酯，如 1-磷酸吡喃葡萄糖和 6-磷酸吡喃葡萄糖等。单糖的磷酸酯在生命过程中具有重要意义，它们是人体内许多代谢的中间产物。

2. 由醛基或酮基产生的性质

（1）氧化反应：单糖用不同的试剂氧化生成氧化程度不同的产物。

凡是能被托伦试剂和费林试剂氧化的糖叫作还原糖，不能被氧化的糖叫作非还原糖，因此可以利用这两个反应来区别还原糖和非还原糖。单糖都是还原糖。醛糖可以被溴水氧化成糖酸，酮糖不与溴水反应，因此可用溴水来区别醛糖和酮糖。

（2）还原反应：糖中的羰基被还原成羟基，形成相应的多羟基醇。机体内 NADH$_2$ 或 NADPH$_2$ 为氢供体，在酶的催化下可以将糖还原成糖醇。

3. 低聚糖的化学性质

蔗糖不能被托伦试剂及费林试剂氧化，属于非还原性糖。

麦芽糖是白色晶体，熔点 160～165 ℃，麦芽糖在酸性条件下或在麦芽糖酶（只能水解 α-糖苷键）存在下水解得到两分子的 D-葡萄糖。麦芽糖是一个还原糖。

4. 多糖的化学性质

淀粉与碘-碘化钾溶液作用呈蓝色或紫色，加热褪色，冷却后颜色复原。

淀粉的水解：淀粉→糊精→麦芽糖→葡萄糖。

糖原是人与动物体内储存的一种多糖，又称为动物淀粉。糖原分为肌糖原和肝糖原，水解的最终产物是 D-葡萄糖，与碘作用呈现紫红色或蓝紫色。

纤维素是自然界中分布最广泛的一种多糖，是葡萄糖通过 β-1,4-糖苷键连接而不含有支链的线性高分子。纤维素无色、无味、不溶于水及一般的有机溶剂，也不具有还原性。纤维素较淀粉难于水解，在酸性条件下水解纤维素可得纤维四糖、三糖、二糖等，最后水解产物为 D-葡萄糖。人类没有 β-1,4-糖苷键的水解酶，而食草动物体内存在，故而人类不能消化纤维素。

第三节　实验内容

实验 3-1　糖的呈色反应和定性鉴定

【实验目的】

（1）掌握糖的呈色反应和定性鉴定原理。

（2）熟悉鉴定糖类及区分酮糖和醛糖的方法。

（3）了解鉴定还原糖的方法及其原理。

糖的呈色反应和
定性鉴定

一、呈色反应

（一）Molish 反应——α-萘酚反应

【实验原理】

糖在浓硫酸或浓盐酸的作用下脱水形成糠醛及其衍生物，再与 α-萘酚作用形成紫红色复合物，在糖液和浓硫酸的液面间形成紫环，又称紫环反应。自由存在和结合存在的糖均呈阳性反应。此外，各种糠醛衍生物、葡萄糖醛酸以及丙酮、甲酸和乳酸均呈颜色近似的阳性反应。因此，阴性反应证明没有糖类物质的存在；而阳性反应，则说明有糖存在的可能性，需要进一步通过其他糖的定性试验才能确定有糖的存在。

【实验材料】

（1）Molish 试剂：取 5 g α-萘酚用 95%乙醇溶解至 100 mL，临用前配制，棕色瓶保存。
（2）5%葡萄糖溶液。
（3）5%蔗糖溶液。
（4）5%淀粉溶液。

【实验步骤】

取试管，编号，分别加入各待测糖溶液 1 mL，空白对照管用水代替糖溶液，然后加两滴 Molish 试剂，摇匀。倾斜试管，沿管壁小心加入约 1 mL 浓硫酸，勿摇动，小心竖直后仔细观察两层液面交界处的颜色变化。

（二）酮糖的 Seliwanoff 反应

【实验原理】

该反应是鉴定酮糖的特殊反应。酮糖在酸的作用下较醛糖更易生成羟甲基糠醛。后者与间苯二酚作用生成鲜红色复合物，反应仅需 20～30 s。醛糖在浓度较高时或长时间煮沸，才产生微弱的阳性反应。

【实验材料】

Seliwanoff 试剂：0.5 g 间苯二酚溶于 1 L 盐酸（$V(H_2O) : V(HCl)=2 : 1$）中，临用前配；5%葡萄糖；5%蔗糖；5%果糖。

【实验步骤】

取试管，编号，各加入 Seliwanoff 试剂 1 mL，再依次分别加入待测糖溶液各 4 滴，混匀，同时放入沸水浴中，比较各管颜色的变化过程。

二、还原糖的检验

（一）Fehling 试验

【实验原理】

Fehling 试剂是含有硫酸铜和酒石酸钾钠的氢氧化钠溶液。硫酸铜与碱溶液混合加热，则生成黑色的氧化铜沉淀。若同时有还原糖存在，则产生黄色或砖红色的氧化亚铜沉淀。

为防止铜离子和碱反应生成氢氧化铜或碱性碳酸铜沉淀，Fehlin 试剂中加入酒石酸钾钠，它与 Cu^{2+} 形成的酒石酸钾钠络合铜离子是可溶性的络离子，该反应是可逆的。平衡后溶液内保持一定浓度的氢氧化铜。

【实验材料】

（1）Fehling A 溶液：称取 34.5 g 硫酸铜溶于 500 mL 蒸馏水中。

（2）Fehling B 溶液：称取 125 g NaOH 和 137 g 酒石酸钾钠溶于 500 mL 蒸馏水中，储存于橡皮塞玻璃瓶中。临用前，将 Fehling A 溶液和 Fehling B 溶液等量混合。

（3）5%葡萄糖溶液。

（4）5%果糖溶液。

（5）5%蔗糖溶液。

（6）5%麦芽糖溶液。

（7）5%淀粉溶液。

【实验步骤】

在 4 支试管中分别取 Fehling A 溶液和 Fehling B 溶液各 0.5 mL 混合均匀，并于水浴中微热后，再分别加入 5 滴葡萄糖、5 滴果糖、5 滴蔗糖、5 滴麦芽糖、5 滴淀粉的溶液，振荡再加热，注意颜色变化及有否沉淀析出。

（二）Barfoed 试验

【实验原理】

在酸性溶液中，单糖和还原二糖的还原速度有明显差异。Barfoed 试剂为弱酸性。单糖在 Barfoed 试剂的作用下能将 Cu^{2+} 还原成砖红色的氧化亚铜，时间约为 3 min，而还原二糖则需 20 min 左右。所以，该反应可用于区别单糖和还原二糖。但当加热时间过长，非还原性二糖经水解后也能呈现阳性反应。

【实验材料】

（1）Barfoed 试剂：称取 16.7 g 乙酸铜溶于 200 mL 水中，加 1.5 mL 冰醋酸，定容至 250 mL。

（2）5%葡萄糖溶液

（3）5%果糖溶液。

（4）5%蔗糖溶液。

（5）5%麦芽糖溶液。

（6）5%淀粉溶液。

【实验步骤】

取试管，编号，分别加入 2 mL Barfoed 试剂和 2～3 滴待测糖溶液，煮沸 2～3 min，放置 20 min 以上，比较各管的颜色变化。

【注意事项】

（1）Molish 反应非常灵敏，0.001%葡萄糖和 0.0001%蔗糖即能呈现阳性反应。因此，不可在样品中混入纸屑等杂物。当果糖浓度过高时，由于浓硫酸对它的焦化作用，将呈现红色及褐色而不呈紫色，需稀释后再做。

（2）果糖与 Seliwanoff 试剂反应非常迅速，呈鲜红色，而葡萄糖所需时间较长，且只能产生黄色至淡黄色。戊糖亦与 Seliwanoff 试剂反应，戊糖经酸脱水生成糠醛，与间苯二酚缩合，生成绿色至蓝色产物。

（3）酮基本身没有还原性，只有在变成烯醇式后，才显示还原作用。

（4）糖的还原作用生成 Cu_2O 沉淀的颜色决定于颗粒的大小，Cu_2O 颗粒的大小又决定于反应速度。反应速度快时，生成的 Cu_2O 颗粒较小，呈黄绿色；反应速度慢时，生成的 Cu_2O 颗粒较大，呈红色。溶液中还原糖的浓度可以从生成沉淀的多少来估计，而不能依据沉淀的颜色来判断。

（5）Barfoed 反应产生的 Cu_2O 沉淀聚集在试管底部，溶液仍为深蓝色，应注意观察试管底部红色的出现。

【讨论与思考】

（1）总结和比较本实验几种颜色反应的原理和应用。
（2）举例说明哪些糖属于还原糖。

实验 3-2 血糖测定

一、Folin-吴宪法

【目的要求】

（1）掌握 Folin-吴宪法测定血糖含量的原理及方法。
（2）熟悉该法测定血糖的优缺点和样品处理。
（3）了解血糖测定应用范围及临床意义。

Folin-吴宪法

【实验原理】

葡萄糖是一种醛类化合物，其醛基具有还原性，无蛋白血滤液中的葡萄糖与碱性铜试剂混合加热，葡萄糖分子中的醛基被氧化成羧基，Cu^{2+}即被葡萄糖还原成 Cu^+(Cu_2O)而沉淀。

$$Cu^{2+}(CuSO_4)+葡萄糖 \longrightarrow Cu^+(Cu_2O)$$

加入酸性钼酸试剂后，Cu_2O 又把酸性钼酸试剂（Mo^{6+}）还原成低价的蓝色钼化合物——钼蓝。

$$Cu_2O +酸性钼酸试剂 \longrightarrow 蓝色钼化合物（OD_{620}比色）$$

血滤液中葡萄糖的含量与产生的 Cu_2O 成正比，而 Cu_2O 的量与产生的钼化合物的量成正比，可用比色法定量的测定，如图 3-2 所示。

（a）沸水浴后　　　　　　　　（b）加磷钼酸后

图 3-2　实验结果示意图

【实验材料】

1. 实验材料

血液。

2. 实验试剂

（1）草酸钾。

（2）0.25%苯甲酸溶液。

（3）10%钨酸钠溶液。

（4）1/3 mol/L 硫酸溶液。

（5）标准葡萄糖溶液（0.1 mg/mL）。

（6）碱性铜试剂。

（7）磷钼酸试剂。

3. 实验器材

试管及试管架、小漏斗、水浴锅、烧杯、分光光度计、移液管、比色皿。

【试剂配制】

1. 碱性铜试剂

称取无水 Na_2CO_3 40 g，溶于 100 mL 蒸馏水中，溶后加酒石酸 7.5 g，若不易溶解可稍加热，冷却后移入 1 000 mL 容量瓶中，另取纯结晶 $CuSO_4$ 4.5 g 溶于 200 mL 蒸馏水中，溶后再将此溶液注入上述容量瓶内，加蒸馏水至 1 000 mL 刻度，摇匀，放置备用。

2. 磷钼酸试剂

取纯钼酸 70 g，溶于 10 % NaOH 40 mL 中，再加 Na_2WO_4 10 g，加热煮沸 30 ~ 40 min，以除去钼酸中存在的 NH_3，冷却后，加 85% H_3PO_4 250 mL，加蒸馏水稀释至 1 000 mL 刻度，摇匀，储于棕色瓶保存。

3. 标准葡萄糖液

储存液（1.0 mL 中含 10 mg 葡萄糖）：准确吸取纯葡萄糖 1.00 g，用 0.25%苯甲酸溶解。倾入 100 mL 的容量瓶中，最后加 0.25%苯甲酸液至刻度，摇匀，放置冰箱中保存。

应用液（1.0 mL 中含 0.025 mg 葡萄糖）：准确吸取上述储存液 0.5 mL，移入 200 mL 容量瓶中，加至刻度。

4. 0.25%苯甲酸溶液

称取苯甲酸 2.5 g，加入煮沸的蒸馏水 1 000 mL 中，使成饱和溶液冷却后，取上清液备用。

【实验步骤】

（1）吸取全血（已加抗凝剂）1 mL，缓缓放入 100 mL 锥形瓶中，加蒸馏水 7 mL，摇匀，溶血后（血液变为红色透明）加 10%钨酸钠 1 mL 摇匀。

（2）再加 0.33 mol/L H_2SO_4 1 mL，边加边摇，加毕充分摇匀，放置 5~15 min，至沉淀变为暗棕色（如不变色可再加 0.33 mol/L H_2SO_4 1~2 滴）。

（3）用干滤纸过滤。先倾入少许，待滤纸湿润后再全部倒入，如滤液不清需重新过滤。每毫升无蛋白血滤液相当于 1/10 mL 全血。

（4）取试管 3 支，编号，按表 3-1 操作：

表 3-1　Folin-吴宪法检测血糖浓度

编号	标准管	测定管	空白管
标准葡萄糖液（0.025 mg/mL）	2.0	—	—
无蛋白滤液/mL	—	2.0	—
蒸馏水/mL	—	—	2.0
碱性铜试剂/mL	2.0	2.0	2.0
充分摇匀，置沸水浴准确煮沸 8 min，取出切勿摇动，冷水浴冷却			
磷钼酸试剂/mL	2.0	2.0	2.0
混匀，放置 3 min			
蒸馏水/mL	3.0	3.0	3.0
将各试管摇匀后，用分光光度计比色测定 620 nm 吸光值，以空白管校零点			

（5）血糖浓度计算。

计算血糖的含量如下：

$$C_1 = A_1/A_0 \times C_0 \times 10$$

式中：C_1——待测液葡萄糖含量；

$\quad\quad C_0$——标准液葡萄糖含量（0.1 mg/mL）；

$\quad\quad A_1$——样品液吸光度；

$\quad\quad A_0$——标准液吸光度。

1 mL 无蛋白血溶液相对于 0.1 mL 全血稀释 10 倍。

【注意事项】

（1）过滤时应于漏斗上盖表面皿，防止水分蒸发。

（2）血糖测定应在取血后 2 h 内完成，放置过久，糖易分解致使含量降低。

（3）磷钼酸试剂宜储于棕色瓶中，如出现蓝色，表明试剂本身已被还原，不能再用。

（4）碱性铜试剂中有氧化亚铜沉淀，不能使用。

【思考题】

（1）血糖的来源和去路有哪些？

（2）简述测定血糖在临床上的意义。

二、血糖测定（酶法）

血糖测定（酶法）

【目的要求】

（1）掌握葡萄糖氧化酶（Glucose oxidase，GOD）测定血糖的原理及方法。

（2）熟悉血糖测定的临床意义及正常值。

【实验原理】

动物血液中的糖主要是葡萄糖，正常情况下，其含量恒定。在 pH 7.0 条件下，葡萄糖氧化酶可催化血样中葡萄糖氧化生成葡萄糖酸及过氧化氢。后者在过氧化物酶的作用下与苯酚、4-氨基安替吡啉氧化缩合成红色醌类物质，在 505 nm 处有最大吸收峰，样品中葡萄糖含量与吸光度成正比，可求得血样中葡萄糖含量。其反应过程如下：

$$\beta\text{-D-葡萄糖} + O_2 + H_2O \xrightarrow{\text{葡萄糖氧化酶}} \text{D-葡萄糖酸} + H_2O_2$$

$$H_2O_2 + \text{4-氨基安替吡啉} + \text{苯酚} \xrightarrow{\text{葡萄糖氧化酶}} H_2O + \text{红色醌类物质}$$

【实验材料】

1. 实验样品

待测血清。

2. 血糖试剂盒

含有葡萄糖标准液、酶酚混合液（含有 GOD、POD、酚、4-氨基安替吡啉、缓冲液）。

3. 实验器材

微量加样器、分光光度计、恒温水浴箱。

【实验步骤】

（1）取试管 3 支，编号，按表 3-2 操作：

表 3-2　标准管法检测血清葡萄糖含量

试剂/mL	1（空白管）	2（标准管）	3（测定管）
血清	—	—	0.02
葡萄糖标准液	—	0.02	—
蒸馏水	0.02	—	—
酶酚混合液	3	3	3

混匀，37 ℃ 保温 15 min（避免阳光直射），冷却到室温，505 nm 波长比色，以空白管调零，分别读取标准管和测定管的吸光度，按下述公式计算样品中的葡萄糖浓度。

（2）血糖浓度计算。

血糖浓度（mmol/L）=（测定管吸光度 / 标准管吸光度）×葡萄糖标准液浓度

【注意事项】

（1）不同厂家的试剂盒使用方法不一样，实验前要仔细阅读使用说明。

（2）葡萄糖氧化酶法可以直接使用血清或血浆，但严重黄疸、溶血及乳糜样血清应先制备无蛋白滤液，然后再进行测定。

（3）葡萄糖氧化酶高效特异性催化 β-葡萄糖，而葡萄糖在水溶液中 α 和 β 构型各占 36% 和 64%。要使葡萄糖完全反应，必须使 α-葡萄糖变构为 β-构型。无水葡萄糖结晶属于 α 构型，溶于水后发生变构作用，2 h 后比例才能达到平衡。若使用自行制备的葡萄糖标准液，必须在葡萄糖溶解后 2 h 后（最好过夜）才能使用。

（4）本法测定葡萄糖相对特异，从原理反应式中可见：第一步是特异反应，第二步反应特异性差，误差往往发生在反应的第二步。

（5）由于温度对本实验影响较大，水浴时应严格控制温度，防止酶活性丧失。

（6）欲得准确结果，所取血液的量必须准确。如果由吸管中放出血液的速度太快，会有大量血液粘在吸管内壁，容量不准，所以一般放出 1 mL 血液所用的时间不应少于 1 min。

（7）沉淀由鲜红变为暗棕色，是因钨酸钠与硫酸作用生成钨酸，在适当酸度时，使血红蛋白变性及沉淀。如血沉淀放置后不变为棕红色或重滤后仍混浊，可在钨酸与血混合液中加入 10%硫酸 1~2 滴，待变为暗棕色后再滤。

（8）加硫酸、钨酸钠时，要边加边摇匀，使硫酸和钨酸钠充分反应，从而完全沉淀蛋白质。

（9）用定量滤纸过滤后应该得到完全澄清无色之无蛋白血滤液。如果得到仍带有红色的血滤液则说明蛋白质未被完全去除。

过滤时应于漏斗上盖一表面皿，防止水分蒸发。

热水浴必须严格控制在 8 min，然后用流水冷却，但禁止摇动试管。

混匀的时候用大拇指抵住试管口，旋转试管 180°，反复若干次。

所用试管、漏斗均需干燥。

【思考题】

（1）与化学法相比，酶法测血糖的优点是什么？

（2）判断糖尿病的标准是什么？

三、蒽酮比色定糖法

【目的要求】

（1）掌握蒽酮比色定糖法测定糖含量的原理和方法。
（2）了解糖原与葡萄糖的区别。

蒽酮比色定糖法

【实验原理】

蒽酮比色法是一个快速而简便的定糖方法。蒽酮可以与游离的己糖或多糖中的己糖基、戊糖基及己糖醛酸起反应，反应后溶液呈蓝绿色，在 620 nm 处有最大吸收。蒽酮可与其他一些糖类发生反应，但显现的颜色不同。当样品中存有含较多色氨酸的蛋白质时，反应不稳定，呈现红色。对于以上特定的糖类，反应较稳定。本法多用于测定糖原的含量，也可用于测定葡萄糖的含量。

【实验材料】

1. 实验试剂

（1）蒽酮试剂：取 0.2 g 蒽酮溶解到 100 mL 80% H_2SO_4 中，当日配制使用。
（2）标准葡萄糖溶液（0.1 mg/mL）：取 100 mg 葡萄糖溶解到蒸馏水中，定容到 1 000 mL 备用。

2. 实验材料

马铃薯粉或鲜薯块。

【实验步骤】

1. 制作标准曲线

取 6 支干燥洁净的试管，按表 3-3 顺序加入试剂，在 620 nm 进行测定，以吸光值为纵坐标，各标准溶液浓度（mg/mL）为横坐标，作图得标准曲线。

表 3-3　蒽酮比色法定糖——标准曲线的制作（单位：mL）

管号	0	1	2	3	4	5
葡萄糖标准液	0	0.1	0.2	0.3	0.4	0.5
蒸馏水	1.0	0.9	0.8	0.7	0.6	0.5
			置冰水浴中 5 min			
蒽酮试剂	4.0	4.0	4.0	4.0	4.0	4.0
		沸水中煮沸 10 min，取出流水冷却放置 10 min，620 nm 处比色测量				
葡萄糖浓度						
OD 值						

2. 样品测定

取未知浓度的样品液，按表 3-4 加样。

表 3-4 蒽酮比色法定糖——样品的测定（单位：mL）

管号	1	2	3	4
样品	0	0.3	0.3	0.3
蒸馏水	1.0	0.7	0.7	0.7
蒽酮试剂	4.0	4.0	4.0	4.0
OD 值				

【注意事项】

加样冷却完成后置沸水中煮沸 10 min，取出流水冷却放置 10 min，620 nm 处比色测量各管 OD 值。以 1 号试管作为调零管，2、3、4 号管的 OD 值取平均后从标准曲线上查出样品液相应的含糖量。

【思考题】

（1）H_2SO_4 在实验中起何作用？

（2）为什么要流水放置？

四、总糖含量的测定——3,5-二硝基水杨酸法

【目的要求】

（1）掌握 3,5-二硝基水杨酸法测血糖的原理及方法。

（2）熟悉血糖样品的处理。

3,5-二硝基水杨酸法

【实验原理】

3,5-二硝基水杨酸与还原糖共热后被还原成棕红色的氨基化合物，在一定范围内，还原糖的量和反应液的颜色强度呈比例关系，利用比色法可测知样品的含糖量。该方法是半微量定糖法，操作简便快速，杂质干扰较少。

还原糖在碱性条件下加热被氧化成糖酸及其他产物，3,5-二硝基水杨酸则被还原为棕红色的 3-氨基-5-硝基水杨酸。在一定范围内，还原糖的量与棕红色物质颜色的深浅成正比关系，利用分光光度计，在 520 nm 波长下测定吸光度值，查对标准曲线并计算，便可求出样品中还原糖和总糖的含量。由于多糖水解为单糖时，每断裂一个糖苷键需加入一分子水，所以在计算多糖含量时应乘以 0.9。

【实验材料】

1. 实验试剂

（1）葡萄糖标准溶液。

（2）面粉。

（3）浓盐酸。

（4）3,5-二硝基水杨酸试剂。

（5）RO H_2O。

2. 实验器材

移液管、洗耳球、离心管、离心机、紫外分光光度计、比色皿、移液枪、滤纸若干。

【实验步骤】

1. 还原糖样品制备

（1）取材：准确称取 3.0 g 面粉，放在 100 mL 锥形瓶中。

（2）溶解：先用几滴 ddH_2O 调成糊状，加 40 mL 蒸馏水，搅匀。

（3）浸提：置于 50 ℃ 恒温摇床中保温 30 min 以上。

2. 总糖样品制备

（1）取材：称取 0.30 g 左右面粉，准确记录其质量，放入锥形瓶中。

（2）溶解：先用几滴 ddH_2O 调成糊状，加入 25 mL 2.5 mol/L HCl，搅匀。

（3）水解：沸水浴 30 min。

3. 葡萄糖标准曲线的制定

取 9 支大试管，分别按表 3-5 所示顺序加入各种试剂：

表 3-5　3,5-二硝基水杨酸法测血——标准曲线的制作（单位：mL）

管号	空白	1	2	3	4	5	6	7	8
含糖/mg	0	0.2	0.4	0.6	0.8	1.0	1.2	1.4	1.6
葡萄糖液	0	0.2	0.4	0.6	0.8	1.0	1.2	1.4	1.6
蒸馏水	2.0	1.8	1.6	1.4	1.2	1.0	0.8	0.6	0.4
DN_3 试剂	1.5	1.5	1.5	1.5	1.5	1.5	1.5	1.5	1.5
加热				均在热水浴中加热 5 min					
冷却				立即用流动冷水冷却					
蒸馏水	21.5	21.5	21.5	21.5	21.5	21.5	21.5	21.5	21.5
OD 值									

4. 样品中含糖量的测定

取 7 支大试管，分别按表 3-6 所示加入各种试剂：

表 3-6　3,5-二硝基水杨酸法测血糖——样品测定（单位：mL）

管号	空白	还原糖			总糖		
		1	2	3	4	5	6
样品量	0	1.0	1.0	1.0	1.0	1.0	1.0
蒸馏水	2.0	1.8	1.6	1.4	1.2	1.0	0.8
DN$_3$试剂	1.5	1.5	1.5	1.5	1.5	1.5	1.5
加热				均在热水浴中加热 5 min			
冷却				立即用流动冷水冷却			
蒸馏水	21.5	21.5	21.5	21.5	21.5	21.5	21.5
OD 值							

混匀，520 nm 波长比色，以空白管调零，分别读取标准管和测定管的吸光度，按下述方法计算样品中的葡萄糖浓度。

5. 血糖浓度计算

总糖%=（水解后还原糖质量（mg）×样品稀释倍数）/样品质量×100

还原糖%=（还原糖质量（mg）×样品稀释倍数）/样品质量×100

【注意事项】

面粉溶解要均匀，不能有可见颗粒。

【思考题】

（1）在样品的总糖提取时，为什么要用浓 HCl 处理？

（2）在测定前，为何要用 NaOH 进行中和？

（3）标准曲线制作和样品含糖量的测定为什么要同步进行？

【小结】

糖尿病的精准检测离不开测糖技术的不断发展。除了传统的化学法、酶法等测糖方法以外，最近几年出现的血糖仪、无创测糖技术等都为糖尿病的诊断提供了新的技术手段，使得测糖技术不断向着更精确、更便捷的方向发展。本章对于常规测糖技术的原理、实验步骤进行了阐述，并对相关注意事项进行针对性总结。

【巩固练习】

（1）叙述化学法和 GOD 法测血糖的原理。

（2）GOD 法测血糖含量的常见误差有哪些？对临床检测有什么影响？如何减小这些误差？

（3）3,5-二硝基水杨酸法浸提为什么要 50 ℃ 恒温 30 min？

（4）血糖在测定前为什么要进行除蛋白处理？

（5）比较酶法测血糖和化学法测血糖的优缺点。

【实验小故事】

　　吴宪（1893—1959），福建福州人，生物化学家、营养学家、医学教育家。1916 年获麻省理工学院理学士学位；1917 年被哈佛大学医学院生物化学系录取为研究生，师从美国著名生物化学家奥托·福林（Otto Folin）研究血液化学；1919 年获博士学位，其博士论文《一种血液分析系统》被认为"引发了一场血液化学方面的革命"，是奠定吴宪在生物化学界地位的主要论著。随后在福林实验室的博士后研究期间，他独自完成了血糖定量分析的改进方法，此方法用血量少，操作简便，数据准确，大大优于当时常规的本尼迪克特（Benedict）法。他首创用钨酸除去血液样品中所有的蛋白质是目前血液样品测定常用处理方法。他最先提出一个言之有理的蛋白质变性理论。后来学术界认为，如果没有吴宪改进的血糖测定法，胰岛素的发现会大受阻碍。1920 年吴宪毅然回国赴北京协和医学院生物化学系任教，为祖国培养了一批又一批医学人才。

第四章

脂分子

脂类（Lipids）泛指不溶于水，易溶于有机溶剂的各类生物分子。含有碳、氢、氧元素，有的还含有氮和磷，是生物体内重要的一类有机化合物。脂类所包括的物质范围很广，在化学组成、理化性质、结构及生物功能上差异很大。它们的共同特征是以长链或稠环脂肪烃分子为母体，不溶于水，溶于乙醚、氯仿等脂溶性溶剂。

脂类按组成和结构分为三类：简单脂类，即三酰甘油（甘油三酯），是脂类中含量最丰富的一大类，通称脂肪也称真脂或中性脂，是指脂肪酸和醇类所形成的酯。复合脂类，即类脂，由脂肪酸、醇类和其他物质组成的脂类物质，如磷脂、糖脂、脂蛋白。异戊二烯类衍生物，即甾醇、萜类，指一些理化性质与脂肪相似的、不含结合脂肪酸的脂类物质。最常见的是类固醇及其衍生物，如胆固醇、胆汁酸、维生素 D、固醇类激素（性激素和肾上腺皮质激素）等。

第一节 血脂的组成和理化特性

血脂是血中脂类物质的统称，它包括甘油三酯、磷脂、胆固醇、胆固醇酯和游离脂肪酸等。正常人空腹血脂总量为 400 ~ 700 mg/dL（4.0 ~ 7.0 mmol/L），其中甘油三酯为 10 ~ 160 mg/dL（平均 100 mg/dL），总胆固醇为 150 ~ 250 mg/dL（平均 200 mg/dL），胆固醇酯占总胆固醇的 70%左右。无论是外源性或内源性脂类均以溶解度较大的脂蛋白复合体形式在血液循环中运输，血中少量的游离脂肪酸与清蛋白结合运输。

一、脂蛋白的组成、结构

脂蛋白由载脂蛋白（Apoprotein，Apo）和脂类组成。载脂蛋白分 A、B、C、D、E 五类，各类又分若干亚类，其主要功用为运载脂质并维持脂蛋白结构的稳定，有些载脂蛋白还具有激活脂蛋白代谢酶和识别脂蛋白受体的功能。脂质位于脂蛋白颗粒内，磷脂的亲水基团可伸出到脂蛋白的外表，以增加脂蛋白外层的亲水性，并起稳定脂蛋白结构的作用。

二、脂蛋白的分类

由于脂蛋白中蛋白质和脂质的组成、比例不同，它们的颗粒大小、表面电荷及密度均有差异。因此可用电泳法和超速离心法将它们分离。脂蛋白经电泳分离后，可按迁移率的快慢依次分为 a-脂蛋白、前 b-脂蛋白、b-脂蛋白和位于点样原点的乳糜微粒 CM 四种。其中，a-脂蛋白最快，CM 最慢。脂蛋白经超速离心分离后，可按密度高低依次分为高密度脂蛋白（High-Density Lipoprotein，HDL）、低密度脂蛋白（Low-Density Lipoprotein，LDL）、极低密度脂蛋白（Very Low-Density Lipoprotein，VLDL）和乳糜微粒（Chylomicron，CM）四种。

三、各类脂蛋白的来源、组成特点

（一）乳糜微粒（CM）

CM 由小肠黏膜上皮细胞合成，其中含有大量甘油三酯（80% ~ 95%）。因这来自食物脂肪的消化、吸收，所以 CM 的功用为运输外源性甘油三酯到肝和肝外组织被利用。

（二）极低密度脂蛋白（VLDL）

VLDL 即前 b-脂蛋白，主要由肝细胞合成，含有较多的甘油三酯（50% ~ 70%），VLDL 的功用是向肝外运输内源性甘油三酯。

（三）低密度脂蛋白（LDL）

LDL 即 b-脂蛋白，是在血浆中转变生成的。LDL 在血液循环过程中，受毛细血管壁上存在的脂蛋白脂肪酶的作用，使其中的甘油三酯不断被水解，释出脂肪酸与甘油，于是脂蛋白颗粒变小、密度增加。

（四）高密度脂蛋白（HDL）

HDL 即 a-脂蛋白，主要由肝细胞合成，小肠黏膜、上皮细胞也能合成少量。HDL 含有较多的磷脂（25%）与胆固醇（20%）。主要功用是向肝外组织运输磷脂和将肝外组织的胆固醇逆向往肝内运输。

第二节　脂类的氧化分解

储能和供能是脂肪的重要功用之一，是机体内代谢燃料的储存形式。脂类可以脂肪的形式大量储存于脂肪组织中，脂肪在氧化时可以比其他能源物质提供更多的能量。当机体需要时，脂肪分解供能 1 g 脂肪在体内完全氧化时放出的能量为 38 kJ，这比 1 g 糖或蛋白质所放出的多 1 倍以上。

1. 脂肪的酶促水解

脂肪酶广泛存在于动物、植物和微生物中。在人体内，脂肪的消化主要在小肠，由胰脂肪酶催化，胆汁酸盐和辅脂肪酶的协助使脂肪逐步水解生成脂肪酸和甘油。

磷脂酶有多种，作用于磷脂分子不同部位的酯键。作用于1位、2位酯键的分别称为磷脂酶 A1 及 A2，生成溶血磷脂和游离脂肪酸。作用于 3 位的称为磷脂酶 C，作用磷酸取代基间酯键的酶称磷脂酶 D。作用溶血磷脂 1 位酯键的酶称磷脂酶 B1。

胆固醇酯酶水解胆固醇酯生成胆固醇和脂肪酸。

小肠可吸收脂类的水解产物。胆汁酸盐帮助乳化，结合 Apo 形成乳糜微粒经肠黏膜细胞吸收进入血液循环。所以 CM 是转运外源性脂类（主要是 TG）的脂蛋白。

2. 甘油的分解

脂肪细胞不具有甘油激酶，不能转化脂肪分解产生的甘油，必须经血液运送到肝脏代谢。去向有 2 个：

（1）进入糖酵解→TCA→彻底氧化供能经糖酵解逆转异生为葡萄糖。

（2）甘油→ 3-p-甘油→磷酸二羟丙酮→逆行→葡萄糖。

3. 脂肪酸的氧化分解

（1）脂肪酸的活化。

在胞液中游离脂肪酸（free fatty acid，FFA）通过与 CoA 酯化被激活，催化该反应的酶是脂酰 CoA 合成酶，需 ATP、Mg^{2+}参与。反应产生的 PPi 立即被焦磷酸酶水解，阻止了逆反应，所以 1 分子 FFA 的活化实际上消耗 2 个高能磷酸键。

$$RCOOH+ATP+CoASH \longrightarrow RCO \sim SCoA+AMP+PPi$$

（2）脂酰 CoA 进入线粒体。

脂肪酸的氧化是在线粒体内进行的，而脂酰 CoA 不能自由通过线粒体内膜进入基质，需要通过线粒体内膜上肉毒碱转运才能将脂酰基带入线粒体。内膜两侧的脂酰 CoA 肉碱酰基转移酶Ⅰ、Ⅱ（同工酶）催化完成脂酰基的转运和肉碱的释放。酶Ⅰ是 FFA 氧化分解的主要限速酶。

图 4-1　脂酰 CoA 进入线粒体

（3）脂酰 CoA 的 β-氧化。

脂酰 CoA 氧化生成乙酰 CoA 涉及 4 个基本反应：第一次氧化反应、水化反应、第二次氧化反应和硫解反应。

第 1 步：由脂酰 CoA 脱氢酶催化脱氢生成反-Δ2-烯脂酰 CoA 和 $FADH_2$。

第 2 步：由反-Δ2-烯脂酰 CoA 水化酶催化加水生成 L-（+）-β-羟脂酰 CoA。

第 3 步：由 L-（+）-β-羟脂酰 CoA 脱氢酶催化生成 β-酮脂酰 CoA 和 $NADH+H^+$。

第 4 步：由硫解酶作底物的 α-与 β-C 间断裂，CoASH 参与，生成 1 分子乙酰 CoA 和比原来少 2 个 C 的脂酰 CoA。然后再一轮 β-氧化，如此循环反应。

4. 酮体的生成和利用

脂肪酸经 β-氧化生成的大多数乙酰 CoA 进入 TCA 循环，当乙酰 CoA 的量超过 TCA 循环氧化能力时，多余的生成酮体（Ketone bodies），包括 β-羟丁酸（占 70%）、乙酰乙酸（占 30%）和丙酮（微量）。酮体是燃料分子，作为"水溶性的脂"，在心脏和肾脏中比脂肪酸氧化得更快。

（1）酮体是在肝脏中合成的。

2 分子乙酰 CoA 经肝细胞线粒体乙酰乙酰 CoA 硫解酶催化缩合成乙酰乙酰 CoA，再在羟甲基戊二酸单酰 CoA 合成酶（HMG- CoA 合成酶）的催化下，结合第三个乙酰 CoA 生成 β-羟基-β-甲基戊二酸单酰 CoA。然后 HMG- CoA 裂解酶催化生成乙酰乙酸和乙酰 CoA。（乙酰乙酰 CoA 也可在硫酯酶催化下水解为乙酰乙酸和 CoA）

乙酰乙酸在 β-羟丁酸脱氢酶的催化下，由 NADH 供氢，被还原为 β-羟丁酸或脱羧生成丙酮。

（2）酮体的利用。

酮体是正常的、有用的代谢物，是很多组织的重要能源。但肝细胞氧化酮体的酶活性很低，因此酮体经血液运输到肝外组织进一步氧化分解。心、肾、脑和骨骼肌线粒体有活性很高的氧化酮体的酶。β-羟丁酸在 β-羟丁酸脱氢酶催化下重新脱氢生成乙酰乙酸，在不同肝外组织中乙酰乙酸可在琥珀酰 CoA 转硫酶或乙酰乙酸硫激酶作用下转变为乙酰乙酰 CoA，再由乙酰乙酰 CoA 硫解酶裂解为 2 分子乙酰 CoA，进入 TCA 途径彻底氧化。

第三节　实验内容

实验 4-1　粗脂肪的定量（Soxhlet 提取法）

【实验目的】

（1）掌握索氏提取法测定粗脂肪的原理及方法。
（2）熟悉仪器的操作使用。
（3）了解其他脂肪的提取方法。

粗脂肪的定量操作

【实验原理】

所谓粗脂肪，是脂肪、游离脂肪酸、蜡、磷脂、固醇及色素等脂溶性物质的总称。索氏（Soxhlet）脂肪提取器为一回馏装置，由浸提管、小烧瓶及冷凝管三者连接而成。浸提管两侧分别有虹吸管及通气管，盛有样品的滤纸斗（包）放在浸提管内。溶剂（乙醚）盛于小烧瓶中，加热后，溶剂蒸气经通气管至冷凝管，冷凝的溶剂滴入浸提管，浸提样品。浸提管内溶剂愈积愈多，当液面达到一定高度，溶剂及溶于溶剂中的粗脂肪即经虹吸管流入小烧瓶。流入小烧瓶的溶剂由于受热而气化，气体至冷凝管又冷凝而滴入浸提管内，如此反复提取回馏，即将样品中的粗脂肪提尽并带到小烧瓶中。最后，将小烧瓶中的溶剂蒸去，烘干，小烧瓶增加的重量，即样品中粗脂肪含量。

【实验材料与器材】

1. 实验材料

麦麸以及其他动、植物材料。

2. 试 剂

（1）无水乙醚：市售无水乙醚往往仍有水分，需处理后使用，处理方法如下：含水较多的乙醚，可先于乙醚中投入 $CaCl_2$ 约为总体积 1/3，1～2 d 后，过滤，水浴蒸馏，收集 36 ℃ 馏出液。于此馏出液中加适量金属钠（需用压钠机压成钠条或用刀切成薄片），1～2 d 后蒸馏，收集 36 ℃ 馏出液，即得无水乙醚。水分较少的乙醚，可于每 500 g 乙醚中加入 30～50 g 无水硫酸钠或金属钠，1～2 d 后蒸馏，收集 36 ℃ 馏出液。

（2）麦麸以及其他动、植物材料。

3. 器 材

滤纸、索氏提取器（一套）、分析天平、恒温水浴锅、干燥器、铁架台、橡皮管、万能夹、干燥箱、电吹风。

【实验步骤】

（1）将洗净的索氏提取器小烧瓶用铅笔在磨口处编号，于 103～105 ℃ 烘 2 h，取出，置干燥器内冷却。分析天平称重，并记录之。

（2）用分析天平称取干样约 2g（准确至小数点后 4 位。样品需研碎，通过 40 目筛孔），用滤纸包好，放入浸提管内。

（3）于已称重的小烧瓶内倒入 1/2～2/3 体积的无水乙醚。连接索氏提取器各部分，恒温水浴锅加热回馏 2～4 h（样品含脂量高的，应适当延长时间）。控制水浴温度，每小时回馏 3～5 次较宜。

（4）提取完毕，待乙醚完全流入小烧瓶时，取出滤纸包，再回馏一次以洗涤浸提管。继续加热，待浸提管内乙醚液面接近虹吸管上端而未流入小烧瓶前，倒出浸提管中之乙醚。如果小烧瓶中尚留有乙醚，则继续加热蒸发，直到小烧瓶中溶剂基本蒸尽，停止加热，取下小烧瓶，用吹风机将瓶中残留乙醚吹尽，再置 103～105 ℃ 烘箱中烘 0.5 h，取出置干燥器中冷至室温，称重，由小烧瓶增加之重量可计算出样品的脂肪含量。

按同法，用不包样品的滤纸包做空白测定。测定脂肪后，小烧瓶需先用 2%氢氧化钠酒精浸泡，再用肥皂洗净烘干保存。

【注意事项】

（1）进行本实验时应切记注意防火，乙醚为易燃品，切忌明火加热。

（2）注意提取器各连接处是否漏气，以及冷凝管冷凝效果是否良好，以免大量乙醚蒸气外逸。

【讨论与思考】

（1）本实验制备得到粗脂肪，若要制备单一组分脂类成分，可用什么方法进一步处理？

（2）本实验样品制备时烘干为什么要避免过热？

实验 4-2　脂肪酸的 β-氧化

【实验目的】

（1）掌握测定 β-氧化作用的方法及其原理。

（2）熟悉实验步骤及计算方法。

（3）了解脂肪酸的 β-氧化作用。

脂肪酸的 β-氧化操作

【实验原理】

在肝脏中，脂肪酸经 β-氧化作用生成乙酰辅酶 A。2 分子乙酰辅酶 A 可缩合生成乙酰乙酸。乙酰乙酸可脱羧生成丙酮，也可还原生成 β-羟丁酸，乙酰乙酸、β-羟丁酸和丙酮总称为酮体。酮体为机体代谢的中间产物。在正常情况下，其产量甚微；患糖尿病或食用高脂肪膳食时，血中酮体含量增高，尿中也能出现酮体。本实验用新鲜肝糜与丁酸保温，生成的丙酮在碱性条件下，与碘生成碘仿。反应式如下：$2NaOH+I_2 \longrightarrow NaOI+H_2O$　$CH_3COCH_3+3NaOI \longrightarrow CHI_3+CH_3COONa+2NaOH$　剩余的碘可用标准硫代硫酸钠溶液滴定：$NaOI+NaI+2HCl \longrightarrow I_2+2NaCl+H_2O$　$I_2+2Na_2S_2O_3 \longrightarrow Na_2S_4O_6+NaI$　根据滴定样品与滴定对照所消耗的硫代硫酸钠溶液体积之差，可以计算由丁酸氧化生成丙酮的量。

【实验试剂与器材】

1. 实验材料

鲜猪肝。

2. 实验试剂

（1）0.5%淀粉溶液，0.9%氯化钠溶液，0.5 mol/L 丁酸溶液（取 5 mL 酸溶于 100 mL 0.5 mol/L 氢氧化钠溶液中），15%三氯乙酸溶液，10%氢氧化钠溶液，10%盐酸溶液。

（2）0.2 mol/L 碘液：25.4 g I + 50 g KI 定容到 1 000 mL，用标准 0.05 mol/L 硫代硫酸钠溶液标定。

（3）标准 0.01 mol/L 硫代硫酸钠溶液：将已标定的 0.05 mol/L 硫代硫酸钠稀释成 0.01 mol/L。

（4）1/15 mol/L PH7.6 磷酸缓冲液：1/15 mol/L 磷酸氢二钠 86.8 mL+1/15 mol/L 磷酸二氢钠 13.2 mL。

3. 实验器材

5 mL 微量滴定管、恒温水浴、吸管、剪刀、50 mL 锥形瓶、漏斗、试管等。

【实验步骤】

（1）肝糜制备：取肝用 0.9%氯化钠液冲洗污血后，用滤纸吸去表面的水分。称取肝组织 5 g 置研钵中，加少量的 0.9%氯化钠研成细浆。再加 0.9%氯化钠液到总体积为 10 mL。

（2）取 2 个 50 mL 锥形瓶，各加入 3 mL 1/15 mol/L 磷酸 pH 7.6 的磷酸盐缓冲液。向一个锥形瓶中加入 2 mL 正丁酸，另一个锥形瓶作为对照，不加正丁酸。然后各加入 2 mL 肝糜。混匀于 43 ℃ 恒温水浴内保温。

（3）沉淀蛋白质：保温 1.5 h 后，取出锥形瓶，各加入 3 mL 15%的三氯乙酸，在对照瓶内追加 2 mL 正丁酸，混匀，静置 15 min，过滤。将滤液收集在 2 支试管中。

（4）酮体的测定：吸取两种滤液各 2 mL 分别放入另 2 个锥形瓶中，再加 3 mL 0.1 mol/L 碘液和 3 mL 10%氢氧化钠液。摇匀后，静置 10 min。加入 3 mL 10%盐酸中和。然后用 0.01 mol/L 标准硫代硫酸钠液滴定剩余的碘。滴至浅黄色时，加入 3 滴 0.1%淀粉液作指示剂。摇匀，滴至蓝色消失为止。记录所消耗的硫代硫酸钠液的体积（mL）。

（5）结果计算：

$$肝脏的丙酮含量（mmol/g）=(A-B)\times C_{Na_2S_2O_3}\times 1/6\times 5$$

式中：A——滴定对照所消耗的 0.01 mol/L 硫代硫酸钠溶液的体积，mL；

B——滴定样品所消耗的 0.01 mol/L 硫代硫酸钠溶液的体积，mL；

$C_{Na_2S_2O_3}$——标准硫代硫酸钠溶液的浓度，mol/L；

1/6——1 mol 标准硫代硫酸钠相当于丙酮的量。

【注意事项】

（1）用新鲜肝糜进行实验，确保肝内酶活力。
（2）注意滴定终点的控制，保证实验的准确度。

【讨论与思考】

（1）为什么说脂肪酸 β-氧化实验的关键是制备新鲜的肝糜？
（2）什么叫酮体？为什么正常代谢时产生的酮体量很少？

实验 4-3　脂质的薄层层析——猪脑脂质的提取及其分离鉴定

【实验目的】

（1）掌握吸附层析的原理。
（2）熟悉薄层层析的操作技术：薄板的制备、活化、点样、展层、显色。
（3）了解 Rf 计算及样品鉴定。

【实验原理】

动物脑组织富含多种脂质，有甘油磷脂、鞘氨醇磷脂、糖脂、胆固醇等。本实验采用 Blign 和 Dyer 方法，提取猪脑脂质，快速有效。首先使用一相醇溶液系统（即氯仿-甲醇-水），将各种脂质一并提取出来，提取物再用氯仿和水稀释，以形成二相系统，水溶性杂质易分配进入甲醇-水相，而脂质进入氯仿相，从而实现分离。

薄层层析（Thin-Layer-Chromatography，TLC）是将作为固定相的支持剂涂于支持板上面进行的一种层析技术。此法较相应支持剂材料做成的柱层析、纸层析等有更多的优越性。最突出的特点是操作简便和层析速度快。缺点是对生物大分子分离效果欠佳。近年来，由于薄层板的不断改进，实施薄层层析的操作仪器化，已将一般的薄层层析发展成为高效薄层层析（HPTLC），可在几分钟内将含有多至十余个组分的样品分离开。各种规格的薄层预制板及专门仪器已趋向商品化。

制作薄层层析用的硅胶一般有两类。一类是不加添加剂的称硅胶 H；另一类是添加了黏合剂（如石膏）称硅胶 G。有的为便于鉴定，还加入了特殊的荧光剂，常以字母 F 表示。不同类型的硅胶各有不同的用途。本实验是用硅胶 H 为支持剂，用薄层层析技术分离鉴定脑组织所含的脂质。

【实验试剂与器材】

1. 实验材料

新鲜猪脑。

2. 实验试剂

氯仿、95%乙醇、0.1%碳酸氢钠、甲醇、精制硅胶 H。

3. 实验器材

剪刀、研钵、离心机、层析板、干燥器、层析缸。

【实验步骤】

1. 脂质的提取

称取新鲜猪脑 1.5 g，用剪刀剪碎，置于研钵内磨成浆后，倒入匀浆管内，冰浴中匀浆 2 min。向匀浆内加入 7.5 mL 抽提液 I，继续匀浆 2 min。然后将匀浆液于 2 500 r/min 离心 10 min。吸取上清液储存于分液漏斗中，沉淀再加入 9.5 mL 抽提液 II，搅拌成悬浊液后再匀 2 min，随之离心 10 min。合并两次上清液，加入氯仿和水各 2.5 mL，在分液漏斗内间歇摇振 2 min，然后静置 30 min 左右，提取液逐渐分成两相（注意观察分相过程）。上相为甲醇-水相，下相为含脂质混合物的氯仿相，从漏斗分流出氯仿相，置冰箱内备用。

2. 脂质的分离鉴定（薄层层析法 TLC）

（1）硅胶 H 薄层的制备。

将经 95%乙醇擦净过的 3 mm×35 mm×100 mm 层析玻璃置于水平台上，然后称取精制硅胶 H 3.0 g 置于 25 mL 烧杯内，加入 0.1%碳酸氢钠约 8 mL，调成具有一定稠度和流动性的胶浆。用 10 mL 量筒量取浆液 3 mL，迅速小心流铺在层析板上（注意板面厚度均匀，切勿使浆液溢出板外），铺毕后继续水平静置 0.5～1 h，使硅胶充分沉固，薄层表面凝成膜状。然后将层析板移入烘箱内水平位置，40 ℃ 干燥至硅胶薄层发白。

（2）薄层活化。

升高烘箱温度，使薄层充分干燥，此过程称为活化。为防止薄层表面起泡，应首先于 80 ℃ 左右烘 20 min 左右，然后升温至 120 ℃ 再烘 2 h，活化完毕小心取出置于干燥器内冷却至室温。

（3）点样。

将活化的硅胶薄板从干燥器内取出放妥后，立即在距底边 2～3 cm 处中央，用内径 0.5 mm 点样毛细管吸取脂质混合液，分三次在同一点上点入薄层。点样直径不超过 2～3 mm，每点一次待近干后再点下一次（小心勿损坏薄层胶面）。

（4）平衡和展开。

将洁净层析缸一端垫起，使其倾斜成 150°左右，然后沿低端的缸内壁加入一定量的展开试剂。将点好样的薄板小心安放在缸内，近点样的一头搁在缸底高的无展开剂侵入的一端，另一端靠在缸内壁或玻架上。将薄板位置调整稳妥后，加盖封闭平衡约 2 h。

平衡结束后，仍保持层析缸封闭状态，将缸底一端的展开剂倾斜流向另一端，层析板硅胶浸入展开剂中，展开开始。待展开剂上行至层析板上端 1～1.5 cm 处，展开停止，开盖取出薄板晾干。

（5）显色。

将展开晾干的薄板置于碘蒸气缸内熏蒸，30 min 后即渐见黄色斑点显出，数小时后，斑点更明显。展层结果通常出现 5～6 个分离斑点。描出实验图谱，如图 4-2 所示。

1—磷脂；2—鞘磷脂；3—丝氨酸磷脂；4—脑磷脂；
5—物质性质不明确；6—中性脂质。

图 4-2 脂质薄层层析示意图

【注意事项】

（1）制板时要求薄层平滑均匀，无裂缝。
（2）点样时不要刺破薄板。
（3）点样管切勿弄混。

【讨论与思考】

（1）在混合物薄层色谱中，如何判定各组分在薄层上的位置。
（2）展开剂的高度若超过了点样线，对薄层色谱有何影响？
（3）点样时，样点太靠近薄板的边缘，展开时，会出现什么样的情况？
（4）在薄层色谱法中的展开中有哪些方法？展开过程中应注意些什么？
（5）点样时要注意写些什么？在展开时如何防止拖尾及前倾？

实验 4-4 血清总胆固醇的测定（磷硫铁法）

【实验目的】

（1）掌握磷硫铁法测定胆固醇的原理及方法。

（2）熟悉提取实验步骤及试剂主要作用。

（3）了解测定血清总胆固醇的临床意义。

【实验原理】

血清中的总胆固醇（Total cholesterol，TC）包括游离胆固醇和胆固醇酯。胆固醇广泛分布于全身各组织，血浆中的胆固醇多为胆固醇酯。胆固醇在体内发挥着重要的生理功能，参与合成胆汁酸、类固醇激素及维生素 D3 等重要的物质。高胆固醇血症常见于动脉粥样硬化、家族性高胆固醇血症、糖尿病肾病综合征、甲状腺功能减退等。低胆固醇血症见于严重贫血、甲状腺功能亢进、营养不良。

血清经无水乙醇处理，血清中蛋白质被沉淀，胆固醇等则溶于无水乙醇中。在乙醇提取液中加磷硫铁试剂（即浓硫酸和三价铁溶液），胆固醇及其酯与试剂形成比较稳定的紫红色化合物，呈色程度与胆固醇及其酯含量成正比，可用比色法于 560 nm 波长处定量测定。

【实验试剂与器材】

1. 实验试剂

（1）待测血清样品。

（2）三氯化铁溶液：三氯化铁 10 g，溶于磷酸定容至 100 mL，4 ℃ 避光保存 1 年。

（3）磷硫铁试剂：取三氯化铁溶液 1.5 mL，浓硫酸稀释至 100 mL，避光保存。

（4）胆固醇标准储存液（0.8 mg/mL）：准确称取胆固醇 80 mg，溶于无水乙醇后定容至 100 mL。

（5）胆固醇标准溶液（0.08 mg/mL）：将储存液用无水乙醇准确稀释 10 倍即得。

（6）乙醇工作液：使用蒸馏水和无水乙醇配制 95%（V/V）的乙醇工作液。

2. 实验器材

721 分光光度计、离心机。

【实验步骤】

1. 胆固醇的提取

吸取血清 0.1 mL 置于洁净干燥离心管内，加入无水乙醇 0.4 mL，摇匀后再加入无水乙醇 2.0 mL，摇匀后静置 10 min，3 000 r/min，离心 5 min，取上清液（即胆固醇抽提液）备用。

2. 胆固醇测定

取试管 3 支，标记后按表 4-1 所示加样，混匀后室温静置 10 min，在 560 nm 比色，记录吸光度值。

表 4-1　胆固醇测定加样程序

试剂（mL）	空白管（B）	标准管（S）	测定管（U）
胆固醇抽提液	—	—	3.0
胆固醇标准溶液	—	3.0	—
乙醇工作液	3.0	—	—
磷硫铁试剂	3.0	3.0	3.0

3. 计　算

$$胆固醇含量（mg/dL）= \frac{C_S \times A_U}{A_S} \times 100 \div 0.04$$

式中：C_s——标准液中胆固醇浓度，0.08 mg/mL；

A_u——样品液的吸光度；

A_s——标准液的吸光度；

0.04——100 mL 血清胆固醇乙醇提取液相当于 0.04 mL 血清。

胆固醇参考范围：110 ~ 220 mg/mL。

【注意事项】

（1）磷酸、硫酸均具有化学腐蚀性，在配置相关试剂时一定要戴手套和口罩，按规范操作。

（2）在待测血清样品制备方面，最好采用清晨空腹抽取血样（隔夜前忌食高脂）。

（3）胆固醇标准溶液称量一定要准确，否则会对该定量检测实验产生影响。

【讨论与思考】

（1）高胆固醇引起的疾病有哪些？

（2）讨论高胆固醇临床检测的意义，以及日常生活中高胆固醇血症的预防措施。

实验 4-5　血清胆固醇的测定（邻苯二甲醛法）

【实验目的】

（1）掌握邻苯二甲醛法测定血清胆固醇的原理及方法。

（2）熟悉试剂盒提取的方法及原理。

（3）了解测定血清胆固醇的临床意义。

【实验原理】

胆固醇及其酯在硫酸作用下与邻苯二甲醛产生紫红色物质，此物质在 550 nm 波长处有最大吸收，可用比色法测总胆固醇含量，胆固醇含量在 400 mg/100 mL 内，与吸光度呈良好线性关系。

本法不需对胆固醇进行抽提，颜色产物也比较稳定，胆红素及一般溶血对结果影响不大，严重溶血者才使结果偏高。本法在 20~37 ℃ 条件下显色，显色后 5 min 开始至 0.5 h 以上颜色基本稳定。温度过低，显色剂强度减弱，加混合酸后振摇过激能使产热过高，也可使显色减弱。

【实验试剂与器材】

1. 实验试剂

（1）邻苯二甲醛试剂。称取邻苯二甲醛（AR）50 mg，以无水乙醇（AR）溶解并定容至50 mL，冷藏，有效期为 45 d。

（2）混合酸。无水乙酸 100 mL 与浓硫酸 100 mL 混合。

（3）1 mg/mL 标准胆固醇储液。准确称取胆固醇（AR）100 mg，用无水乙醇定容至 100 mL。

（4）0.1 mg/mL 标准胆固醇应用液。将 1 mg/mL 标准胆固醇储液准确稀释 10 倍。

2. 实验器材

待测血清样品（人血清 0.1 mL 用无水乙醇稀释至 4.00 mL）；可见分光光度计。

【实验步骤】

1. 标准曲线的制作

取 5 支试管编号后，按表 4-2 顺序加入试剂。

表 4-2　标准曲线的制作

试剂	0	1	2	3	4
标准胆固醇应用液/mL	0	0.10	0.20	0.30	0.40
无水乙酸/mL	0.40	0.30	0.20	0.10	0
邻苯二甲醛试剂/mL	0.20	0.20	0.20	0.20	0.20
混合酸/mL	4.00	4.00	4.00	4.00	4.00
100 mL 样品总胆固醇量/mg	0	10	20	30	40
A_{550}					

加毕，温和混匀，于 20~37 ℃ 静置 10 min，于 550 nm 波长比色测定，以 100 mL 样品总胆固醇量（mg）为横坐标，A_{550} 值为纵坐标作标准曲线。

2. 样品测定

取 2 支试管编号后，按表 4-3 加入试剂，与标准曲线同时做比色测定。

表 4-3　样品测定

试剂	对照管	样品管
待测血清样品/mL	0	0.40
无水乙酸/mL	0.40	0
邻苯二甲醛试剂/mL	0.20	0.20
混合酸/mL	4.00	4.00
A_{550}		

测得 A_{550}，从标准曲线中可查出 100 mL 样品的胆固醇质量（mg）。

【注意事项】

（1）混合酸黏度大，要用封口膜充分混匀。保温后如有分层，再次混匀。

（2）混合酸配置时，将浓硫酸加入无水乙醇中，次序不可颠倒。

【讨论与思考】

（1）本实验操作中特别需要注意些什么？为什么？

（2）在制作标准曲线时，横坐标的总胆固醇的含量是怎样计算的？

实验 4-6　血清甘油三酯含量测定（乙酰丙酮显色法）

【实验目的】

（1）掌握乙酰丙酮显色法测定血清甘油三酯的原理的原理及方法。

（2）熟悉试剂盒提取的方法及原理。

（3）了解测定血清甘油三酯测定的临床意义。

【实验原理】

　　血清中甘油三酯经正庚烷-异丙醇混合溶剂抽提后，用氢氧化钾溶液皂化成脂肪酸钾与甘油，后者可进一步用过碘酸氧化成甲醛，在 NH_4^+ 的存在下，甲醛与乙酰丙酮试剂反应生成带荧光的黄色物质。3,5-二乙酰-1,4-二氢二甲基吡啶，与同样处理的标准液对比，即可计算出血清中甘油三酯的含量。

【实验试剂与器材】

1. 实验试剂

（1）抽提剂：正庚烷/异丙醇=2/3.5。

（2）0.04 mol/L 硫酸溶液。

（3）异丙醇（AR）。

（4）皂化试剂：取 6.0 g KOH 溶于 60 mL 蒸馏水，再加异丙醇 40 mL 混合，置棕色瓶中室温保存。

（5）氧化试剂：称取 65 mg 过碘酸钠溶于约 50 mL 蒸馏水，然后加入 7.7 g 无水乙酸铵溶解后，加 6 mL 无水乙酸，蒸馏水定容至 100 mL，储棕色瓶内室温保存。

（6）乙酰丙酮试剂 0.4 mL：乙酰丙酮加到 100 mL 异丙醇中，混匀，置棕色瓶内室温保存。

（7）10 mg /mL 甘油三酯储备液：精确称取三油酸甘油酯 1.00 g，溶解于抽提剂中，再用抽提剂定容至 100 mL，置冰箱保存。

（8）1 mg/mL 甘油三酯应用液：储存液用抽屉剂稀释 10 倍，置冰箱保存。

2. 实验器材

可见分光光度计，恒温水浴锅。

【实验步骤】

取干燥洁净的带塞试管 3 支，编号，按表 4-4 进行操作。

表 4-4　甘油三酯含量测定

试剂及操作	空白管	标准管	测定管
血清	—	—	0.2
标准应用液	—	0.2	—
抽提剂	2.7	2.5	2.5
0.04 mol/L H_2SO_4	0.5	0.5	0.5
边加边摇，加毕剧烈振摇 1min，静置分成两相，准确吸取各管上清液 0.3 mL，分别加至另外 3 支试管中			
异丙醇	1.0	1.0	1.0
皂化试剂	0.3	0.3	0.3
充分混匀，置 65°C 水浴中 3 min			
氧化试剂	1.0	1.0	1.0
乙酰丙酮试剂	1.0	1.0	1.0
混匀，置 65 °C 水浴中 15 min，取出后冷却，于 420 nm 处，以空白管为对照，测定标准管与样品管的 A_{420}			
A_{420}			

【结果处理】

计算血清中甘油三酯含量（mg）如下：

$$m=\frac{A_1\rho_0}{A_0}\times 100$$

式中：m——100 mL 血清中甘油三酯含量，mg；

　　A_1——样品液的吸光度；

　　A_0——标准液的吸光度；

　　ρ_0——应用液浓度 ρ_0=1 mg/mL；

　　100——100 mL 血清。

【注意事项】

（1）应空腹采血，并立即分离血清，否则结果偏高。

（2）显色后吸光度随时间延长而略增高，故应立即比色。标本多时，可置冷水浴中逐管比色，这样对结果影响不大。

【讨论与思考】

（1）抽提过程中硫酸的作用是什么？

（2）怎样减少磷脂对实验结果的影响？

【小结】

通过本章的学习，我们知道了储能和供能是脂肪的重要功用之一，是机体内代谢燃料的储存形式，脂肪通过脂酸的 β-氧化，可以比其他能源物质提供更多的能量。血浆脂类简称血脂，包括游离胆固醇、胆固醇酯、磷脂、甘油三酯、糖脂、游离脂肪酸等。无论是外源性或内源性脂类均以溶解度较大的脂蛋白复合体形式在血液循环中运输。血脂水平可反映全身脂类代谢的状态。血脂测定可及时地反映体内脂类代谢状况。

【巩固练习】

（1）何谓血脂？血脂包含哪些成分？其以何种形式在血浆中运输？

（2）什么是血浆脂蛋白？按照密度法可将其分为哪几类？简述其的主要作用。

（3）试述机体利用脂库中储存的脂肪氧化供能的过程。

（4）试述酮体生成和利用的过程（包括主要部位、原料、反应过程及相关酶）。

（5）试述酮体生成的生理意义，并举例说明当酮体产生过多时可能导致的危害。

【实验小故事】

Franz Knoop 和脂肪酸的 β-氧化的发现

人们早就希望能找到一些方法，可以对生物大分子进行动态的分析研究，第一位在这个方向上努力的是德国生物学家 Franz Knoop（弗朗兹·科诺普）（1875—1946），1904 年为了弄清楚脂肪酸在细胞中的分解过程，Franz Knoop 利用苯环在动物体内不易降解的特性，创新性地做了一个实验，他将末端甲基上连有苯环的脂肪酸喂饲狗，然后检测狗尿中的产物。结果发现，食用含偶数碳脂肪酸的狗的尿中有苯乙酸的衍生物苯乙尿酸，而食用含奇数碳脂肪酸的狗的尿中有苯甲酸的衍生物马尿酸。Franz Knoop 由此推测无论脂肪酸链的长短，脂肪酸的降解总是每次水解下两个碳原子。据此，Franz Knoop 提出脂肪酸的氧化发生在 β-碳原子上，而后 Ca 与 Cb 之间的键发生断裂，从而产生二碳单位，此二碳单位 Franz Knoop 推测是乙酸。

以后的实验证明 Franz Knoop 推测的准确性，由此提出了脂肪酸的 β-氧化作用。

第五章

酶分子

酶是由活细胞产生的、对其底物具有高度特异性和高度催化效能的一类生物催化剂，其化学本质绝大多数为蛋白质，但某些 RNA 或 DNA 也具有催化活性。酶学研究是生物化学的一项重要研究内容，生物体内多数反应没有酶的催化难以进行。例如，大肠杆菌生命周期仅为 20 min，生物体内化学反应变得如此容易和迅速的根本原因是生物体内普遍存在生物催化剂——酶。换句话说，如果没有酶，生物体的生长、发育、运动等生命活动就无法继续。本章理论部分主要介绍酶的分子结构、酶的理化性质及影响酶活性的因素；实验内容主要介绍酶活力测定方法及其影响因素等内容。

第一节　酶的分子结构

一、酶的化学组成

根据酶的化学本质，除有催化活性的 RNA 或 DNA 外几乎都是蛋白质。可将酶分为：

（一）单纯酶

仅含有蛋白质的酶称为单纯酶（Simple enzyme），如脲酶、某些蛋白酶、淀粉酶、脂酶、核酸酶等。

（二）缀合酶

缀合酶（Conjugated enzyme）由蛋白质部分和非蛋白质部分共同组成，其中蛋白质部分称为酶蛋白（Apoenzyme），非蛋白质部分称为辅助因子（Cofactor）。酶蛋白主要决定酶促反应的特异性及其催化机制，辅助因子主要决定酶促反应的性质和类型。酶蛋白与辅助因子结合在一起称为全酶（holoenzyme），酶蛋白和辅助因子单独存在时均无催化活性，只有全酶才具有催化作用。

辅助因子多为小分子的有机化合物或金属离子，按其与酶蛋白结合的紧密程度与作用特点不同可分为辅酶（Coenzyme）和辅基（Prosthetic group）。辅酶与酶蛋白的结合疏松，可以用透析或超滤的方法除去；辅基则与酶蛋白结合紧密，不能通过透析或超滤将其除去。在酶促反应中，辅基不能离开酶蛋白。

二、酶的分类

（一）按酶蛋白分子的特点分

（1）单体酶（Monomeric enzyme）：由单一亚基构成的酶称为单体酶，如溶菌酶、羧肽酶A、牛胰核糖核酸酶 A 等。

（2）寡聚酶（Oligomeric enzyme）：由多个相同或不同的亚基以非共价键连接组成的酶称为寡聚酶，如蛋白激酶 A、磷酸果糖激酶-1 均含有 4 个亚基。

（3）多酶复合物（Multienzyme complex）：由几种具有不同催化功能的酶彼此聚合形成多酶复合物，或称多酶体系。

（二）按酶的存在状态分

（1）胞内酶：在合成分泌后定位于细胞内发生作用的酶，大多数的酶属于此类。

（2）胞外酶：在合成后分泌到细胞外发生作用的酶，主要为水解酶。

第二节　酶的理化性质

一、生物催化剂

作为一种催化剂，酶除了和一般催化剂一样，具有用量少而催化效率高、不改变化学反应的平衡点、可降低反应的活化能等特点之外，还具有自身的催化特性。

（一）酶具有高度专一性

酶的专一性也称为酶的特异性（Specificity），它是指酶对所作用底物（Substrate）的选择性。根据酶对底物的选择方式不同，酶的专一性分为绝对专一性和相对专一性两种。

（二）酶易失活

因其化学本质为蛋白质，因此任何使蛋白质变性的理化因素均能影响酶的活性甚至失去酶活性。

（三）酶活性受到调节和控制

酶活性受到调节和控制的方式：① 通过基因表达调节酶的浓度；② 通过激素调节酶活性；③ 反馈抑制调节酶活性；④ 抑制剂和激活剂对酶活性的调节；⑤ 通过别构调控、酶原的激活、酶的可逆共价修饰和同工酶来调节酶活性。

（四）酶具有很高的催化效率

酶作为一种生物催化剂，其催化效率是一般化学催化剂的 $10^{12} \sim 10^{13}$ 倍。

二、酶活力

（一）酶活力测定的基本知识

酶活力是通过测定酶促反应过程中单位时间内底物的减少量或产物的生成量，即测定酶促反应的速率来获得的。一般情况下，产物和底物的改变量是一致的，但测定产物的生成要比测定底物的减少为好，这是由于反应体系中使用的底物往往是过量的，而反应时间通常又很短，尤其是在酶活力很低时，底物减少量仅占加入量的很小比例，因此测定不易准确；反之，产物从无到有（如不纯的酶制剂中内源性产物不计的话），只要测定方法灵敏，准确度可以很高，故酶活力测定绝大多数是采用测定产物生成速率的方法。

测定酶活力时通常都附有适当的对照（Control）以消除非酶促反应所生成的产物，常用的对照有以下几种，可根据具体情况予以选择。

1. 样品对照

若测定酶活力的样品是粗提取液，属于非常不纯的酶制剂，往往含有所欲测定的产物，也可能在保温时由于内源性底物的旁反应产生相同的产物，这些可通过不加底物单加样品的样品对照予以消除。

2. 底物对照

某些酶的底物能自发（非酶促）地分解成所欲测定的产物，可以通过不加样品单加底物的底物对照予以消除。

3. 时间对照

若酶制剂不纯（含有产物）和底物自发分解的情况并存，则必须做一个酶和底物都加入但反应时间为零的对照，即先用蛋白沉淀剂或其他试剂停止反应，再加入底物。

在双底物反应时，对照管可以加入酶制剂和两种底物中的一种，因缺乏另一种底物，不可能生成产物，至于应加入两种底物中的哪一种可以根据预实验决定。

测定管中的产物量必须减去对照管中的产物才是真正由酶促反应所生成的产物量。

（二）酶活力测定的方法

1. 定时法

测定酶反应开始后某一时间内（t_1 到 t_2）产物或底物浓度的总变化量来求取酶反应初速度的方法称为定时法。因 t_1 和 t_2 是整个反应历程的两个点，故又称两点法，其中 t_1 一般取反应开始的时间，在酶反应进行一定时间（t_2）后终止反应，如加入强酸、强碱、蛋白沉淀剂等，然后测定底物或产物的变化。

这种方法的优点是简单，因最后测定产物时酶反应已被终止，故比色池无需保温装置，显色剂的选择也可不考虑对酶活力的影响。缺点是如果不用预实验确定，无法了解酶作用的这段时间内是否都是零级反应，故很难保证测定结果的真实性。

因此，用定时法测定酶活力时，应先做预实验来确定线性时间，并在线性时间内进行测定，否则，不能用[p]除以 t 来表示每分钟产生的[p]，并用其计算酶活力单位。

2. 连续监测法

连续测定（每 15 s ~ 1 min 监测一次）酶反应过程中某一反应产物或底物的浓度随时间的变化来求出酶反应初速度的方法称为连续监测法，又称动力学法或速率法。定时法只测定两个时间点，而连续监测法则进行多点连续测定。

这种方法的优点是可将多点的测定结果（[s]或[p]的变化）连接成线，很容易找到成直线的区段，可以观察到是否偏离零级反应，因而可选择线性反应期来计算酶活力，不需要终止反应。此法也可在反应曲线的拐点处求出其切线的斜率，即初速度。连续监测法测定的结果通常较定时法高，也较为准确，因为前者测定时间较短，而在酶反应的初始阶段底物最充裕，而产物的抑制作用、可逆反应、酶的变性作用等均很小。

用连续监测法测定的缺点是因酶和底物边保温边测定的需要，仪器（比色计或分光光度计）必须有保温装置，而且产物（或底物）应是可被直接测定的化合物，且借以测定的特殊性质，必须与底物（或产物）有明显差别，否则，需要加入其他试剂（如显色剂、酶试剂等），将其转变成可测物质，但必须考虑到加入的酶试剂或显色剂对待测酶是否有影响。

3. 平衡法

通过测定酶反应开始至反应达到平衡时产物或底物浓度总变化量来求出酶活力的方法称为平衡法，或称终点法。因定时法是在酶反应的动态期进行测定，故需终止反应后才能测定，而平衡法则不需要，因在平衡期中任何一点进行测定，底物和产物的量都不再变化。

用平衡法测定时，因产物的增加或底物的减少与反应时间不成线性，故不能把[p]或[s]的总变化量除以 t 来代表每分钟产物或底物的变化。另外，平衡法也会受到产物抑制、可逆反应等因素的影响，由于反应时间较定时法更长，故这种影响会更大，测定结果也较连续监测法低，不能代表初速度，也不是零级反应的速度。但是与定时法相同，只要待测标本与正常标本在相同条件下反应并测定，亦能以此判断出待测标本酶活力的相对大小。而且，对于有些零级反应期很短的酶促反应，用连续监测法和定时法很难测出其初速度，也只得采用平衡法测定。

（三）酶活力的表示法

酶活力的大小是以酶单位数表示。所谓酶单位是在某一特定条件下，使酶反应达到某一速度所需要的酶量，而速度即指单位时间（秒、分、小时）内反应物的变化量（微克、毫克、微摩尔、摩尔等）。酶单位一般有下列 3 种表示方法。

1. 惯用单位

20世纪60年代前，各种酶活力的表示法或酶单位的定义没有统一的标准，不同酶、甚至同一种酶不同的测定法可有不同的定义。如谷丙转氨酶的改良穆氏法、金氏法和赖氏法的定义以及磷酸酶的布氏法、金-阿二氏法和皮-劳二氏法的定义均不相同，因此正常范围也相差很大，容易造成混乱，有时甚至直接用测得的物理量，如单位时间的吸光度变化（$\Delta A/\Delta t$）来表示酶单位。

2. 国际单位

1961 年，国际生化学会（IUB）酶学委员会建议使用统一的国际单位（IU），规定一个国际单位（IU）为在实验规定的条件下（如温度为 25 ℃、最适 pH、最适底物浓度时），每分钟催化一个微摩尔底物变化所需要的酶量。酶的浓度可以 IU/L 或 IU/mL 来表示。当底物为蛋白质、多糖等含有多个能被酶作用的键或基团时，可用催化一个微摩尔被作用的基团或键的变化来表示酶单位。如采用物理方法测定，应该在物理量与化学量之间建立对应关系进行换算。

国际单位的应用有利于比较同一样品中不同酶的活力，但也有不少缺点，如：① 从惯用单位换算成国际单位比较麻烦；② 某些酶作用于 M_r 不明的大分子底物（如淀粉酶、胃蛋白酶等），采用底物减少法来定量时，无法计算其底物减少的微摩尔数；③ 同一种酶用不同的方法测定，换算成国际单位时，其结果仍不相同。欧美各国由于地理条件及实验室内温度的不同，常采用不同的测定温度，如 25 ℃、30 ℃、37 ℃ 等，这也导致即使使用国际单位表示酶活力，其正常参考范围也是不同的。

3. katal 单位

1972 年，酶学委员会又提出一种新的酶单位 katal（简称 kat），即在确定的最适反应条件下每秒钟催化一摩尔底物变化所需要的酶量为 1 kat 单位。

$$1 \text{ kat}=6\times10^7 \text{ IU} \qquad 1 \text{ nkat}=0.06 \text{ IU} \qquad 1 \text{ IU}=16.67 \text{ nkat}$$

三、酶的分离和纯化

酶的分离纯化是酶学研究的基础。已知大多数酶的本质是蛋白质，因此可以用分离纯化蛋白质的方法纯化酶，不过要注意选择合适的材料，操作条件要温和。在酶的制备过程中，每一步都要测定酶的活力和比活力，以了解酶的回收率及提纯倍数，以便判断提纯的效果。酶活力是指在一定条件下酶催化某一些化学反应的能力，可用反应初速率来表示。酶活力的大小表示酶含量的多少，通常用酶的国际单位数表示。每毫克蛋白质所含酶的活力单位数叫作酶的比活力，代表酶的纯度。

第三节　影响酶活性的因素

一、底物浓度对酶促反应速度的影响

酶的饱和现象指酶催化反应速度随底物增加达到最大值后不再继续增加。

1. 米氏方程

$$V= V_{max} [S]/K_m +[S]$$

式中：V_{max}——最大反应速度；

　　　$[S]$——底物浓度；

　　　K_m——米氏常数。

2. K_m 的意义

（1）K_m 是酶的特征常数，和酶浓度无关，和底物浓度无关，和酶的种类与底物的种类有关，即不同酶的 K_m 不同，酶对于不同的底物，各有特定的 K_m。

（2）给定的条件下，可以用 $1/K_m$ 比较酶对底物的亲和性，确定酶的最适底物。

3. V_{max}

（1）根据米氏方程推导过程，$V=k_2[ES]$，V_{max} 不是酶的特征常数。根据稳态分析，$[ES]$ 不随时间变化，即当 $[S] \geqslant K_m$，所有的酶全部转换为 ES，此时酶催化反应达到其最大速度，因此稳态分析可以给出 V_{max}。

（2）K_{cat}：转化数，表示酶的催化效率，指单位时间内每个活性中心转换底物的分子数，或者一定条件下每秒钟每个酶分子转换底物的分子数，或每秒钟每微摩尔酶分子转换底物的微摩尔数。当 ES 复合物快速解离时，$K_{cat} = K_2$。

4. V_m 和 K_m 的求法

Lineweaver-Burk Plots（双倒数作图）（$1/V \sim 1/[S]$）。

$$1/V = K_m/V_{max}[S] + 1/V_{max}$$

二、酶浓度对酶促反应速度的影响

从米氏方程和酶浓度与酶促反应速度的关系可以看出：酶促反应速度与酶分子的浓度成正比。当底物分子浓度足够时，酶分子越多，底物转化的速度越快。但事实上，当酶浓度很高时，并不保持这种关系，而是曲线逐渐趋向平缓。根据分析，这可能是高浓度的底物夹带有许多的抑制剂所致。

三、温度对酶促反应速度的影响

最适温度是使酶具有最大活性的温度。各种酶在最适温度范围内，酶活性最强，酶促反应速度最大。在适宜的温度范围内，温度每升高 10 ℃，酶促反应速度可以相应提高 1 ~ 2 倍。不同生物体内酶的最适温度不同。如动物组织中各种酶的最适温度为 37 ~ 40 ℃；微生物体内各种酶的最适温度为 25 ~ 60 ℃。但也有例外，如黑曲糖化酶的最适温度为 62 ~ 64 ℃；巨大芽孢杆菌、短乳酸杆菌、产气杆菌等体内的葡萄糖异构酶的最适温度为 80 ℃；枯草杆菌的液化型淀粉酶的最适温度为 85 ~ 94 ℃。可见，一些芽孢杆菌的酶的热稳定性较高。过高或过低的温度都会降低酶的催化效率，即降低酶促反应速度。

最适温度在 60 ℃ 以下的酶，当温度达到 60 ~ 80 ℃ 时，大部分酶被破坏，发生不可逆变性；当温度接近 100 ℃ 时，酶的催化作用完全丧失。

四、pH 对酶促反应速度的影响

最适 pH 是使酶具有最大活性的 pH。酶在最适 pH 范围内表现出活性，大于或小于最适 pH，都会降低酶活性。pH 对酶促反应速度的影响主要表现在两个方面：① 改变底物分子和酶分子的带电状态，从而影响酶和底物的结合；② 过高或过低的 pH 都会影响酶的稳定性，进而使酶遭受不可逆破坏。

五、激活剂对酶促反应速度的影响

能激活酶的物质称为酶的激活剂。激活剂种类很多：① 无机阳离子，如钠离子、钾离子、铜离子、钙离子等；② 无机阴离子，如氯离子、溴离子、碘离子、硫酸盐离子、磷酸盐离子等；③ 有机化合物，如维生素 C、半胱氨酸、还原性谷胱甘肽等。许多酶只有当某一种适当的激活剂存在时，才表现出催化活性或强化其催化活性，这称为对酶的激活作用。而有些酶被合成后呈现无活性状态，这种酶称为酶原，它必须经过适当的激活剂激活后才具活性。

六、抑制剂对酶促反应速度的影响

抑制剂是指能降低反应速率的物质。

（一）不可逆抑制

不能消除的抑制称为不可逆抑制，这是因为抑制剂与酶形成共价连接，使酶失活，因此不能用透析、超滤等物理方法来消除抑制。不可逆抑制剂的类型：

（1）烷化剂：碘乙酸（与巯基反应），TPCK（与 His 咪唑基反应）。

（2）有机磷：DFP（与丝氨酸羟基反应）。

（3）有机金属盐：有机汞，如对氯汞苯甲酸（与巯基反应）。

（4）氰化物、CO 等：与 Fe^{2+} 反应。

（二）可逆抑制

可以消除的抑制称为可逆抑制。可逆抑制的三种基本类型：

（1）竞争性抑制：随底物浓度增加，抑制率下降。最常见，一般为底物类似物引起的抑制。例如丙二酸对琥珀酸脱氢酶的抑制，对氨基苯磺酰胺（一种磺胺药）对二氢叶酸还原酶的抑制。

（2）非竞争性抑制：抑制率不受底物浓度影响，如含某些重金属离子的巯基试剂、EDTA等所引起的抑制。

（3）反竞争性抑制：随底物浓度增加，抑制率上升。

第四节　实验内容

实验 5-1　血清丙氨酸氨基转移酶活性的测定（改良赖氏法）

【实验目的】

（1）掌握谷丙转氨酶作用原理，酶活力的定义和测定方法。

（2）熟悉转氨酶在代谢过程中的重要作用及其在临床诊断中的意义。

（3）了解肝脏疾病的相关标志物和人类疾病的酶学标志物。

【实验原理】

转氨基作用是指 α-氨基酸的氨基转移到 α-酮酸的酮基上，使原来的 α-酮酸生成相应的 α-氨基酸，而原来的 α-氨基酸则转变为 α-酮酸。反应可逆，实际反应方向取决于反应体系中 4 种反应物质的相对浓度。催化转氨基反应的酶称为转氨酶。转氨酶的种类很多，其中丙氨酸氨基转移酶（Alanine aminortransferase，ALT，又称谷丙转氨酶，Glutamic pyruvic transaminase，GPT）与医学关系密切。

ALT 广泛存在于机体心、脑、肝、肾、横纹肌等各组织中，但含量不等。正常人血清中此酶活性很低。肝细胞中此酶活性极高，心肌细胞中此酶活性也很高。肝脏疾病（尤其是急性病毒性肝炎、急性肝细胞坏死等）或心肌梗死时，细胞膜通透性增高或细胞破坏，ALT 释放入血，导致血中 ALT 活性显著升高。此外，阻塞性黄疸、胆管炎症、多发性肌炎时血清 ALT 活性也会有所增高。因此测定血清 ALT 活性对于某些疾病的诊断具有重要的参考价值。

血清中的丙氨酸氨基转移酶，在 37 ℃、pH 7.4 的条件下，可催化基质液（底物）中的丙氨酸与 α-酮戊二酸生成谷氨酸和丙酮酸：

生成的丙酮酸可与起终止和显色作用的 2,4-二硝基苯肼发生反应，生成丙酮酸-2,4-二硝基苯腙，进而在碱性环境中生成红棕色的苯腙硝醌化合物，其颜色深浅在一定范围内与丙酮酸的生成量，即与 ALT 活性的高低成正比关系。据此与同样处理的丙酮酸标准液相比较，便可算出或通过标准曲线查出血清中 ALT 的活性。

尽管基质液中余下的 α-酮戊二酸同样可生成红棕色苯腙硝醌化合物而影响测定结果，但因其量不多，加之对 505 nm 的吸光度远不如丙酮酸生成的苯腙硝醌化合物强，尤其用标准曲线做测定时，所用的酶活性单位通过卡门氏分光光度速率法矫正，摒弃了赖氏法一些固有弊端，结果比其他比色法准确。国家卫健委临检中心建议国内无条件使用连续监测法的单位使用赖氏法。

【实验试剂与器材】

1. 实验试剂

（1）0.1 mol/L 磷酸缓冲液（pH 7.4）：① 0.1 mol/L 磷酸氢二钠溶液：称取 Na_2HPO_4 14.22 g 或 $Na_2HPO_4 \cdot 2H_2O$ 17.8 g 溶解于蒸馏水中，并稀释至 1 000 mL，4 ℃ 保存。② 0.1 mol/L 磷酸二氢钾溶液：称取 KH_2PO_4 13.61 g 溶解于蒸馏水中，并稀释至 1000 mL，4 ℃ 保存。

取溶液①420 mL 和溶液②80 mL 混匀，即为 0.1 mol/L pH 7.4 的磷酸盐缓冲液。加氯仿数滴，4℃ 保存。

（2）2 mmol/L 丙酮酸标准液：准确称取丙酮酸钠 22 mg，溶于 0.1 mol/L 磷酸缓冲液（pH 7.4），定容至 100 mL。丙酮酸钠不稳定，其纯度对于标准曲线有明显影响。如果丙酮酸钠颜色变黄或潮解，则不可用。此溶液应临用前新鲜配制，不能存放。

（3）基质液：精确称取 α-酮戊二酸 29.2 mg，D(L)-丙氨酸 1.79 g，先溶于 0.1 mol/L 磷酸缓冲液（pH 7.4）50 mL 中，用 1 mol/L NaOH 溶液调 pH 至 7.4，再加此磷酸缓冲液至 100 mL，4 ℃ 保存，可加数滴氯仿以防腐。

（4）2,4-二硝基苯肼溶液：称取 2,4-二硝基苯肼 19.8 mg，溶于 1 mol /L 盐酸 100 mL 中，置于棕色瓶中保存，若用冰箱保存可稳定 2 个月。若有结晶析出，应重新配制。

（5）0.4 mol/L NaOH 溶液。

2. 实验器材

恒温水浴锅、分光光度计、试管、移液管。

【实验步骤】

1. 标准曲线的绘制

取 5 支试管，编号后按表 5-1 加入相应试剂，并进行相应操作。

表 5-1　标准曲线的制作

试剂/mL	1	2	3	4	5
0.1 mol/L 磷酸缓冲液（pH 7.4）	0.1	0.1	0.1	0.1	0.1
2 mmol/L 丙酮酸标准液	0	0.05	0.10	0.15	0.20
基质液	0.50	0.45	0.40	0.35	0.30
2,4-二硝基苯肼溶液	0.5	0.5	0.5	0.5	0.5
混匀，37 ℃ 水浴 20 min					
0.4 mol/L NaOH 溶液	5.0	5.0	5.0	5.0	5.0
酶活性（以卡门氏单位表示）	0	28	57	97	150

混匀，室温放置 10 min，于 30 min 内比色。采用波长 505 nm，以蒸馏水调零，读取各管吸光度值。将各管吸光度值减去"1"号管吸光度，差值即为各标准管吸光度值。

以吸光度为纵坐标，对应的酶卡门氏活性单位为横坐标，绘制标准曲线。

2. 标本的测定

在测定前取适量的底物溶液和待测血清，37 ℃ 水浴预温 5 min 后使用。取试管 2 支，按表 5-2 所列步骤操作。

表 5-2　血清丙氨酸氨基转移酶活性的测定

试剂/mL	对照管	测定管
血清	0.1	0.1
基质液	—	0.5
混匀，置于 37℃ 保温 30 min		
2,4-二硝基苯肼	0.5	0.5
基质液	0.5	—
混匀，置于 37℃ 保温 20 min		
0.4 mol/L NaOH 溶液	5.0	5.0

混匀，室温放置 10 min，在波长 505 nm 处以蒸馏水调零，读取各管吸光度值。测定管吸光度值减去对照管吸光度值，差值即为标本的吸光度值。在标准曲线上查得该值对应的 ALT 的卡门氏单位。

【参考值】

5～25 卡门氏单位。1 mL 血清能使 A 值下降 0.001 的转氨酶活性为 1 个卡门氏单位。

【注意事项】

（1）常温下标本不宜久置，采血 4 h 内应进行测定。

（2）严重脂血、黄疸、溶血和糖尿病酮症酸中毒病人血清标本可增加测定的吸光度，测定这类标本应做血清标本对照管。

（3）当标本的酶活力超过 150 卡门氏单位时，应将血清用 0.145 mol/L 氯化钠液稀释重做，其结果乘以稀释倍数。

（4）α-酮戊二酸、2,4-二硝基苯肼是直接显色物，NaOH 的浓度与显色深浅有关，因此它们的浓度必须很准确。

（5）丙酮酸标准液的浓度要求十分精确。由于丙酮酸开封后易变质为多聚丙酮酸，影响丙酮酸标准液的有效浓度而不易察觉，因此建议使用质量可靠的市售丙酮酸标准液。

（6）加入 2,4-二硝基苯肼溶液后应充分混匀，使反应完全。

（7）保温温度、作用时间、加入试剂的方式方法、速度和时间间隔都应准确掌握。建议将试管架置 37℃ 水浴中操作。从第一管加液混匀后开始计时，以一定时间间隔、加液方式和混匀方式依次向各管加入基质液；当第一管保温达到 30 min 时，即刻以加基质液相同的时间间隔和加液、混匀方式，依次又向各管加入 2,4-二硝基苯肼，如是操作，直到做完本实验。

（8）每批试剂的空白管吸光度上下波动不应超过 0.015 A，若有超出，应仔细检查试剂与仪器方面的问题。

【讨论与思考】

（1）测定血清中的谷丙转氨酶活性有何临床意义？

（2）为什么在制作标准曲线时要加入基质液？加入基质液的体积不同，对反应有无影响？

（3）在样品的采集时，为什么要避免溶血？溶血对谷丙转氨酶活性的测定有什么影响？

（4）测定血清谷丙转氨酶活性的过程中有哪些注意事项？

实验 5-2 脲酶 K_m 值测定

【实验目的】

（1）掌握测定米氏常数 K_m 的原理。

（2）熟悉脲酶 K_m 值的测定方法。

（3）了解测定脲酶 K_m 值的意义。

【实验原理】

脲酶是氮素循环的一种关键性酶，它催化尿素与水作用生成碳酸铵，在促进土壤和植物体内尿素的利用上有重要作用。脲酶早已引起人们的重视，并对其进行了多方面的研究。

在碱性条件下，碳酸铵与奈氏试剂作用产生橙黄色的碘化双汞铵。在一定范围内，呈色深浅与碳酸铵量成正比。故可用比色法测定单位时间内酶促反应所产生的碳酸铵量，从而求得酶促反应速度。

在保持恒定的最适条件下，用相同浓度的脲酶催化不同浓度的脲发生水合反应。在一定限度内，酶促反应速度与脲浓度成正比。用双倒数作图法可求得脲酶的 K_m 值。

【实验试剂与器材】

1. 实验材料

大豆粉。

2. 实验试剂

（1）1/10 mol/L 脲：称取尿素 15.015 g，水浴后定容至 250 mL。

（2）不同浓度脲液：用 1/10 mol/L 脲稀释成 1/20、1/30、1/40、1/50 mol/L 的脲液。

（3）1/15 mol/L pH 7.0 磷酸盐缓冲液：Na_2HPO_4 5.969 g 溶于 250 mL 蒸馏水中；NaH_2PO_4 2.268 g 溶于 250 mL 蒸馏水中。取 Na_2HPO_4 溶液 60 mL，NaH_2PO_4 溶液 40 mL 混匀，即为 1/15 mol/L pH 7.0 磷酸盐缓冲液。

（4）10%硫酸锌：20 g $ZnSO_4$ 溶于 200 mL 蒸馏水中。

（5）0.5 mol/L 氢氧化钠：5 g NaOH，溶于 250 mL 蒸馏水中。

（6）10%酒石酸钾钠：称取 20 g 酒石酸钾钠溶于 200 mL 蒸馏水中。

（7）0.005 mol/L 硫酸铵标准液：准确称取 0.6610 g 硫酸铵加入蒸馏水溶解后，定容至 1 000 mL。

（8）30%乙醇：60 mL 95%乙醇，加水 130 mL，摇匀。

（9）奈氏试剂：① 甲：8.75 g KI 溶于 50 mL 水中。② 乙：8.75 g KI 溶于 50 mL 水中。③ 丙：7.5 g $HgCl_2$ 溶于 150 mL 水中。④ 丁：2.5 g $HgCl_2$ 溶于 50 mL 水中。⑤ 甲与丙混合，生成朱红色沉淀。用蒸馏水以倾泻法洗沉淀几次，洗好后将乙液倒入，令沉淀溶解。然后将丁液逐滴加入，至红色沉淀出现摇动也不消失为止，定容至 250 mL。⑥ 称取 NaOH 52.5 g，溶于 200 mL 蒸馏水中，冷却。⑦ 混合⑤、⑥，并定容至 500 mL。上清液转入棕色瓶中，存暗处备用。

3. 实验器材

试管、吸管、漏斗、分光光度计、电热恒温水浴锅、离心机、康氏振荡机。

【实验步骤】

（1）脲酶提取：称大豆粉 1 g，加 30%乙醇 25 mL，振荡提取 1 h。4 000 r/min 离心 10 min，取上清液备用。

（2）取试管 5 支编号，按表 5-3 操作。

表 5-3　脲酶提取操作方法

管号	1	2	3	4	5
脲液浓度/（mol/L）	1/20	1/30	1/40	1/50	1/50
加入量/mL	0.5	0.5	0.5	0.5	0.5
pH 7 磷酸盐缓冲液/mL	2.0	2.0	2.0	2.0	2.0
37℃ 水浴保温/min	5	5	5	5	5
加入脲酶/mL	0.5	0.5	0.5	0.5	0.5
加入煮沸脲酶/mL	—	—	—	—	—
37℃ 水浴保温/min	10	10	10	10	10
加入 10% $ZnSO_4$	0.5	0.5	0.5	0.5	0.5

在旋涡振荡器上混匀各管，静置 5 min 后过滤。

（3）另取试管 5 支编号，与上述各管对应，按表 5-4 加入试剂（mL）。

表 5-4　对照组操作方法

管号	1	2	3	4	5	6
0.005 mol/L $(NH_4)_2SO_4$	0	0.1	0.2	0.3	0.4	0.5
蒸馏水	10.0	9.9	9.8	9.7	9.6	9.5
10 % 酒石酸钠	0.5	0.5	0.5	0.5	0.5	0.5
0.5 mol/L NaOH	0.5	0.5	0.5	0.5	0.5	0.5
奈氏试剂	1.0	1.0	1.0	1.0	1.0	1.0

迅速混匀各管，然后在 460 nm 比色，光径 1 cm。

（4）制作标准曲线，按表 5-5 加入试剂（mL）。

表 5-5　标准曲线操作方法

管号	1	2	3	4	5
滤液	0.5	0.5	0.5	0.5	0.5
蒸馏水	9.5	9.5	9.5	9.5	9.5
10%酒石酸钠	0.5	0.5	0.5	0.5	0.5
0.5 mol/L NaOH	0.5	0.5	0.5	0.5	0.5
奈氏试剂	1.0	1.0	1.0	1.0	1.0

迅速混匀各管，在 460 nm 比色，绘制标准曲线。

【实验结果】

在标准曲线上查出脲酶作用于不同浓度脲液生成碳酸铵的量，然后取单位时间生成碳酸铵量的倒数即 $1/V$ 为纵坐标作双倒数图，以对应的脲液浓度的倒数即 $1/[S]$ 为横坐标作双倒数图，求出 K_m 值。

【注意事项】

（1）准确控制各管酶反应时间，尽量一致。

（2）按表中顺序加入各种试剂。

（3）奈氏试剂腐蚀性强，勿洒在试管架和实验台面上。

【讨论与思考】

（1）本实验的原理是什么？

（2）除了双倒数作图法，还有哪些方法可求得 K_m 值？

（3）要比较准确的测得脲酶的 K_m 值，实验操作应注意哪些关键环节？

（4）测定酶促反应特征常数 K_m 有何意义？

（5）酶促反应有什么特点？

实验 5-3　蛋白酶活力测定

【实验目的】

（1）掌握测定蛋白酶活力的原理。

（2）熟悉测定蛋白酶活力的基本操作和酶活力的计算方法。

（3）了解测定酶促反应速度的方法。

【实验原理】

本实验以酪蛋白为底物，枯草杆菌蛋白酶水解酪蛋白产生酪氨酸，在碱性条件下酪氨酸与 Folin-酚试剂反应生成蓝色化合物，该化合物在 680 nm 处有最大光吸收。酪氨酸含量与颜色深浅呈正比，因而可测定酪氨酸含量并计算酶活力。

【实验试剂与器材】

1. 实验试剂

（1）酚试剂。

（2）0.2 mol/L 盐酸溶液。

（3）0.04 mol/L 氢氧化钠溶液。

（4）0.55 mol/L 碳酸钠溶液。

（5）10%三氯乙酸溶液。

（6）0.2 mol/L，pH 7.5 磷酸缓冲液。临用时稀释 10 倍即为 0.02 mol/L，pH 7.5 磷酸缓冲液。

（7）标准酪氨酸溶液（50 μg/mL）：称取 12.5 mg 已烘干至恒重的酪氨酸，用 0.2 mol/L 盐酸约 30 mL 溶解后，用蒸馏水定容至 250 mL。

（8）酪蛋白溶液（0.5%）：称取 1.25 g 酪蛋白，用 0.04 mol/L NaOH（约 20 mL）溶解，然后用 0.02 mol/L，pH 7.5 磷酸缓冲液定容到 250 mL，该试剂最好用时现配。

（9）枯草某些菌蛋白酶：称取 1 g 枯草杆菌蛋白酶粉，用少量 0.02 mol/L，pH 7.5 磷酸缓冲液溶解并定容至 100 mL，振荡 15 min，充分溶解，用干纱布过滤，取滤液，放冰箱备用。使用时用缓冲液适当稀释（视酶活力高低而定）。

2. 实验仪器

试管、试管架、移液管、恒温水浴锅、分光光度计。

【实验步骤】

1. 酪氨酸标准曲线制作

取 6 支试管编号，按顺序分别加入 0、0.20、0.40、0.60、0.80 和 1.00 mL 标准酪氨酸溶液，再用水补足到 1.00 mL，摇匀后加入 0.55 mol/L 碳酸钠 5.0 mL，摇匀。依次加入 Folin-酚试剂 1.00 mL，摇匀并计时，于 30 ℃ 恒温水浴中保温 15 min。然后于 680 nm 波长处测吸光度（以 1 号管作对照）。以酪氨酸含量（μg）为横坐标，以吸光度（A）为纵坐标绘制标准曲线。

2. 酶活力测定

（1）酶反应过程：在一支试管中，加入 2.0 mL 0.5%酪蛋白溶液，于 30 ℃ 水浴中预热 5 min 后，再加入 1.0 mL 枯草杆菌蛋白酶液（已预热 5 min），立即计时，准确保温 10 min 后，由水浴中取出，并立即加入 2.0 mL 10%三氯乙酸溶液，摇匀后静止数分钟，干滤纸过滤，干净试管收集滤液（A 液）。

另取一支试管，加入 1.0 mL 蛋白酶后，再加入 2.0 mL 10%三氯乙酸溶液，摇匀，旋转数分钟后再加入 2.0 mL 0.5%酪蛋白溶液，然后于 30 ℃ 水浴保温 10 min，同样过滤收集滤液（B 液）。

以上两过程，应各做一次平行实验。

（2）滤液中酪氨酸含量测定：取 3 支试管，分别加入 1.0 mL 水、A 液、B 液，然后各加入 5.0 mL 0.55 mol/L 碳酸钠溶液和 1.0 mL Folin-酚试剂，按标准曲线制作方法保温并测吸光度。查标准曲线，A、B 液中酪氨酸含量之差即为酶催化所产生。

【结果计算】

根据定义，本实验测得 1 g 酶制剂所含酶活力单位数。

$$酶活力 = (K \times V \times N/T) \times nU/g（mL）$$

式中：K——标准曲线上 $A=1$ 时对应的酪氨酸微克数；

T——酶促反应时间（min），本实验 $T=10$；

V——酶促反应液体积（mL），本实验 $V=5$；

N——酶溶液稀释倍数（指 1 g 酶溶液并稀释至 N mL 用于测定）。

【注意事项】

（1）本实验所用的 Folin-酚试剂只是测蛋白质含量时的 Folin-酚试剂 B。

（2）酶反应滤液中因加入三氯乙酸使 pH 降低，测酪氨酸含量时若显色异常，应检查显色液 pH 是否大于 8。必要时，应适当增加 Na_2CO_3 用量。

（3）试液中有其他酚类化合物、柠檬酸或铜离子时对酪氨酸显色有干扰作用。

【讨论与思考】

（1）蛋白酶分为哪几类？

（2）蛋白酶活力测定过程中应注意些什么？

（3）蛋白酶活力测定的原理是什么？

实验 5-4 淀粉酶活力测定

【实验目的】

（1）掌握测定淀粉酶活力的实验原理。

（2）熟悉淀粉酶活力测定的方法和基本操作。

（3）了解淀粉酶活力测定的意义。

【实验原理】

淀粉酶主要包括 α-淀粉酶、β-淀粉酶、葡萄糖淀粉酶和 R-酶，它们广泛存在于动物、植物和微生物界。不同来源的淀粉酶，性质有所不同。植物中最重要的淀粉酶是 α-淀粉酶 β-淀粉酶。

α-淀粉酶随机作用于直链淀粉和支链淀粉的直链部分 α-1,4 糖苷键，单独使用时最终生成寡聚葡萄糖、α-极限糊精和少量葡萄糖。Ca^{2+} 能使 α-淀粉酶活化和稳定，它比较耐热但不耐酸，pH 3.6 以下可使其钝化。β-淀粉酶从非还原端作用于 α-1,4 糖苷键，遇到支链淀粉的 α-1,6 键时停止。单独作用时产物为麦芽糖和 β-极限糊精。β-淀粉酶是一种巯基酶，不需要 Ca^{2+} 及 Cl^- 等辅助因子，最适 pH 偏酸，与 α-淀粉酶相反，它不耐热但耐酸，70 ℃保温 15 min 可使其钝化。通常提取液中 α-淀粉酶和 β-淀粉酶同时存在。可以先测定（$\alpha+\beta$）淀粉酶总活力，然后在 70 ℃ 加热 15 min，钝化 β-淀粉酶，测出 α-淀粉酶活力，用总活力减去 α-淀粉酶活力，就可求出 β-淀粉酶活力。

淀粉酶活力大小可用其作用于淀粉生成的还原糖与 3,5-二硝基水杨酸的显色反应来测定。还原糖作用于黄色的 3,5-二硝基水杨酸生成棕红色的 3-氨基-5-硝基水杨酸，生成物颜色的深浅与还原糖的量成正比。以每克样品在一定时间内生成的还原糖（麦芽糖）量表示酶活大小。

【实验试剂与器材】

1. 实验材料

萌发 3 天的小麦芽。

2. 实验试剂

（1）1 %淀粉溶液。

（2）0.4 mol/L 氢氧化钠。

（3）pH 5.6 柠檬酸缓冲液：称取柠檬酸 20.01 g，溶解后定容至 1 000 mL，为 A 液。称取柠檬酸钠 29.41 g，溶解后定容至 1 000 mL，为 B 液。取 A 液 13.7 mL 与 B 液 26.3 mL 混匀，即为 pH 5.6 之缓冲液。

（4）3,5-二硝基水杨酸：精确称取 1 g 3,5-二硝基水杨酸溶于 20 mL 1 mol/L 氢氧化钠中，加入 50 mL 蒸馏水，再加入 30 g 酒石酸钾钠，待溶解后用蒸馏水稀释至 100 mL，盖紧瓶塞，防止 CO_2 进入。

（5）麦芽糖标准液（1 mg/mL）：称取 0.100 g 麦芽糖，溶于少量蒸馏水，定容至 100 mL。

3. 实验仪器

电子天平、离心机、恒温水浴锅、分光光度计、研钵、离心管、试管等。

【实验步骤】

1. 酶液提取

称取 2 g 萌发 3 天的小麦种子（芽长 1 cm 左右），置研钵中加少量石英砂和 2 mL 左右蒸馏水，研成匀浆，无损地转入 100 mL 容量瓶中，用蒸馏水定容至 100 mL，每隔数分钟振荡 1 次，提取 20 min。3 000 r/min 离心 10 min，取上清液备用。

2. α-淀粉酶活力测定

（1）取试管 4 支，标明 2 支为对照管，2 支为测定管。

（2）于每管中各加酶液 1 mL，在（70±0.5）℃ 恒温水浴中准确加热 15 min，钝化 β-淀粉酶。取出后迅速用流水冷却。

（3）在对照管中加入 4 mL 0.4 mol/L 氢氧化钠。

（4）在 4 支试管中各加入 1 mL pH 5.6 的柠檬酸缓冲液。

（5）将 4 支试管置另一个（40±0.5）℃ 恒温水浴中保温 15 min，再向各管分别加入 40 ℃ 下预热的 1%淀粉溶液 2 mL，摇匀，立即放入 40 ℃ 恒温水浴准确计时保温 5 min。取出后向测定管迅速加入 4 mL 0.4 mol/L 氢氧化钠，终止酶活动，准备测糖。

3. 淀粉酶总活力测定

取酶液 5 mL，用蒸馏水稀释至 100 mL，为稀释酶液。另取 4 支试管编号，2 支为对照，2 支为测定管。然后加入稀释之酶液 1 mL。在对照管中加入 4 mL 0.4 mol/L 氢氧化钠。4 支试管中各加 1 mL pH 5.6 柠檬酸缓冲液。以下步骤重复 α-淀粉酶测定第（5）步的操作，同样准备测糖。

4. 麦芽糖的测定

（1）标准曲线的制作取 25 mL 刻度试管 7 支，编号。分别加入麦芽糖标准液（1 mg/mL）0、0.2、0.6、1.0、1.4、1.8、2.0 mL，然后用吸管向各管加蒸馏水使溶液达 2.0 mL，再各加 3,5-二硝基水杨酸试剂 2.0 mL，置沸水浴中加热 5 min。取出冷却，用蒸馏水稀释至 25 mL。混匀后用分光光度计在 520 nm 波长下进行比色，记录吸光度。以吸光度为纵坐标，以麦芽糖含量（mg）为横坐标，绘制标准曲线。

（2）样品的测定：取步骤 2、3 中酶作用后的各管溶液 2 mL，分别放入 8 支 25 mL 刻度试管中，再各加 2 mL 3,5-二硝基水杨酸试剂。以下操作同标准曲线制作，根据样品吸光度，从标准曲线查出麦芽糖含量，最后进行结果计算。

【结果处理】

$$\alpha\text{-淀粉酶活力（mg 麦芽糖/g 鲜重 5 min）} = \frac{(A - A_0) \times V_{\mathrm{T}}}{W \times V_{\mathrm{u}}}$$

$$\text{淀粉酶总活力（mg 麦芽糖/g 鲜重 5 min）} = \frac{(B - B_0) \times V_{\mathrm{T}}}{W \times V_{\mathrm{u}}}$$

式中：A——α-淀粉酶水解淀粉生成的麦芽糖量，mg；

A_0——α-淀粉酶的对照管中麦芽糖量，mg；

B——（$\alpha+\beta$）淀粉酶共同水解淀粉生成的麦芽糖量，mg；

B_0——（$\alpha+\beta$）淀粉酶的对照管中麦芽糖量，mg；

V_{T}——样品稀释总体积，mL；

V_{U}——比色时所用样品液体积，mL；

W——样品重，g。

【注意事项】

（1）样品提取液的定容体积和酶液稀释倍数可根据不同材料酶活性的大小而定。

（2）为了确保酶促反应时间的准确性，在进行保温这一步骤时，可以将各试管每隔一定时间依次放入恒温水浴，准确记录时间，到达 5 min 时取出试管，立即加入 3,5-二硝基水杨酸以终止酶反应，以便尽量减小因各试管保温时间不同而引起的误差。同时恒温水浴温度变化应不超过±0.5 ℃。

（3）如果条件允许，可采用不同材料，例如，萌发 1 d、2 d、3 d、4 d 的小麦种子，比较测定结果，以了解萌发过程中这两种淀粉酶活性的变化。

【讨论与思考】

（1）淀粉酶活性测定的原理是什么？
（2）酶反应中为什么要加入 pH 5.6 柠檬酸缓冲液？为什么在 40 ℃ 进行保温？
（3）测定酶活力，应注意什么问题？

实验 5-5　超氧化物歧化酶（SOD）活力测定

【实验目的】

（1）掌握氯化硝基四氮唑蓝（NBT）光化还原法测定 SOD 活力的实验原理。
（2）熟悉 SOD 活力测定方法和基本操作。
（3）了解 SOD 的作用特性。

【实验原理】

超氧自由基是生物细胞某些生理生化反应常见的中间产物，化学性质非常活泼，是活性氧的一种。如果细胞中缺乏清除自由基的酶时，机体就会受到各种损伤。超氧化物歧化酶（Superoxide Dismutase，SOD）能通过歧化反应清除生物细胞中的超氧自由基（O_2^-），生成 H_2O_2 和 O_2。H_2O_2 由过氧化氢酶（CAT）催化生成 H_2O 和 O_2，从而减少自由基对有机体的毒害。

SOD 是含金属辅基的酶。高等植物含有两种类型的 SOD：Mn-SOD 和 Cu·Zn-SOD。由于超氧自由基为不稳定自由基，寿命极短，测定 SOD 活性一般为间接方法，并利用各种呈色反应来测定。核黄素在有氧条件下能产生超氧自由基负离子，当加入 NBT 后，在光照条件下，与超氧自由基反应生成黄色化合物，继而还原成一种蓝色物质，在 560 nm 波长下有最大吸收。当加入 SOD 时，可以使超氧自由基与 H^+ 结合生成 H_2O_2 和 O_2，从而抑制了 NBT 光还原的进行，使蓝色物质生成速度减慢。通过在反应液中加入不同量的 SOD 溶液，光照一定时间后测定 560 nm 波长下各溶液吸光度，抑制 NBT 光还原相对百分率与酶活性在一定范围内呈正比。以 SOD 溶液量（mL）为横坐标，抑制 NBT 光还原相对百分率为纵坐标，绘制出二者相关曲线，根据 SOD 抑制 NBT 光还原相对百分率计算酶活性。找出 SOD 抑制 NBT 光还原相对百分率为 50% 时的酶量作为一个酶活力单位（U）。

【实验试剂与器材】

1. 实验材料

小麦、玉米、水稻、棉花等新鲜叶片。

2. 实验试剂

（1）0.1 mol/L pH 7.8 磷酸钠（Na_2HPO_4-NaH_2PO_4）缓冲液。

A 液（0.1 mol/L Na_2HPO_4 溶液）：准确称取 3.5814 g $Na_2HPO_4 \cdot 12H_2O$ 于 100 mL 小烧杯中，用少量蒸馏水溶解后，移入 100 mL 容量瓶中，用蒸馏水定容至刻度，充分混匀。4 ℃ 冰箱中保存备用。

B 液（0.1 mol/L NaH_2PO_4 溶液）：准确称取 0.780 g $NaH_2PO_4 \cdot 2H_2O$ 于 50 mL 小烧杯中，用少量蒸馏水溶解后，移入 50 mL 容量瓶中，用蒸馏水定容至刻度，充分混匀。4 ℃ 冰箱中保存备用。

取上述 A 液 183 mL 与 B 液 17 mL 充分混匀后即为 0.1 mol/L pH 7.8 的磷酸钠缓冲液。4 ℃ 冰箱中保存备用。

（2）0.026 mol/L 甲硫氨酸（Met）磷酸钠缓冲液：准确称取 L-甲硫氨酸（$C_5H_{11}NO_2S$，MW=149.21）0.3879 g 于 100 mL 小烧杯中，用少量 0.1 mol/L 磷酸钠缓冲液（pH 7.8）溶解后，移入 100 mL 容量瓶中并用 0.1 mol/L 磷酸钠缓冲液（pH 7.8）定容至刻度，充分混匀（现用现配）。4 ℃ 冰箱中保存可用 1～2 d。

（3）7.5×10^{-4} mol/L NBT 溶液：准确称取 NBT（$C_4OH_3OCl_2N_{10}O_6$，MW=817.7）0.1533 g 于 100 mL 小烧杯中，用少量蒸馏水溶解后，移入 250 mL 容量瓶中，用蒸馏水定容至刻度，充分混匀（现配现用）。4 ℃ 冰箱中保存可用 2～3 d。

（4）含 1.0 μmol/L EDTA 的 2×10^{-5} mol/L 核黄素溶液。

A 液：准确称取 EDTA（MW=292）0.00292 g 于 50 mL 小烧杯中，用少量蒸馏水溶解。

B 液：准确称取核黄素（MW=376.36）0.0753 g 于 50 mL 小烧杯中，用少量蒸馏水溶解。

C 液：合并 A 液和 B 液，移入 100 mL 容量瓶中，用蒸馏水定容至刻度，此溶液为含 0.1 mmol/L EDTA 的 2 mmol/L 核黄素溶液。4 ℃ 冰箱中保存可用 8～10 d。该溶液应避光保存，即用黑纸将装有该液的棕色瓶包好，置于 4 ℃ 冰箱中保存。

当测定 SOD 活性时，将 C 液稀释 100 倍，即为含 1.0 μmol/L EDTA 的 2×10^{-5} mol/L 核黄素溶液。

（5）0.05 mol/L 磷酸钠缓冲液（pH 7.8）：取 0.1 mol/L 磷酸钠缓冲液（pH 7.8）50 mL，移入 100 mL 容量瓶中，用蒸馏水定容至刻度，充分混匀。4 ℃ 冰箱中保存备用。

（6）石英砂。

3. 仪　器

分光光度计、万分之一分析天平、高速冷冻离心机、冰箱、光照箱（4 500 Lux）、带盖瓷盘、研钵、离心管、烧杯、移液管、微量移液器、量筒、容量瓶等。

【实验步骤】

1. 酶液的制备

按每克鲜叶加入 3 mL 0.05 mol/L 磷酸钠缓冲液（pH 7.8）及少量石英砂，于冰浴中的研钵内研磨成匀浆，定容到 5 mL 刻度离心管中，以 8 500 r/min（10 000×g）离心 30 min（4 ℃），上清液即为 SOD 粗酶液。

2. 酶活力的测定

取 8 个洗净干燥好的小烧杯编号，按表 5-6 加入各试剂及酶液，反应系统总体积为 3 mL。其中 4~8 号杯中磷酸钠缓冲液和酶液可根据实验材料中酶液浓度及酶活力进行调整（如酶浓度大、活性强时，酶用量适当减少）。

表 5-6　反应系统中各试剂及酶液的加入量　　　　　　（单位：mL）

烧杯编号	pH 7.8 磷酸钠缓冲液	甲硫氨酸磷酸钠缓冲液	NBT 溶液	酶液	核黄素溶液
1	0.9	1.5	0.3	0	0.3
2	0.9	1.5	0.3	0	0.3
3	0.9	1.5	0.3	0	0.3
4	0.85	1.5	0.3	0.05	0.3
5	0.80	1.5	0.3	0.10	0.3
6	0.75	1.5	0.3	0.15	0.3
7	0.70	1.5	0.3	0.20	0.3
8	0.65	1.5	0.3	0.25	0.3

各试剂全部加入后，充分混匀，取 1 号小烧杯置于暗处，作为空白对照，比色时调零。其余 7 个小烧杯均放在温度为 25 ℃，光强为 4500 Lux 的光照箱内（安装有 3 根 20 W 的日光灯管）照光 15 min，然后立即遮光终止反应。在 560 nm 波长下以 1 号杯溶液调零，测定各杯溶液吸光度并记录结果。以 2、3 号杯溶液吸光度的平均值作为 NBT 光还原率 100%，根据其他各杯溶液的吸光度分别计算出不同酶液量的各反应系统中抑制 NBT 光还原的相对百分率。以酶液用量为横坐标，抑制 NBT 光还原相对百分率为纵坐标，作出二者相关曲线。

【结果计算】

（1）将 560 nm 波长下待测管液的吸光度填入表 5-7。

表 5-7　测定数据

试剂	试管号								2、3 号平均值
	1	2	3	4	5	6	7	8	
酶液量/mL	0	0	0	0.05	0.10	0.15	0.20	0.25	
A_{560}	0								
抑制率%		0	0						0

以酶液量为横坐标，以抑制 NBT 光还原相对百分率为纵坐标，绘制出二者相关曲线。以 60 min、SOD 抑制 NBT 光还原相对百分率为 50% 时所需的酶量（μL）作为一个酶活力单位（U）。

（2）SOD 总活力计算。

$$A = \frac{V \times 1\,000 \times 60}{B \times W \times T}$$

式中：A——酶活力，U/g（FW）·h；

    V——酶提取液总体积，mL；

    B——一个酶活力单位的酶液量，μL；

    W——样品鲜重，g；

    T——反应时间，min；

    1 000——1mL = 1 000 μL；

    60——1h = 60 min。

（3）抑制 NBT 光还原率计算。

$$抑制率 = \frac{D_1 - D_2}{D_1} \times 100\%$$

式中：D_1——2、3 号杯液的吸光度平均值；

    D_2——加入不同酶液量的各杯液的吸光度值。

注：有时因测定样品的数量多，每个样品均按此法测定酶活力工作量将会很大，也可每个样品只测定 1 个或 2 个酶液用量的吸光度值，按下式计算酶活力：

$$A = \frac{(D_1 - D_2) \times V \times 1\,000 \times 60}{D_1 \times B \times W \times T \times 50\%}$$

式中：D_1——2、3 号杯液的吸光度平均值；

    D_2——测定样品酶液的吸光度；

    50%——抑制率 50%。

其他各因子代表的内容与上述 SOD 酶活力计算公式的各因子代表的内容相同。

【注意事项】

（1）富含酚类物质的植物（如茶叶）在匀浆时产生大量的多酚类物质，会引起酶蛋白不可逆沉淀，使酶失去活性，因此在提取此类植物 SOD 时，必须添加多酚类物质的吸附剂，将多酚类物质除去，避免酶蛋白变性失活。一般在提取液中加 1%～4%聚乙烯吡咯烷酮（PVP）。

（2）测定时的温度和光化反应时间必须严格控制一致。为保证各微烧杯所受光强一致，所有微烧杯应排列在与日光灯管平行的直线上。

【讨论与思考】

（1）简述 NBT 光化还原法测定 SOD 活力的实验原理。

（2）为什么 SOD 活力不能直接测得？

（3）超氧自由基为什么能对机体活细胞产生危害，SOD 如何减少超氧自由基的毒害？

实验 5-6 胆碱酯酶活力测定

【实验目的】

（1）掌握全血胆碱酯酶活力测定的实验原理。

（2）熟悉胆碱酯酶活力测定的操作方法。

（3）了解胆碱酯酶活力测定的临床意义。

【实验原理】

血液胆碱酯酶使乙酰胆碱分解为胆碱和乙酸。未被胆碱酯酶水解而剩余的乙酰胆碱与碱性羟胺反应，生成乙酰羟胺，再与三氯化铁在酸性溶液中反应，形成红色羟肟酸铁络合物，其颜色深度与剩余乙酰胆碱的量成正比。在波长 520 nm 比色定量，由水解的乙酰胆碱的量计算胆碱酯酶活性。

【实验试剂与器材】

1. 实验材料

耳垂血、静脉血：用血色素吸管，取耳垂血 20 μL，注入比色管中（事先加入 0.98 mL 磷酸盐缓冲液），立即进行测定。如不能立即测定，可静脉取血 0.5 mL，注入玻璃管中（含肝素或草酸钾抗凝剂），混匀。于保温瓶中加冰运送，置于 4 ℃ 冰箱中可保存一周。

2. 实验试剂

（1）碱性羟胺溶液：临用前将 139 g/L 盐酸羟胺溶液和 140 g/L 氢氧化钠溶液等体积混合。

（2）磷酸盐缓冲液（pH 7.2）：准确称取磷酸氢二钠（$Na_2HPO_4 \cdot 12H_2O$）8.36 g 和磷酸二氢钾（KH_2PO_4）1.36 g，用水溶解并稀释到 500 mL，保存在冰箱内。

（3）三氯化铁溶液：称取 10 g 三氯化铁（$FeCl_3 \cdot 6H_2O$），加 0.84 mL 盐酸，然后加水 100 mL，储存于棕色瓶中。

（4）氯化乙酰胆碱标准液：储备液为 70 μmol/mL 乙酰胆碱；临用前，取此溶液用磷酸盐缓冲液稀释 10 倍为应用液，即 7 μmol/mL 乙酰胆碱。

3. 实验器材

分光光度计、10 mL 比色管、漏斗、恒温水浴箱、采血针头、血色素吸管。

【实验步骤】

按表 5-8 所示加入试剂进行相应操作。

表 5-8　胆碱酯酶活力测定

试剂及操作	A（样品管）	B（对照管）	C（标准管）	D（空白管）
全血/mL	0.02	0.02	—	—
磷酸盐缓冲液/mL	0.98	0.98	1.0	1.0
水浴 5 min				
乙酰胆碱应用液/mL	1.0	—	1.0	—
蒸馏水/mL	—	1.0	—	1.0
水浴 30 min				
碱性羟胺溶液/mL	4.0	4.0	4.0	4.0
充分振摇 2 min				
盐酸/mL	2.0	2.0	2.0	2.0
充分振摇 2 min				
三氯化铁溶液/mL	2.0	2.0	2.0	2.0
充分振摇，滤纸过滤，520 nm 比色。				

【结果计算】

（1）计算酶活性的绝对值。

$$Xs = \frac{A_标 + A_对 - A_样}{A_标} \times 7$$

式中：Xs——水解乙酰胆碱的浓度，μmol（0.02 mL·37℃·30min）。

（2）计算酶活性的相对值。

$$Y = Xs / Xc \times 100\%$$

式中：Y——酶活性的相对值，%；

Xs——被测血样中酶活性的绝对值，μmol（0.02 mL·37 ℃·30 min）；

Xc——正常人血中酶活性绝对值，μmol（0.02 mL·37 ℃·30 min）；$Xc = 1.60$ μmol。

【临床意义】

正常健康人全血胆碱酯酶活性可低至正常的 80%；轻度有机磷农药中毒全血胆碱酯酶活性为正常的 50% ~ 70%，中度中毒为 30% ~ 50%，重度中毒多在 30%以下；慢性有机磷农药中毒全血胆碱酯酶活性在 50%以下。酶活性下降与症状轻重并不一致，有时酶活性严重抑制但症状却很轻微。

【注意事项】

（1）本法检测限为 2.4 μmol/L，线性范围为 2.4 ~ 1 000.0 μmol/L。

（2）使用的玻璃器皿洗净后，在 1∶3 硝酸中浸泡 24 h，用水冲洗干净后，再用蒸馏水洗 3 次，干燥后备用。

（3）取血时不应过度挤压耳垂，如果采血时过度挤压耳垂，采得的血液中血清和组织液所占比例过多，会使结果偏低。

（4）加碱性羟胺和盐酸（1∶2）时，必须严格掌握振摇时间，使其充分反应，否则会影响结果。

（5）加三氯化铁显色后，棕红色铁络合物易褪色，必须控制在 20 min 内比色完毕。若大批样品分析时，可分批加入三氯化铁溶液，否则会有较大误差。

（6）滤液一定要澄清，如果出现混浊，会使吸光度升高，而胆碱酯酶活性偏低。

（7）氯化乙酰胆碱基质不太稳定，每次测定需做标准管。标准管读数在同一比色计上应保持恒定或仅有较小的变动。

（8）计算胆碱酯酶活性百分数时，应以本地区正常人全血胆碱酯酶活性为基准。

【讨论与思考】

（1）胆碱酯酶活力测定的实验原理是什么？

（2）测定胆碱酯酶活力有什么临床意义？

（3）胆碱酯酶活力测定过程中有哪些注意事项？

【小结】

大多数酶是在生物细胞产生的，以蛋白质为主要成分的生物催化剂。但是近 10 年来研究表明 RNA 也是一种真正的生物催化剂。因此酶（Enzyme）是生物体内一类具有催化活性和特定空间构象的生物大分子，包括蛋白质和核酸等。酶量与酶活性的改变都会引起代谢的异常乃至生命活动的停止。本章我们主要介绍了酶的基本概念、分子组成、作用特点、分类命名及影响酶作用的主要因素等。

【巩固练习】

（1）酶的作用有何特点？

（2）影响酶促反应的因素有哪些？

（3）测定 K_m 值有何意义？如何测 K_m 和 V？

（4）酶专一性有几种类型？举例说明。

（5）测定人体内某些酶的活性时，反应体系中温度和 pH 应如何设定？为什么？

【实验小故事】

酶的本质发现过程

在阐明酶的化学本质过程中，科学家 James Batcheller Sumner 功不可没。Summer 于 1887 年生于美国的马萨诸塞州。在学校里，他爱好物理和化学，也爱好打猎。17 岁外出打猎时，被同伴误伤左臂，不得不截去左前臂。为了增强体质，他并没有放弃体育活动，照样打网球、滑雪、玩弹子球和溜冰等。1906 年，Sumner 进哈佛医学院专攻化学，1910 年毕业。1912 年，到哈佛医学院随 Otto Folin 教授学习化学，Folin 认为独臂人很难在化学方面获得成功，劝 Sumner 改学法律。Sumner 仍坚持己见，并在 1913 年获得硕士学位，1914 年获博士学位。1917 年他决定分离酶，并选择脲酶（Urease）作为分离对象，起初并不成功。但 1922 年的一天，他改变以往用水、甘油和乙醇提取脲酶的方法，而改用 30%的丙酮。当他取出一滴丙酮抽提液放在显微镜下观察时，发现液体中长出许多小晶体。离心收集这些晶体后，发现它有很高的脲酶活性，分离后的脲酶纯度一下子增加了 700 ~ 1 400 倍，这是其他纯化方法难以比拟的。他首先把好消息通过电话告诉了妻子，后来他又做了一系列令人信服的实验，证明脲酶是蛋白质。Summer 成功地分离和结晶出脲酶。起初遭到很多生化学家的忽略和怀疑。1930 年，John Howard Northrop 从胃蛋白酶商品制剂中分离到了结晶的胃蛋白酶，以后他又结晶了一系列其他的酶，并用更严密的方法证明酶是蛋白质。酶本质的揭示为现代酶学的发展奠定了基础。1946 年，Sumner 和 Northrop 一起荣获诺贝尔奖。

第六章

氨基酸分子

第一节　氨基酸的分子结构

蛋白质是生命活动的主要承担者，其基本组成单位是氨基酸。尽管组成蛋白质的氨基酸分子有许多种，但结构上却具有共同特点：每种氨基酸分子至少都含有一个氨基和一个羧基，并且都有一个氨基和一个羧基连接在同一个碳原子上。

甘氨基酸结构式　　　　　　　　氨基酸的结构通式图

在氨基酸的通式中有一个英文字母"R"，连接在碳原子上，它表示氨基酸的侧链基团。不同的氨基酸的 R 基因是不同的，也就是说 R 基的不同决定了氨基酸的种类不同。

第二节　氨基酸的理化性质

一、物理性质

1. 形　态

α-氨基酸都是白色晶体，每种氨基酸都有特殊的结晶形状，可以用来鉴别各种氨基酸。

2. 溶解性

除胱氨酸和酪氨酸外，一般都溶于水，不溶或微溶于醇，不溶于丙酮，在稀酸和稀碱中溶解性好；脯氨酸和羟脯氨酸能溶于乙醇或乙醚中。

3. 熔　　点

氨基酸的熔点一般都比较高，一般都大于 200 ℃，超过熔点氨基酸分解产生胺和二氧化碳。

4. 旋光性

氨基酸除了甘氨酸外，其余氨基酸的 α-碳原子是一个不对称碳原子，苏氨酸和异亮氨酸有两个手性碳原子，因此都具有旋光性。过去认为天然蛋白质的氨基酸均为 L-型。目前生物界中也发现一些 D-型氨基酸，主要存在于某些抗生素以及个别植物生物碱中。

5. 光吸收

参与蛋白质组成的氨基酸，在可见光区都没有光吸收，但在远紫外区均有光吸收。如图 6-1 所示，在近紫外区，只有三个带苯环的氨基酸有紫外吸收：苯丙氨酸 Phe：257 nm，$\varepsilon=200$；酪氨酸 Tyr：275 nm，$\varepsilon=1\,400$；色氨酸 Trp：280 nm，$\varepsilon=5\,600$。由于绝大多数蛋白质都含有这些氨基酸，所以也有紫外吸收能力。通常蛋白质的紫外吸收主要是由后两个氨基酸决定的，一般在 280 nm。由于各种蛋白质中这些氨基酸的含量不同，所以它们的消光系数是不完全一样的。

图 6-1　Phe、Tyr、Trp 的紫外吸收光谱

二、化学性质

1. 氨基酸的两性电离

氨基酸分子中既含有氨基又含有羧基，在水溶液中以偶极离子的形式存在。所以氨基酸是两性电解质，各个解离基的表观解离常数按其酸性强度递降的顺序，分别以 K_1'、K_2' 来表示。

2. 氨基酸的等电点

在某一 pH 的溶液中，氨基酸解离成阳离子和阴离子的趋势及程度相等，成为兼性离子，呈电中性，即氨基酸分子所带的净电荷为零，此时溶液的 pH 称为该氨基酸的等电点（pI）。

3. 氨基酸等电点的计算

氨基酸等电点的值是它在等电点前后的两个 pK'值的算术平均值。中性及酸性氨基酸等电点计算公式为：

$$pI=(pK_1'+pK_2')/2$$

式中，中性氨基酸：pK_1'为 α-羧基的解离常数，pK_2'为 α-氨基的解离常数；酸性氨基酸：pK_1'为 α-羧基的解离常数，pK_2'为侧链羧基的解离常数。以丙氨酸等电点计算为例，丙氨酸：pK-COOH=2.34，pK-NH$_2$=9.69，则丙氨酸 $pI=(pK_1'+pK_2')/2 =(2.34+9.69)/2\approx6.02$。

碱性氨基酸等电点计算公式为

$$pI=(pK_2'+pK_3')/2$$

式中，pK_2'为 α-氨基的解离常数，pK_3'为侧链氨基的解离常数。以赖氨酸等电点计算为例，赖氨酸：$pI=(pK_2'+pK_3')/2=(8.95+10.53)/2=9.74$。

图 6-2 所示为 20 种氨基酸周期表。

图 6-2　20 种氨基酸周期表

4. 由 α-氨基参与的反应

（1）酰化：氨基可与酰化试剂，如酰氯或酸酐在碱性溶液中反应，生成酰胺。该反应在多肽合成中可用于保护氨基。

（2）亚硝酸作用：氨基酸在室温下与亚硝酸反应，脱氨，生成羟基羧酸和氮气。氮气的一半来自氨基氮，一半来自亚硝酸，在通常情况下测定生成的氮气的体积量可计算氨基酸的量，此反应可用于测定蛋白质的水解程度及氨基酸的定量，蛋白质的化学修饰。因为伯胺都有这个反应，所以赖氨酸的侧链氨基也能反应，但速度较慢。

（3）与醛反应：氨基酸的α-氨基能与醛类物质反应，生成西佛碱—C＝N—。西佛碱是氨基酸作为底物的某些酶促反应的中间物。赖氨酸的侧链氨基也能反应。氨基还可以与甲醛反应，生成羟甲基化合物。由于氨基酸在溶液中以偶极离子形式存在，所以不能用酸碱滴定测定含量。用过量的中性甲醛与氨基酸反应后，氨基酸不再是偶极离子，可游离出氢离子，然后用 NaOH 滴定，从消耗的碱量可以计算出氨基酸的含量。其滴定终点可用一般的酸碱指示剂指示，称作甲醛滴定法，或称为间接滴定法，可用于测定氨基酸。

（4）与异硫氰酸苯酯（PITC）反应：α-氨基与 PITC 在弱碱性条件下形成相应的苯氨基硫甲酰衍生物（PTC-AA），后者在硝基甲烷中与酸作用发生环化，生成相应的苯乙内酰硫脲衍生物（PTH-AA）。这些衍生物是无色的，可用层析法加以分离鉴定。这个反应首先为 Edman 用来鉴定蛋白质的 N-末端氨基酸，在蛋白质的氨基酸顺序分析方面占有重要地位。

（5）磺酰化：氨基酸与 5-（二甲胺基）萘-1-磺酰氯（DNS-Cl）反应，生成 DNS-氨基酸。产物在酸性条件下（6 mol/L HCl）100 ℃ 也不被破坏，因此可用于氨基酸末端分析。DNS-氨基酸有强荧光，激发波长在 360 nm 左右，比较灵敏，可用于微量分析。

（6）与 DNFB 反应：氨基酸与 2,4-二硝基氟苯（DNFB）在弱碱性溶液中作用生成二硝基苯基氨基酸（DNP-AA）。这一反应是定量转变的，产物为黄色，可经受酸性 100 ℃ 高温。该反应曾被英国的 Sanger 用来测定胰岛素的氨基酸顺序，也叫桑格尔试剂，现在应用于蛋白质 N-末端测定。

（7）转氨反应：在转氨酶的催化下，氨基酸可脱去氨基，变成相应的酮酸。

5. 羧基的反应

羧基可与碱作用生成盐，其中重金属盐不溶于水。羧基可与醇生成酯，此反应常用于多肽合成中的羧基保护。某些酯有活化作用，可增加羧基活性，如对硝基苯酯。将氨基保护以后，可与二氯亚砜或五氯化磷作用生成酰氯，在多肽合成中用于活化羧基。在脱羧酶的催化下，可脱去羧基，形成伯胺。

6. 茚三酮反应

氨基酸与茚三酮在微酸性溶液中加热，最后生成蓝紫色物质，但脯氨酸和羟脯氨酸反应后生成黄色物质。根据这个反应可通过二氧化碳测定氨基酸含量。

7. 侧链的反应

（1）二硫键（disulfide bond）：半胱氨酸在碱性溶液中容易被氧化形成二硫键，生成胱氨酸。胱氨酸中的二硫键在形成蛋白质的构象上起很大的作用。氧化剂和还原剂都可以打开二硫键。在研究蛋白质结构时，氧化剂过甲酸可以定量地拆开二硫键，生成相应的磺酸。还原剂如巯基乙醇、巯基乙酸也能拆开二硫键，生成相应的巯基化合物。由于半胱氨酸中的巯基很不稳定，极易氧化，因此利用还原剂拆开二硫键时，往往进一步用碘乙酰胺、氯化苄、N-乙基丁烯二亚酰胺和对氯汞苯甲酸等试剂与巯基作用，把它保护起来，防止它重新氧化。

（2）烷化：半胱氨酸可与烷基试剂，如碘乙酸、碘乙酰胺等发生烷化反应。半胱氨酸与丫丙啶反应，生成带正电的侧链，称为 S-氨乙基半胱氨酸（AECys）。

（3）与重金属反应：极微量的某些重金属离子，如 Ag^+、Hg^{2+}，就能与巯基反应，生成硫醇盐，导致含巯基的酶失活。

8. 氨基酸的检验

（1）Pauly 反应：酪氨酸、组氨酸能与重氮化合物反应（Pauly 反应），此反应可用于定性、定量测定 His、Tyr 及含 His、Tyr 的蛋白质。该反应主要试剂有对氨基苯磺酸盐酸溶液、亚硝酸钠、碳酸钠混合溶液。反应后，组氨酸生成棕红色的化合物，酪氨酸生成橘黄色的化合物。

（2）坂口反应：精氨酸在 NaOH 中与 1-萘酚和次溴酸钠反应，生成深红色，称为坂口反应。此反应可用于检测 Arg 或含 Arg 的蛋白质。该反应主要试剂有 α-萘酚和碱性次溴酸钠溶液，产物为砖红色沉淀。

（3）Millon 反应：酪氨酸能与硝酸、亚硝酸、硝酸汞和亚硝酸汞反应，称为 Millon 反应。此反应可用于检测 Tyr 或含 Tyr 的蛋白质。含有 Tyr 的蛋白质溶液中加入米伦试剂（亚硝酸汞、硝酸汞及硝酸的混合液），会发生沉淀，加热则变为红色沉淀。此反应为酪氨酸的酚基所特有的反应，因此含有酪氨酸的蛋白质均呈米伦反应。

（4）乙醛酸反应：在色氨酸中加入乙醛酸后再缓慢加入浓硫酸，会产生分层现象，在界面出现紫色环，可用于吲哚基的鉴定。此反应是检测 Trp 或含 Trp 蛋白质的反应。

（5）Folin 反应：Folin 反应可用于检测 Tyr 或含 Tyr 的蛋白质。该反应主要试剂有磷钼酸、磷钨酸混合溶液（Folin 试剂），反应产物为蓝色的钼蓝和钨蓝。

（6）Cys 的反应：Cys 或含 Cys 的蛋白质能与亚硝基亚铁氰酸钠在稀氨溶液中反应，产生一种红色化合物。

第三节　实验内容

实验 6-1　纸层析法分离氨基酸

【实验目的】

（1）掌握纸层析法分离鉴定氨基酸的原理和实验结果分析。
（2）熟悉纸层析法的实验步骤及试剂主要作用。
（3）了解 R_f 值的定义及该方法的优缺点。

纸层析法分离氨基酸

【实验原理】

用滤纸为支持物进行层析的方法，称为纸层析法。纸层析所用展层溶剂大多由水和有机溶剂组成。滤纸纤维与水的亲和力强，与有机溶剂的亲和力弱，因此在展层时，水是固定相，有机溶剂是流动相。溶剂由下向上移动的，称为上行法；由上向下移动的，称下行法。

将样品点在滤纸上（此点称为原点），进行展层，样品中的各种氨基酸在两相溶剂中不断进行分配。由于它们的分配系数不同，不同氨基酸随流动相移动的速率就不同，于是就将这些氨基酸分离开来，形成距原点不等的层析点。溶质在滤纸上的移动速率用 R_f 值来表示：

$$R_f=展层斑点中心与原点之间距离/溶剂前沿与原点距离$$

只要条件（如温度、展层溶剂的组成）不变，R_f 值是常数，故可根据 R_f 值作定性依据。

样品中如有多种氨基酸，其中某些氨基酸的 R_f 值相同或相近，如只用一种溶剂展层不能将它们分开。为此，当用一种溶剂展层后，将滤纸转动 90°，再用另一溶剂展层，从而达到分离的目的，这种方法称为双向层析法。氨基酸无色，利用茚三酮反应，可将氨基酸层析点显色作定性、定量分析。

【实验试剂与器材】

1. 实验试剂

（1）氨基酸溶液。

甘氨酸溶液：50 mg 甘氨酸溶于 5 mL 水中；丙氨酸溶液：50 mg 丙氨酸溶于 5 mL 水中；亮氨酸溶液：50 mg 亮氨酸溶于 5 mL 水中；组氨酸溶液：50 mg 组氨酸溶于 5 mL 水中。

（2）氨基酸混合液。

甘氨酸 50 mg、亮氨酸 25 mg、蛋氨酸 25 mg 共溶于 5 mL 水中。

（3）展层溶剂。

正丁醇：80%甲酸：水=15：3：2。

（4）显色液。

在 100 mL 展层液中加入 0.4 g 茚三酮即可。

2. 实验器材

层析缸、毛细管、培养皿、层析滤纸、电吹风、针、线、尺、铅笔等。

【实验步骤】

1. 画原点

戴上手套，选用新华 1 号滤纸，裁成 18 cm×15 cm 长方形，在距纸一端 2 cm 处划一基线，在线上每隔 2 cm，画一小点作点样的原点，如图 6-3 所示。

图 6-3　氨基酸的单向上行层析

2. 点 样

氨基酸点样用微量注射器或微量吸管，吸取氨基酸样品点于原点（分批点完），点样直径不能超过 0.5 cm，边点边用电吹风吹干。

3. 展层和显色

将点好样的滤纸两边缘对齐，用白线缝好，制成圆筒，注意缝线处的滤纸两边不能接触，以免由于毛细管现象使溶剂沿两边移动太快而造成溶剂前沿不齐。将圆筒状滤纸放入平皿中，注意滤纸勿与皿壁接触。把展层剂倒入平皿内，同时加入显色储备液（每 10 mL 展层剂加 0.1 ~ 0.5 mL 的显色储备液）进行展层，当溶剂展层至距滤纸上沿 1 ~ 2 cm 时，取出滤纸，做好前沿位置标记后吹干，层析斑点即显蓝紫色。用铅笔轻轻描出各显色斑点的形状，用直尺量出各斑点中心与原点的距离以及溶剂前沿与原点的距离，求出各氨基酸的 R_f 值，将各显色斑点的 R_f 值与标准氨基酸的 R_f 值比较，可得知该斑点的准确成分。

【注意事项】

（1）为防止滤纸被手上的汗液污染，应尽量在操作时戴手套。
（2）复点样时可用吹风机的冷风吹干样品，喷了茚三酮后的显色则要用热风吹干滤纸。

【讨论与思考】

（1）R_f 怎么计算？
（2）结果中不同条带分别对应代表哪几个氨基酸？

【小结】

通过本章的学习，我们了解了蛋白质的基本组成单位：氨基酸。本章重点内容包括氨基酸分子的结构和理化性质，以及氨基酸纸层析法分离的实验方法和实验步骤。

【巩固练习】

（1）请写出 8 种人体必需氨基酸的名称。
（2）对于中性氨基酸、酸性氨基酸、碱性氨基酸，如何计算其等电点？
（3）试总结可定性鉴别氨基酸的反应。
（4）试总结由氨基酸的 α-氨基参与的反应。
（5）试总结纸层析法分离氨基酸的原理和结果分析。

【实验小故事】

尽管科学家们已经理清了氨基酸、多肽以及蛋白质之间的关系，但一个关于生命起源的关键问题却始终没有得到解决：用氨基酸合成多肽，需要酶的参与，而主导这一步骤的酶是种蛋白质，但要合成这种蛋白质，我们又需要氨基酸先合成多肽……这是一个经典的"先有鸡，还是先有蛋"的问题。2019 年，Matthew Powner 教授及其团队在顶尖学术期刊《自然》在线发表了一项有意思的研究：他们发现多肽的合成竟然可以不需要氨基酸的参与！在这项研究中，这支团队将注意力放在了氨基酸的前体分子——氨基腈（Aminonitriles）上。他们发现，这类分子天生就具有反应活性，无需先转变为氨基酸，就可以直接形成多肽。这是人类首次有说服力地发现能够在不使用氨基酸的条件下，在水里合成多肽。反应需要的条件并不严酷，可能在早期的地球上寻找到。这项研究具有重大的意义，它除了给生命起源提供线索，还具有当代的实际应用价值。研究人员指出，许多具有生物活性的分子，或是合成材料，都需要进行类似的化学反应。在通常的合成条件下，我们需要事先准备许多昂贵的材料，造成浪费。而这类全新的反应有望更好地为合成生物学服务，带来实际的应用价值。未来，科学家们计划进一步探索更多类似的反应，试图还原出能够天然合成的多肽链，并阐明它们的功能。或许，40亿年前生命起源的奥秘，已经存在于他们的实验室中了。

第七章　蛋白质化学

第一节　蛋白质物理化学性质

一、蛋白质的胶体性质

蛋白质是高分子化合物，分子量一般在 10 kD ~ 1000 kD。根据测定所知，如分子量为 34.5 kD 的球状蛋白，其颗粒的直径为 4.3 nm。所以，蛋白质分子颗粒的直径一般在 1 ~ 100 nm，在水溶液中呈胶体溶液，具有丁达尔现象、布朗运动、不能透过半透膜、扩散速度减慢、黏度大等特征。

蛋白质分子表面含有很多亲水基团，如氨基、羧基、羟基、巯基、酰胺基等，能与水分子形成水化层，把蛋白质分子颗粒分隔开来。此外，蛋白质在一定 pH 溶液中都带有相同电荷，因而使颗粒相互排斥。水化层的外围，还可有被带相反电荷的离子所包围形成的双电层，这些因素都是防止蛋白质颗粒的互相聚沉，促使蛋白质成为稳定胶体溶液的因素。

蛋白质分子不能透过半透膜的特点，在生物学上有重要意义，它能使各种蛋白质分别存在于细胞内外不同的部位，对维持细胞内外水和电解质分布的平衡、物质代谢的调节都起着非常重要的作用。另外，利用蛋白质不能透过半透膜的特性，将含有小分子杂质的蛋白质溶液放入半透膜袋内，然后将袋浸于蒸馏水中，小分子物质由袋内移至袋外水中，蛋白质仍留在袋内，这种方法叫作透析。透析是纯化蛋白质的方法之一，如图 7-1 所示。

透析袋

浓缩样品液

透析缓冲液

透析前　　　　　　透析后

图 7-1　蛋白质的透析

透析原理及过程

二、蛋白质的两性性质

蛋白质由氨基酸组成，和氨基酸一样，均是两性电解质，在溶液中可呈阳离子、阴离子或兼性离子，这取决于溶液的pH、蛋白质游离基团的性质与数量。蛋白质分子中除两端的游离氨基和羧基外，侧链中尚有一些解离基，如谷氨酸、天门冬氨酸残基中的 γ 和 β-羧基，赖氨酸残基中的 ε-氨基，精氨酸残基中的胍基和组氨酸残基中的咪唑基。蛋白质作为带电颗粒可以在电场中移动，移动方向取决于它所带的电荷。蛋白质颗粒在溶液中所带的电荷，既取决于其分子组成中碱性和酸性氨基酸的含量，又受所处溶液的 pH 影响。当蛋白质溶液处于某一 pH 时，蛋白质游离成正、负离子的趋势相等，即成为兼性离子（净电荷为 0），此时溶液的 pH 称为蛋白质的等电点（isoelectric point, pI）。处于等电点的蛋白质颗粒，在电场中并不移动。蛋白质溶液的 pH 大于等电点，该蛋白质颗粒带负电荷，反之则带正电荷，图 7-2 所示。

图 7-2　蛋白质的两性电离

蛋白质溶液的 pH 在等电点时，蛋白质的溶解度、黏度、渗透压、膨胀性及导电能力均最小，胶体溶液呈最不稳定状态。凡碱性氨基酸含量较多的蛋白质，等电点往往偏碱，如组蛋白和精蛋白等。反之，含酸性氨基酸较多的蛋白质如酪蛋白、胃蛋白酶等，其等电点往往偏酸。人体内血浆蛋白质的等电点大多在 pH 5.0 左右，而体内血浆 pH 正常时在 7.35 ~ 7.45，故血浆中蛋白质均呈负离子形式存在。

三、蛋白质的变性

天然蛋白质的严密结构在某些物理或化学因素作用下，其特定的空间结构被破坏，从而导致理化性质改变和生物学活性的丧失，如酶失去催化活力、激素丧失活性等，称之为蛋白质的变性作用（denaturation）。变性蛋白质只有空间构象的破坏，一般认为蛋白质变性的本质是次级键和二硫键的破坏，并不涉及一级结构的变化。

变性蛋白质和天然蛋白质最明显的区别是溶解度降低，同时蛋白质的黏度增加，结晶性破坏，生物学活性丧失，易被蛋白酶分解。引起蛋白质变性的原因可分为物理和化学因素两类。物理因素可以是加热、加压、脱水、搅拌、振荡、紫外线照射、超声波的作用等；化学因素有强酸、强碱、尿素、重金属盐、十二烷基磺酸钠（Sodium dodecyl sulfate，SDS）等。在临床医学上，变性因素常被应用于消毒及灭菌。反之，注意防止蛋白质变性就能有效地保存蛋白质制剂。

变性并非不可逆的变化，当变性程度较轻时，如去除变性因素，有的蛋白质仍能恢复或部分恢复其原来的构象及功能，变性的可逆变化称为复性，如图 7-3 所示。例如，核糖核酸酶中四对二硫键及其氢键在 β-巯基乙醇和尿素作用下，发生变性并失去生物学活性，变性后如经过透析去除尿素和 β-巯基乙醇，并设法使巯基重新氧化成二硫键，则酶蛋白又可恢复其原来的构象，生物学活性也几乎全部恢复，此为变性核糖核酸酶的复性；血红蛋白在盐酸的作用下变性后，加碱处理即可恢复其生理功能；胃蛋白酶加热到 80 ℃ ~ 90 ℃ 时发生变性并失去消化蛋白质的能力，如温度慢慢下降到 37 ℃ 时，酶的催化能力又可恢复。

图 7-3　蛋白质的复性

许多蛋白质变性时被破坏严重，不能恢复，称为不可逆性变性。天然蛋白质变性后，所得的变性蛋白质分子互相凝聚或互相穿插结合在一起的现象称为蛋白质凝固。蛋白质凝固后一般都不能再溶解。蛋白质的变性并不一定发生沉淀，凝固的蛋白质必定发生变性并出现沉淀，而沉淀的蛋白质不一定发生凝固。

四、蛋白质的沉淀

蛋白质从溶液中以固体状态析出的现象称为蛋白质的沉淀。它的作用机制主要是破坏了水化膜或中和蛋白质所带的电荷。沉淀出来的蛋白质，根据实验条件，可以是变性或不变性。主要沉淀方法有：

（一）中性盐沉淀蛋白质——盐析

蛋白质溶液中加入大量中性盐时，蛋白质便从溶液中沉淀出来，这种过程称为盐析。它的机制是高浓度的盐溶液中的异性离子中和了蛋白质颗粒的表面电荷，从而破坏了蛋白质颗粒表面的水化层，失去了蛋白质胶体溶液的稳定因素，降低了溶解度，使蛋白质从水溶液中沉淀出来。盐析所得蛋白质加水稀释尚可复溶。常用的中性盐有硫酸铵、硫酸钠、氯化钠等。盐析时，若把溶液的 pH 调节至该蛋白质的等电点，则沉淀效果更好。由于各种蛋白质的颗粒大小、亲水性的程度不同，在盐析时需要盐的浓度也不一致。因此，调节中性盐的浓度，可使蛋白溶液中的几种蛋白质分段析出，这种方法称分段盐析法。临床检验中常用此法来分离和纯化蛋白质。

（二）重金属盐沉淀蛋白质

蛋白质可以与重金属离子（如汞、铅、铜、锌等）结合生成不溶性盐而沉淀。此反应的条件是溶液的 pH 应稍大于该蛋白质的等电点，使蛋白质带较多的负电荷，易与金属离子结合。临床上常用蛋清或牛乳解救误服重金属盐的病人，目的是使重金属离子与蛋白质结合而沉淀，阻止重金属离子被吸收。然后，用洗胃或催吐的方法，将重金属离子的蛋白质盐从胃内清除出去，也可用导泻药将毒物从肠管排出。

（三）某些酸类沉淀蛋白质

蛋白质可与钨酸、苦味酸、鞣酸、三氯醋酸、磺基水杨酸等发生沉淀。此反应的条件是溶液的 pH 应小于该蛋白质的等电点，使蛋白质带正电荷，与酸根结合生成不溶性盐而沉淀。生化检验中常用钨酸或三氯醋酸作为蛋白沉淀剂，以制备无蛋白血滤液。

（四）有机溶剂沉淀蛋白质

乙醇、甲醇、丙酮等有机溶剂可破坏蛋白质的水化层，从而使蛋白质发生沉淀。此反应中如将溶液的 pH 调节到该蛋白质的等电点时，则沉淀更加完善。在室温条件下，有机溶剂沉淀所得蛋白质往往已发生变性。若在低温条件下进行沉淀，则变性作用进行缓慢，故可用有机溶剂在低温条件下分离和制备各种血浆蛋白。此法优于盐析，因为有机溶剂很易通过蒸发除去，从而不需透析去盐。乙醇常作为消毒剂，作用机制是使细菌内的蛋白质发生变性沉淀，从而起到杀菌作用。

（五）加热凝固

将接近于等电点附近的蛋白质溶液加热，可使蛋白质发生凝固（coagulation）而沉淀。加热首先使蛋白质变性，有规则的肽链结构被打开呈松散状不规则的结构，分子的不对称性增加，疏水基团暴露，进而凝聚成凝胶状的蛋白块。如煮熟的鸡蛋、蛋黄和蛋清都凝固。

五、蛋白质的颜色反应

（一）双缩脲反应

双缩脲由两分子尿素加热缩合而成，双缩脲在碱性条件下与硫酸铜发生紫红色反应。蛋白质分子中含有许多和双缩脲结构相似的肽键，因此也能发生类似反应，反应产物呈紫红色，对 540 nm 波长的光有最大吸收峰，通常用此反应来鉴定蛋白质和定量测定。

（二）Folin-酚试剂反应

蛋白质分子中含有一定量的酪氨酸残基，其中的酚基在碱性条件下将酚试剂的磷钼酸及磷钨酸还原成蓝色化合物，根据颜色的深浅可作为蛋白质的定量测定，其反应的灵敏度比双缩脲反应高100倍。

（三）乙醛酸反应

含有色氨酸残基的蛋白质溶液加入乙醛酸混匀后，缓慢加入浓硫酸，在两液接触面处呈现紫红色环。血清球蛋白含色氨酸残基的量较为稳定，故临床生化检验可用乙醛酸反应来测定球蛋白量。

（四）茚三酮反应

α-氨基酸与水化茚三酮（苯丙环三酮戊烃）作用时，产生蓝色反应，由于蛋白质是由许多α-氨基酸组成的，所以也呈此颜色反应。

（五）米伦反应

蛋白质溶液中加入米伦试剂（亚硝酸汞、硝酸汞及硝酸的混合液），蛋白质首先沉淀，加热则变为红色沉淀，此为酪氨酸的酚核所特有的反应，因此含有酪氨酸的蛋白质均有米伦反应。

此外，蛋白质溶液还可与浓硝酸等发生颜色反应。

第二节　蛋白质的分离纯化

蛋白质在组织或细胞中一般都是以复杂的混合物形式存在，每种类型的细胞都含有成千上万种不同的蛋白质。蛋白质的分离和提纯工作是一项艰巨而繁重的任务，到目前为止，还没有一个单独的或一套现成的方法能把任何一种蛋白质从复杂的混合物中提取出来，但对任何一种蛋白质都有可能选择一套适当的分离提纯程序来获取高纯度的制品。

蛋白质提纯的总目标是设法增加制品纯度或比活性，对纯化的要求是以合理的效率、速度、收率和纯度，将所需蛋白质从细胞的全部其他成分特别是不想要的杂蛋白中分离出来，同时仍保留这种多肽的生物学活性和化学完整性。

能从成千上万种蛋白质混合物中纯化出一种蛋白质的原因，是不同的蛋白质在它们的许多物理、化学和生物学性质上有着极大的不同，这些性质是由于蛋白质的氨基酸序列和数目不同造成的，连接在多肽主链上的氨基酸残基可以是正电荷或负电荷、极性或非极性、亲水或疏水，此外多肽可折叠成非常确定的二级结构（α螺旋、β折叠和各种转角）、三级结构和四级结构，形成独特的大小、形状和残基在蛋白质表面的分布状况，可根据待分离的蛋白质与其他蛋白质之间在性质上的差异设计出合理的分离方法。

一、根据蛋白质溶解度不同的分离方法

（一）蛋白质的盐析

中性盐对蛋白质的溶解度有显著影响，一般在低盐浓度下随着盐浓度升高，蛋白质的溶

解度增加，此称盐溶；当盐浓度继续升高时，蛋白质的溶解度不同程度下降并先后析出，这种现象称盐析。将大量盐加到蛋白质溶液中，高浓度的盐离子（如硫酸铵的 SO_4^{2-} 和 NH_4^+）有很强的水化力，可夺取蛋白质分子的水化层，使之"失水"，于是蛋白质颗粒凝结并沉淀析出。盐析时若溶液 pH 在蛋白质等电点则效果更好。由于各种蛋白质分子颗粒大小、亲水程度不同，故盐析所需的盐浓度也不一样，因此调节混合蛋白质溶液中的中性盐浓度可使各种蛋白质分段沉淀。

影响盐析的因素有：

（1）温度：除对温度敏感的蛋白质在低温（4 ℃）操作外，一般可在室温中进行。一般温度降低蛋白质溶解度降低，但有的蛋白质（如血红蛋白、肌红蛋白、清蛋白）在较高的温度（25 ℃）比 0 ℃ 时溶解度更低，更容易盐析。

（2）pH：大多数蛋白质在等电点时在浓盐溶液中的溶解度最低。

（3）蛋白质浓度：蛋白质浓度高时，欲分离的蛋白质常常夹杂着其他蛋白质一起沉淀出来（共沉现象），因此在盐析前血清要加等量生理盐水稀释，使蛋白质含量在 2.5% ~ 3.0%。

蛋白质盐析常用的中性盐主要有硫酸铵、硫酸镁、硫酸钠、氯化钠、磷酸钠等。其中应用最多的是硫酸铵，它的优点是温度系数小而溶解度大（25 ℃ 时饱和溶解度为 4.1 mol/L，即 767 g/L；0 ℃ 时饱和溶解度为 3.9 mol/L，即 676 g/L），在这一溶解度范围内，许多蛋白质和酶都可以盐析出来；另外硫酸铵分段盐析效果也比其他盐好，不易引起蛋白质变性。硫酸铵溶液的 pH 常在 4.5 ~ 5.5，当用其他 pH 进行盐析时，需用硫酸或氨水调节。

蛋白质在用盐析沉淀分离后，需要将蛋白质中的盐除去，常用的办法是透析，即把蛋白质溶液装入透析袋内，用缓冲液进行透析，并不断地更换缓冲液，因透析所需时间较长，所以最好在低温中进行。此外也可用葡萄糖凝胶 G-25 或 G-50 过柱的办法除盐，所用的时间相对较短。

（二）等电点沉淀法

蛋白质在静电状态时颗粒之间的静电斥力最小，因而溶解度也最小，各种蛋白质的等电点有差别，可利用调节溶液的 pH 达到某一蛋白质的等电点使之沉淀，但此法很少单独使用，可与盐析法结合用。

（三）低温有机溶剂沉淀法

用与水可混溶的有机溶剂，如甲醇、乙醇或丙酮，可使多数蛋白质溶解度降低并析出，此法分辨力比盐析高，但蛋白质较易变性，应在低温下进行。

二、根据蛋白质分子大小不同的分离方法

（一）透析与超滤

透析法是利用半透膜将分子大小不同的蛋白质分开，如图 7-4 所示。透析在纯化中极为常用，可除去盐类（脱盐及置换缓冲液）、有机溶剂、低分子量的抑制剂等，透析膜的截留分子量通常为 5 kD 左右。

超滤法是利用高压力或离心力，使水和其他小的溶质分子通过半透膜，而蛋白质留在膜

上，可选择不同孔径的滤膜截留不同分子量的蛋白质，如图 7-4（b）所示。

（a）透析　　　　　　　　　　（b）超滤

图 7-4　透析与超滤

（二）密度梯度离心

密度梯度离心亦称平衡密度梯度离心法，如图 7-5 所示。用超速离心机对小分子物质溶液，长时间加一个离心力场达到沉降平衡，在沉降池内从液面到底部出现一定的密度梯度。若在该溶液里加入少量大分子溶液，则溶液内比溶剂密度大的部分就产生大分子沉降，比溶剂密度小的部分就会上浮，最后在重力和浮力平衡的位置，集聚形成大分子带状物。利用这种现象，测定核酸或蛋白质等的浮游密度，或根据其差别进行分析的一种沉降平衡法。

图 7-5　密度梯度离心

多数蛋白质的密度在 1.3～1.4 g/cm³，分级分离蛋白质时一般不常用此性质，不过含有大量磷酸盐或脂质的蛋白质与一般蛋白质在密度上明显不同，可用密度梯度法离心与大部分蛋白质分离。密度梯度离心常用的介质有蔗糖、聚蔗糖、氯化铯、溴化钾、碘化钠等。

（三）凝胶过滤

凝胶过滤亦称分子排阻层析或分子筛层析，这是根据分子大小分离蛋白质混合物最有效的方法之一。柱中最常用的填充材料是葡萄糖凝胶（Sephadex gel）和琼脂糖凝胶（Agarose gel）。分子筛是具有三维空间网状结构的物质，根据网孔不同可制成不同规格。当带有多种蛋白质成分的样品溶液在凝胶内运动时，由于它们的分子量不同而表现出速度的快慢，在缓冲液洗脱时，分子量大的物质不能进入凝胶孔内，在凝胶间几乎是垂直的向下运动而径直流出；而分子量小的物质则进入凝胶孔内进行"绕道"运行，滞留时间长，这样就可以按分子量的大小先后流出凝胶柱，达到分离的目的，如图 7-6 所示。

图 7-6　凝胶过滤原理

三、根据蛋白质带电性质进行分离

蛋白质在不同 pH 环境中带电性质和电荷数量不同，可将其分开。

（一）电泳法

蛋白质在电场中的迁移率取决于它所带的净电荷量以及分子大小和形状等因素。各种蛋白质在同一 pH 条件下，因分子量和电荷数量不同而在电场中的迁移率不同得以分开。值得重视的是聚丙烯酰胺凝胶电泳（Polyacrylamide gel electrophoresis，PAGE）和等电聚焦电泳（Isoelectric focusing，IEF）。

（1）聚丙烯酰胺凝胶电泳是由丙烯酰胺（Acrylamide，Acr）和交联剂 N，N′-亚甲基双丙烯酰胺（N，N′-Methylenebis，Bis）在催化剂作用下，聚合交联而成的具有网状立体结构的凝胶，并以此为支持物进行电泳。SDS 是一种阴离子表面活性剂，能打断蛋白质的氢键和疏水键，并按一定的比例和蛋白质分子结合成复合物，使蛋白质带负电荷的量远远超过其本身原有的电荷，掩盖了各种蛋白分子间天然的电荷差异。因此，各种蛋白质-SDS 复合物在电泳时的迁移率，不再受原有电荷和分子形状的影响，单位时间移动距离仅取决于蛋白质的分子量。这种电泳方法称为 SDS-聚丙烯酰胺凝胶电泳（SDS-polyacrylamide gel electrophoresis，SDS-PAGE），如图 7-7 所示。

当蛋白质的分子量在 15 000～200 000 D 时，电泳迁移率与分子量的对数值呈直线关系，符合下列方程：

$$lgMw=K-bmR$$

式中：Mw——蛋白质的分子量；

　　　K——常数；

　　　b——斜率；

　　　mR——相对迁移率。

在条件一定时，b 和 K 均为常数。若将已知分子量的标准蛋白质的迁移率与分子量的对数作图，可获得一条标准曲线。未知蛋白质在相同条件下进行电泳，根据它的电泳迁移率即可在标准曲线上求得分子量。

图 7-7　SDS-PAGE

由于 SDS-PAGE 可设法将电泳时蛋白质电荷差异这一因素除去或减小到可以忽略不计的程度，因此常用来鉴定蛋白质分离样品的纯化程度。如果被鉴定的蛋白质样品很纯，只含有一种具有三级结构的蛋白质或含有相同分子量亚基的具有四级结构的蛋白质，那么 SDS-PAGE 后，就只出现一条蛋白质区带。SDS-PAGE 可分为连续系统和不连续系统。所谓"不连续"是指电泳体系由两种或两种以上的缓冲液、pH 和凝胶孔径等所组成。

（2）等电聚焦电泳是利用一种两性电解质作为载体，电泳时两性电解质形成一个由正极到负极逐渐增加的 pH 梯度，当带一定电荷的蛋白质在其中泳动时，到达各自等电点的 pH 位置就停止，此法可用于分析和制备各种蛋白质，如图 7-8 所示。

（a）在外接电源接通之前　　　　　　　（b）在电场作用下，蛋白质到达其等电点（pI）位
　　　　　　　　　　　　　　　　　　　　置，表面净电荷为零

图 7-8　等电聚焦电泳原理

（二）离子交换层析法

离子交换层析是依据各种离子或离子化合物与离子交换剂的结合力不同而进行分离纯化。离子交换层析的固定相是离子交换剂，它是由一类不溶于水的惰性高分子聚合物基质通过一定的化学反应共价结合上某种电荷基团形成的。离子交换剂可以分为三部分：高分子聚合物基质、电荷基团和平衡离子。电荷基团与高分子聚合物共价结合，形成一个带电的可进行离子交换的基团。平衡离子是结合于电荷基团上的相反离子，它能与溶液中其他的离子基团发生可逆的交换反应。平衡离子带正电的离子交换剂能与带正电的离子基团发生交换作用，称为阳离子交换剂；平衡离子带负电的离子交换剂与带负电的离子基团发生交换作用，称为阴离子交换剂。当被分离的蛋白质溶液流经离子交换层析柱时，带有与离子交换剂相反电荷的蛋白质被吸附在离子交换剂上，随后用改变 pH 或离子强度的办法将吸附的蛋白质洗脱下来，如图 7-9 所示。

（a）离子交换层析原理

（b）洗脱曲线

图 7-9　离子交换层析

在一定条件下，溶液中的某种离子基团可以把平衡离子置换出来，并通过电荷基团结合到固定相上，而平衡离子则进入流动相，这就是离子交换层析的基本置换反应。通过在不同条件下的多次置换反应，就可以对溶液中不同的离子基团进行分离。

蛋白质等生物大分子通常呈两性，它们与离子交换剂的结合与它们的性质及 pH 有较大关系。以用阳离子交换剂分离蛋白质为例，在一定 pH 条件下，等电点 pI < pH 的蛋白质带负电，不能与阳离子交换剂结合；等电点 pI > pH 的蛋白质带正电，能与阳离子交换剂结合。一般 pI 越大的蛋白与离子交换剂结合力越强。但由于生物样品的复杂性以及其他因素影响，一般生物大分子与离子交换剂的结合情况较难估计，往往要通过实验进行摸索。

四、根据配体特异性的分离方法——亲和色谱法

亲和层析法（Aflinity chromatography）是分离蛋白质的一种极为有效的方法，根据某些蛋白质与另一种称为配体（Ligand）的分子能特异而非共价地结合。亲和层析法是根据固定相的配基与生物分子之间的特殊的生物大分子亲和能力不同来进行相互分离的，依亲和选择性的高低分为：基团性亲和层析，即固定相上的配基对某一类基团具有极强的亲和力，如含有糖基的一类蛋白质或糖蛋白对三嗪染料显示特别强的吸附能力；高选择性（专一性）亲和层析，即配基仅对某一种蛋白质具有特别强的亲和性，如单克隆抗体对抗原的特异性的吸附。

亲和层析除特异性的吸附外，仍然会因分子的错误识别和分子间非选择性的作用力而吸附一些杂蛋白质，使洗脱过程中的配体不可避免的脱落进入分离体系，如图 7-10 所示。

图 7-10　亲和层析

第三节　实验内容

实验 7-1　酪蛋白的制备

【实验目的】

（1）掌握从牛乳中制备酪蛋白的原理和方法以及等电点沉淀法提取蛋白质的方法。

（2）熟悉提取实验步骤及试剂主要作用。

（3）了解其他蛋白质提取方法。

酪蛋白的制备

【实验原理】

蛋白质是一种两性电解质，在一定 pH 溶液中能够维持一个稳定的状态。当调节蛋白质溶液的 pH 至其等电点时，蛋白质游离成正、负离子的趋势相等，即成为兼性离子（净电荷为 0）。此时，蛋白质分子颗粒在溶液中因没有相同电荷的互相排斥，极易碰撞、凝聚而产生沉淀，所以蛋白质在等电点时溶解度最小，最易形成沉淀物。

牛乳中主要的蛋白质是酪蛋白，其含量约为 35 g/L。酪蛋白不是一种简单的蛋白质，它是一些含磷蛋白质的混合物，其平均等电点约为 4.8。因此，可利用等电点时蛋白质溶解度最低的原理，将牛乳的 pH 调至 4.8，酪蛋白就会沉淀出来。后续操作进一步用蒸馏水、乙醇和乙醚洗涤沉淀，除去脂类等杂质后便可得到较纯的酪蛋白。

【实验试剂与器材】

1. 实验材料

新鲜牛乳。

2. 实验试剂

（1）醋酸缓冲液 0.2 mol/L，pH 4.8：取 0.2 mol/L 醋酸溶液 40 mL（11.44 mL 冰醋酸稀释至 1 000 mL）加 0.2 mol/L 醋酸钠溶液 60 mL，混合即成。

（2）95%乙醇。

（3）乙醚。

（4）0.1 mol/L NaOH：称取 4.0 g NaOH，溶解于 1 000 mL 蒸馏水中。

3. 实验器材

离心机、水浴锅、离心管、移液管、洗耳球、胶头滴管等。

【实验步骤】

【讨论与思考】

（1）从牛乳中制备酪蛋白的基本原理是什么？

（2）用蒸馏水、乙醇、乙醚洗涤沉淀的目的是什么？

（3）请综合运用所学知识，对实验方案进行一定的改良。

实验 7-2 蛋白质的定量实验（蛋白质含量测定）

【实验目的】

（1）掌握各种蛋白质含量测定方法的基本原理。

（2）熟悉各种蛋白质含量测定方法的具体操作。

（3）了解蛋白质含量测定方法在科学研究中的作用。

本节实验主要为五种蛋白质含量测定方法的验证性实验，要求学生掌握五种经典的蛋白质含量测定方法的基本原理和实验操作技术，熟悉优缺点和影响测定的干扰物质。通过实验的理论和实践学习，对这五种蛋白质含量测定方法有深入的认识，能够在综合性实验中，对于不同来源蛋白质样品选择合适的含量测定方法进行准确的测定。蛋白质含量测定方法，是生物化学研究中最常用、最基本的分析方法之一，是生物大分子研究技术的基础。目前有五种常用的经典方法，即凯氏定氮法，双缩脲法（Biuret 法）、Folin-酚试剂法（Lowry 法）、紫外吸收法和考马斯亮蓝法（Bradford 法），见表 7-1。

表 7-1　五种蛋白质含量测定方法

方法	灵敏度	时间	原理	干扰物质	说明
凯氏定氮法	灵敏度低 0.2～1.0 mg 氮	费时 8～10 h	将蛋白氮转化为氨，用酸吸收后滴定	非蛋白氮	用于标准蛋白质含量的准确测定；干扰少；费时太长
双缩脲法（Biuret 法）	灵敏度低 1～10 mg	中速 20～30 min	多肽键＋碱性 Cu^{2+}→紫色络合物	硫酸铵；Tris 缓冲液；某些氨基酸	用于快速测定，不太灵敏
紫外吸收法	较为灵敏 50～100 μg	快速 5～10 min	蛋白质中的酪氨酸、苯丙氨酸和色氨酸残基在 280 nm 处的光吸收	各种嘌呤和嘧啶；各种核苷酸	用于层析柱流出液的检测；核酸的吸收可以校正
Folin-酚试剂法（Lowry 法）	灵敏度高 20～250 μg	慢速 40～60 min	双缩脲反应；磷钼酸-磷钨酸试剂被蛋白质中酪氨酸和苯丙氨酸残基还原	硫酸铵；Tris 缓冲液；甘氨酸；各种硫醇	耗费时间长；操作要严格计时
考马斯亮蓝法（Bradford 法）	灵敏度最高 1～5 μg	快速 5～15 min	染料与蛋白质结合时，其 λmax 由 465 nm 变为 595 nm	强碱性缓冲液；TritonX-100；SDS	最好的方法；干扰物质少；颜色稳定

凯氏定氮法操作比较复杂，但其测定标准采用的是高纯度无机盐，结果较准确，因此常以定氮法测定的蛋白质作为其他方法的标准蛋白质。Biuret 法灵敏度差，但有着较快速且干扰物质较少的优点，常用于需要快速，但并不需十分精确的蛋白质测定。紫外吸收法虽然准确度较低，但是有着快速和不损耗样品的优点，常用于蛋白质分离纯化等快速测定。Bradford 法和 Lowry 法灵敏度最高，比紫外吸收法灵敏 10～20 倍，比 Biuret 法灵敏 100 倍以上，是目前研究中最常用的蛋白质测定方法。值得注意的是，除凯氏定氮法外，其余四种方法并不能在任何条件下适用于任何形式的蛋白质，因为一种蛋白质溶液用这四种方法测定，有可能得出四种不同的结果。每种测定法都不是完美无缺的，都有其优缺点。在选择方法时应考虑：① 实验对测定所要求的灵敏度和精确度；② 蛋白质的性质；③ 溶液中存在的干扰物质；④ 测定所要花费的时间。

一、凯氏定氮法

【实验原理】

蛋白质是含一定量氮的有机化合物，各种蛋白质含氮量很接近，平均含氮量为 16%。蛋白质样品经浓 H_2SO_4 消化后，化合物中碳被氧化成 CO_2 逸出，有机氮则全部与 H_2SO_4 作用，生成 $(NH_4)_2SO_4$，加纳氏试剂后，产生黄色化合物，可做定量测定。

凯氏定氮法

由胎盘球蛋白的总氮含量与非蛋白氮（non-protein nitrogen，NPN）含量的差，可算得蛋白质含氮量，通过蛋白质含氮量，可换算出蛋白质含量。反应式如下：

含氮化合物 + $H_2SO_4 \rightarrow (NH_4)_2SO_4$

$(NH_4)_2SO_4 + 2NaOH \rightarrow 2NH_4OH + Na_2SO_4$

$$NH_4OH + 2(KI)_2HgI_2 + 3NaOH \rightarrow 4KI + 3NaI + 3H_2O + O \begin{array}{c} Hg \\ \diagdown \\ Hg \end{array} \begin{array}{c} \\ NH_2I \end{array}$$

【实验试剂与器材】

1. 实验材料

胎盘球蛋白稀释液：1 mL 胎盘球蛋白注射液用生理盐水稀释至 200 mL。

2. 实验试剂

（1）2/3 mol/L H_2SO_4。

（2）10%钨酸钠。

（3）标准$(NH_4)_2SO_4$：取纯$(NH_4)_2SO_4$（AR）置于 110 ℃ 烤箱中 30 min，取出后置于干燥箱内冷却，精确称量此干燥的$(NH_4)_2SO_4$ 4.716 g，置于 1000 mL 容量瓶内，加蒸馏水若干使其溶解，再加入 HCl（浓）1 mL（防止生霉），以蒸馏水稀释至刻度，此为储存液，每 1 mL 含 1 mg 氮。取上述标准$(NH_4)_2SO_4$储存液 1 mL，于 100 mL 容量瓶中，加 HCl（浓）0.1 mL 以双蒸水稀释至刻度，此为应用液，每 1 mL 含 0.01 mg 氮。

（4）10%酒石酸钾钠。

（5）亚硒酸消化液：取亚硒酸 0.33 g，溶于 300 mL 50% H_2SO_4 中，再加入 85% H_3PO_4 2.5 mL，混匀，储存于密闭玻璃瓶中。

（6）纳氏试剂：称取 80 g NaOH，溶于 250 mL 蒸馏水中，冷却至室温，此为溶液①；称取 35 g KI 和 50 g HgI_2，溶解于 150 mL 蒸馏水中，此为溶液②；将溶液②在搅拌下，缓慢加入到溶液①中，用水稀释定容至 500 mL。

3. 实验器材

可见分光光度计、试管、试管夹、酒精灯、旋涡混合器等。

【实验步骤】

（1）NPN 滤液制备：取胎盘球蛋白 0.1 mL 于事先加好的 3.5 mL 蒸馏水之中，再加入 0.2 mL 的 2/3 mol/L H_2SO_4，0.2 mL 10%钨酸钠，稍加放置，用干滤纸过滤即得。

（2）氮量测定，见表 7-2。

表 7-2　氮量测定

	总氮管	NPN 管	标准管	空
NPN 滤液/mL	—	0.1	—	—
胎盘球蛋白稀释液/mL	0.1	—	—	—

	总氮管	NPN 管	标准管	空
亚硒酸消化液/mL	0.1	0.1	—	
	消化至溶液由黑变澄清			
标准$(NH_4)_2SO_4$	—	—	1.0	—
蒸馏水	3.5	3.5	2.5	3.0
10%酒石酸钾钠/mL	1.0	1.0	1.0	—
纳氏试剂/mL	2.0	2.0	2.0	—

各管混匀后，于 460 nm 处比色。

$$NPN含量mg\% = \frac{样品_{OD}}{标准_{OD}} \times 0.01 \times 40 \times 100$$

$$总N含量mg\% = \frac{样品_{OD}}{标准_{OD}} \times 0.01 \times 800 \times 100$$

$$蛋白\ N\% = 总\ N\% - NPN\%$$

$$蛋白质含量 = 蛋白\ N \times 6.25$$

注：蛋白质含量应不低于 5%。

【讨论与思考】

（1）为什么说凯氏定氮法是五种经典蛋白质含量测定方法的基础？

（2）硫酸、钨酸钠、亚硒酸在实验中起什么作用？

（3）酒石酸钾钠的作用是什么？

（4）实验中最后比色时，实验管中可能会出现大量絮状混浊物质，请解释原因，提出快速解决和根本解决的方法。

二、双缩脲法

双缩脲法

【实验原理】

双缩脲（$NH_3CONHCONH_3$）是两分子脲经 180 °C 左右加热，放出一个分子氨后得到的产物。在强碱性溶液中，双缩脲与 $CuSO_4$ 形成紫色络合物，称为双缩脲反应。凡具有两个酰胺基或两个直接连接的肽键，或能过一个中间碳原子相连的肽键，这类化合物都有双缩脲反应。

紫色络合物在 540 nm 处有最大吸收，颜色深浅与蛋白质浓度成正比，而与蛋白质分子量及氨基酸成分无关，故可用来测定蛋白质含量。此法测定范围为 1~10 mg 蛋白质。干扰这一测定的物质主要有：硫酸铵、Tris 缓冲液和某些氨基酸等。

此法的优点是较快速，不同的蛋白质产生的颜色深浅相近，以及干扰物质少。主要的缺点是灵敏度差。因此双缩脲法常用于需要快速，但并不需要十分精确的蛋白质测定。

【实验试剂与器材】

1. 实验试剂

（1）标准蛋白质溶液：用标准的结晶牛血清清蛋白（Bovine serum albumin，BSA）或标准酪蛋白，配制成 10 mg/mL 的标准蛋白溶液，可用 BSA 浓度 1 mg/mL 的 A_{280} 为 0.66 来校正其纯度。如有需要，标准蛋白质还可预先用微量凯氏定氮法测定蛋白氮含量，计算出其纯度，再根据其纯度，称量配制成标准蛋白质溶液。牛血清清蛋白用 H_2O 或 0.9% NaCl 配制，酪蛋白用 0.05 mol/L NaOH 配制。

（2）双缩脲试剂：称取 1.50 g 硫酸铜（$CuSO_4 \cdot 5H_2O$）和 6.0 g 酒石酸钾钠，用 500 mL 蒸馏水溶解，在搅拌下加入 300 mL 10% NaOH 溶液，用水稀释至 1 L，储存于塑料瓶中（或内壁涂以石蜡的瓶中）。此试剂可长期保存，若储存瓶中有黑色沉淀出现，则需要重新配制。

2. 实验器材

可见分光光度计、试管、旋涡混合器等。

【实验步骤】

（1）标准曲线的测定：取 12 支试管，1 支作空白，1 支留作未知样品，其余试管分成两组做标准曲线，分别加入 0、0.2、0.4、0.6、0.8、1.0 mL 的标准蛋白质溶液，用水补足到 1.0 mL，然后加入 4.0 mL 双缩脲试剂。充分摇匀后，在室温（20 ~ 25 ℃）下放置 30 min，于 540 nm 处进行比色。用未加蛋白质溶液的第一支试管作为空白对照液。取两组测定的平均值，以蛋白质的含量为横坐标，光吸收值为纵坐标绘制标准曲线，见表 7-3。

（2）样品的测定：取 1.0 mL 样品溶液，按上述方法进行操作，取 1.0 mL 蒸馏水代替样品作为空白对照。通常样品的测定也可与标准曲线的测定放在一起，同时进行。即在标准曲线测定的各试管后面，再增加 1 支试管，如表 7-3 中的 7 号试管。注意样品浓度不要超过 10 mg/mL。

表 7-3　双缩脲法实验表格

管号	1	2	3	4	5	6	7
标准蛋白/mL	0	0.2	0.4	0.6	0.8	1.0	—
样品/mL	1.0	—	—	—	—	—	—
H_2O/mL	1.0	0.8	0.6	0.4	0.2	0	0
双缩脲试剂/mL	4.0	4.0	4.0	4.0	4.0	4.0	4.0
室温放置 30 min，于 540 nm 处比色							

【讨论与思考】

（1）双缩脲法测定蛋白质含量的基本原理是什么？

（2）影响双缩脲法测定的干扰物质有哪些？

（3）双缩脲法的优缺点有哪些？

三、Folin-酚试剂法（Lowry 法）

Folin-酚法

【实验原理】

Folin-酚试剂法是目前最灵敏的蛋白质含量测定方法之一。过去此法是应用最广泛的一种方法，由于其试剂乙的配制较为困难（现在可订购），近年来逐渐被考马斯亮蓝法所取代。此法的显色原理与双缩脲法相同，只是加入了第二种试剂，即 Folin-酚试剂，以增加显色量，从而提高了检测蛋白质的灵敏度。这两种显色反应产生深蓝色的原因是：① 在碱性条件下，蛋白质中的肽键与铜离子结合生成复合物；② Folin-酚试剂中的磷钼酸盐-磷钨酸盐被蛋白质中的酪氨酸和苯丙氨酸残基还原，产生深蓝色（钼蓝和钨蓝的混合物）。在一定的条件下，蓝色深浅与蛋白质含量成正比。

Folin-酚试剂法最早由 Lowry 确定了蛋白质浓度测定的基本步骤，此后在生物化学领域得到广泛的应用。这个测定方法的优点是灵敏度高，比双缩脲法灵敏，缺点是费时较长，需要精确控制操作时间，标准曲线也不是严格的直线形式，且专一性较差，干扰物质较多。对双缩脲反应发生干扰的离子，同样容易干扰 Lowry 反应，并且对后者的影响还要大得多。酚类、柠檬酸、硫酸铵、Tris 缓冲液、甘氨酸、糖类、甘油等均有干扰作用。浓度较低的尿素（0.5%）、硫酸钠（1%）、硝酸钠（1%）、三氯乙酸（0.5%）、乙醇（5%）、乙醚（5%）、丙酮（0.5%）等溶液对显色无影响，但这些物质浓度高时，必须作校正曲线。含硫酸铵的溶液，只需加浓碳酸钠-氢氧化钠溶液，即可显色测定。若样品酸度较高，显色后会色浅，则必须提高碳酸钠-氢氧化钠溶液的浓度 1 ~ 2 倍。

进行测定时，加 Folin-酚试剂时要特别小心，因为该试剂仅在酸性 pH 条件下稳定，但上述还原反应只在 pH 10 的情况下发生，故当 Folin-酚试剂加到碱性的铜-蛋白质溶液中时，必须立即混匀，以便在磷钼酸-磷钨酸试剂被破坏之前，还原反应即能发生。

此法也适用于酪氨酸和色氨酸的定量测定。此法可检测的最低蛋白质量达 5 μg。通常测定范围是 20 ~ 250 μg。

【实验试剂与器材】

1. 实验试剂

（1）试剂甲：① 取 10 g Na_2CO_3，2 g NaOH 和 0.25 g 酒石酸钾钠，溶解于 500 mL 蒸馏水中；② 取 0.5 g 硫酸铜（$CuSO_4 \cdot 5H_2O$）溶解于 100 mL 蒸馏水中。每次使用前，将 50 份①与 1 份②混合，即为试剂甲。

（2）试剂乙：在 2 L 磨口回流瓶中，加入 100 g 钨酸钠（$Na_2WO_4 \cdot 2H_2O$）、25 g 钼酸钠（$Na_2MoO_4 \cdot 2H_2O$）及 700 mL 蒸馏水，再加入 50 mL 85%磷酸，100 mL 浓盐酸，充分混合，接上回流管，以小火回流 10 h，回流结束时，加入 150 g 硫酸锂（Li_2SO_4），50 mL 蒸馏水及数滴液体溴，开口继续沸腾 15 min，以便驱除过量的溴。冷却后溶液呈黄色（如仍呈绿色，须再重复滴加液体溴的步骤）。稀释至 1 L，过滤，滤液置于棕色试剂瓶中保存。使用时用标准 NaOH 滴定，酚酞作指示剂，然后适当稀释，约加水 1 倍，使最终的酸浓度为 1 mol/L 左右。

（3）标准蛋白质溶液：精确称取结晶牛血清清蛋白或 γ 球蛋白，溶于蒸馏水中，浓度为

250 μg/mL 左右。牛血清清蛋白溶于水若混浊，可改用 0.9 % NaCl 溶液。

2. 实验器材

可见分光光度计、试管、旋涡混合器等。

【实验步骤】

（1）标准曲线的测定：取 16 支试管，1 支作空白，3 支留作未知样品，其余试管分成两组做标准曲线，分别加入 0、0.1、0.2、0.4、0.6、0.8、1.0 mL 标准蛋白质溶液（浓度为 250 μg/mL），用水补足到 1.0 mL，然后每支试管加入 5.0 mL 试剂甲，在旋涡混合器上迅速混合，于室温（20~25 ℃）放置 10 min。再逐管加入 0.5 mL 试剂乙（Folin-酚试剂），同样立即混匀。这一步混合速度要快，否则会使显色程度减弱。然后在室温下放置 30 min，以未加蛋白质溶液的第一支试管作为空白对照，于 650 nm 处测定各管溶液的吸光度值。取两组测定的平均值，以标准蛋白质的量为横坐标，吸光度值为纵坐标，绘制出标准曲线。

注：因 Lowry 反应的显色随时间不断加深，因此各项操作必须精确控制时间，即第 1 支试管加入 5.0 mL 试剂甲后，开始计时，1 min 后，第 2 支试管加入 5.0 mL 试剂甲，2 min 后加第 3 支试管，以此类推。全部试管加完试剂甲后若已超过 10 min，则第 1 支试管可立即加入 0.5 mL 试剂乙，1 min 后第 2 支试管加入 0.5 mL 试剂乙，2 min 后加第 3 支试管，以此类推。待最后一支试管加完试剂后，再放置 30 min，然后开始测定吸光度。每分钟测一个样品。

进行多试管操作时，为了防止出错，每位学生都必须在实验记录本上预先画好下面的表格（见表 7-4）。表中是每个试管要加入的量（mL），并按由左至右，由上至下的顺序，逐管加入。最下面两排是计算出的每管中蛋白质的量（μg）和测得的吸光度值。

（2）样品的测定：取 0.2、0.4、0.6 mL 的样品溶液，按上述方法进行操作，取 1 mL 蒸馏水代替样品作为空白对照。通常样品的测定也可与标准曲线的测定放在一起，同时进行。即在标准曲线测定的各试管后面，再增加 3 支试管，如表 7-4 中的 8、9、10 试管。

根据所测样品的吸光度值，在标准曲线上查出相应的蛋白质量，从而计算出样品溶液的蛋白质浓度。

注：由于各种蛋白质含有不同量的酪氨酸和苯丙氨酸，显色的深浅往往随不同的蛋白质而变化。因而本测定法通常只适用于测定蛋白质的相对浓度（相对于标准蛋白质）。

表 7-4　Folin-酚试剂法实验表格

管号	1	2	3	4	5	6	7	8	9	10
标准蛋白质/mL	0	0.1	0.2	0.4	0.6	0.8	1.0			
未知蛋白质/mL								0.2	0.4	0.6
蒸馏水/mL	1.0	0.9	0.8	0.6	0.4	0.2	0	0.8	0.6	0.4
试剂甲/mL	5.0	5.0	5.0	5.0	5.0	5.0	5.0	5.0	5.0	5.0
				混匀，室温放置 10 min						
试剂乙/mL	0.5	0.5	0.5	0.5	0.5	0.5	0.5	0.5	0.5	0.5
			立刻混匀，室温放置 30 min，于 650 nm 处比色							
每管蛋白质量（μg）										
吸光度值（A_{650}）										

【讨论与思考】

（1）Folin-酚法测定蛋白质含量的基本原理是什么？

（2）影响 Folin-酚法测定的干扰物质有哪些？

（3）Folin-酚法较双缩脲法的优势是什么？

四、考马斯亮蓝法（Bradford 法）

【实验原理】

考马斯亮蓝法

考马斯亮蓝法又称 Bradford 法，是 Bradford 于 1976 年建立起来的一种蛋白质含量测定方法。这种方法是根据蛋白质与染料相结合的原理设计的，具有超过其他几种方法的突出优点，因而正在得到广泛的应用。这一方法是目前灵敏度最高的蛋白质测定方法。

考马斯亮蓝 G-250 染料，在酸性溶液中与蛋白质结合，使染料的最大吸收峰位置（λmax），由 465 nm 变为 595 nm，溶液的颜色由棕黑色变为蓝色。染料主要是与蛋白质中的碱性氨基酸（特别是精氨酸）和芳香族氨基酸残基相结合。蛋白质-染料复合物在 595 nm 下测定的吸光度值 A_{595}，与蛋白质浓度成正比。

Bradford 法的突出优点是：

（1）灵敏度高：据估计比 Lowry 法约高四倍，其最低蛋白质检测量可达 1 μg。这是因为蛋白质与染料结合后产生的颜色变化很大，蛋白质-染料复合物有更高的消光系数，因此光吸收值随蛋白质浓度变化比 Lowry 法要大得多。

（2）测定快速、简便：只需要加一种试剂，完成一个样品的测定，且只需要 5 min 左右。由于染料与蛋白质结合的过程，大约只要 2 min 即可完成，其颜色可以在 1 h 内保持稳定，且在 5 min 至 20 min 之间的稳定性最好，因此完全不用像 Lowry 法那样费时和严格地控制时间。

（3）干扰物质少：如干扰 Lowry 法的 K^+、Na^+、Mg^{2+}、Tris 缓冲液、糖和蔗糖、甘油、巯基乙醇、EDTA 等均不干扰此测定法。

Bradford 法的缺点是：

（1）由于各种蛋白质中的精氨酸和芳香族氨基酸的含量不同，因此 Bradford 法用于不同蛋白质测定时有较大的偏差，在制作标准曲线时通常选用γ-球蛋白为标准蛋白质，以减少这方面的偏差。

（2）仍有一些物质干扰此法的测定，主要的干扰物质有：去污剂、Triton X-100、SDS 和 0.1 mol/L NaOH（如同 0.1 mol/L 的酸干扰 Lowry 法一样）。

（3）标准曲线有轻微的非线性，因此不能用 Beer 定律进行计算，只能用标准曲线来测定未知蛋白质的浓度。

【实验试剂与器材】

1. 实验试剂

（1）标准蛋白质溶液：精确称取γ-球蛋白或 BSA，以蒸馏水配制成 1.0 mg/mL 或 0.1 mg/mL 的标准蛋白质溶液。

（2）考马斯亮蓝 G-250：称取 100 mg 考马斯亮蓝 G-250，溶于 50 mL 95%乙醇后，再加入 120 mL 85%磷酸，用水稀释至 1 L 后过滤使用。

2. 实验器材

可见分光光度计、试管、旋涡混合器等。

【实验步骤】

1. 标准方法

（1）标准曲线的测定：取 16 支试管，1 支作空白，3 支留作未知样品，其余试管分为两组做标准曲线，按表 7-5 分别加入 0、0.01、0.02、0.04、0.06、0.08、0.10 mL 的标准蛋白质溶液（浓度为 1.0 mg/mL），用蒸馏水补足到 0.10 mL，然后各试管中分别加入 5.0 mL 考马斯亮蓝 G-250 试剂，每加完一管，立即在旋涡混合器上混合（注意不要太剧烈，以免产生大量气泡而难以消除）。加完试剂 2～5 min 后，以未加蛋白质溶液的第一支试管作为空白对照，测定各管中溶液在 595 nm 处的光吸收值 A_{595}。取两组测定的平均值，以标准蛋白质量（μg）为横坐标，吸光度值为纵坐标，绘制出标准曲线。

注：不可使用石英比色皿（因不易洗去染色），可用塑料或玻璃比色皿，使用后立即用少量 95%的乙醇荡洗，以洗去染色。塑料比色皿决不可用乙醇或丙酮长时间浸泡。

（2）样品的测定：分别取 0.02、0.04、0.06 mL 样品溶液（浓度约为 1.0 mg/mL），按上述方法进行操作，取 0.10 mL 蒸馏水代替样品作为空白对照。通常样品的测定也可与标准曲线的测定放在一起，同时进行。即在标准曲线测定的各试管后面，再增加 3 支试管，如表 7-5 中的 8、9、10 试管。

根据所测样品的吸光度值，在标准曲线上查出相应的蛋白质含量，从而计算出样品溶液的蛋白质浓度。

0.5 mg/mL 牛血清蛋白溶液的 A_{595} 约为 0.50。

表 7-5　考马斯亮蓝法实验表格

管号	1	2	3	4	5	6	7	8	9	10
标准蛋白质/mL	0	0.01	0.02	0.04	0.06	0.08	0.10			
未知蛋白质/mL								0.02	0.04	0.06
蒸馏水/mL	0.10	0.09	0.08	0.06	0.04	0.02	0	0.08	0.06	0.04
考马斯亮蓝 G-250 试剂/mL	5.0	5.0	5.0	5.0	5.0	5.0	5.0	5.0	5.0	5.0
每管蛋白质量/μg										
光吸收值 A_{595}										

2. 微量法

当样品中蛋白质浓度较稀时（10～100 μg/mL），可将取样量（包括补加的水）加大到 0.5 mL

或 1.0 mL，空白对照则分别为 0.5 mL 或 1.0 mL H_2O，考马斯亮蓝 G-250 试剂仍加 5.0 mL，同时作相应的标准曲线，测定 595 nm 的光吸收值。

0.05 mg/mL 牛血清蛋白溶液的 A_{595} 约为 0.29。

【讨论与思考】

（1）考马斯亮蓝法测定蛋白质含量的基本原理是什么？
（2）影响考马斯亮蓝法测定的干扰物质有哪些？
（3）为什么加入考马斯亮蓝后混匀时要避免气泡的产生？

五、紫外吸收法

【实验原理】

紫外吸收法视频

蛋白质分子中的酪氨酸、苯丙氨酸和色氨酸在 280 nm 处有最大光吸收，且各种蛋白质的这三种氨基酸含量差别不大，因此测定蛋白质溶液在 280 nm 处的吸光度值是最常用的紫外吸收法。此外，蛋白质溶液在 238 nm 的光吸收值与肽键含量成正比。在一定波长下，蛋白质溶液的光吸收值与蛋白质浓度的正比关系，可以进行蛋白质含量的测定。

紫外吸收法简便、灵敏、快速，不消耗样品，测定后仍能回收使用。低浓度盐，例如生化制备中常用$(NH_4)_2SO_4$等和大多数缓冲液不干扰测定。此法特别适用于柱层析洗脱液的快速连续检测，因为此时只需测定蛋白质浓度的变化，而不需知道其绝对值。

此法的缺点是测定蛋白质含量的准确度较差，干扰物质多，在用标准曲线法测定蛋白质含量时，对那些与标准蛋白质中酪氨酸和色氨酸含量差异大的蛋白质，有一定的误差。故该法适于用测定与标准蛋白质氨基酸组成相似的蛋白质。若样品中含有嘌呤、嘧啶及核酸等吸收紫外光的物质，会出现较大的干扰。核酸的干扰可以通过查校正表，再进行计算的方法，加以适当的校正。但是因为不同的蛋白质和核酸的紫外吸收是不相同的，虽然经过校正，测定的结果还是存在一定的误差。

此外，进行紫外吸收法测定时，由于蛋白质吸收高峰常因 pH 的改变而变化，因此要注意溶液的 pH，测定样品时的 pH 要与测定标准曲线的 pH 相一致。

测定时，将待测蛋白质溶液倒入石英比色皿中，用配制蛋白质溶液的溶剂（水或缓冲液）作空白对照，在紫外分光度计上直接读取 280 nm 处的吸光度值 A_{280}。蛋白质浓度可控制在 0.1 ~ 1.0 mg/mL。通常用 1 cm 光径的标准石英比色皿进行比色，当盛有浓度为 1 mg/mL 的蛋白质溶液时，A_{280} 为 1.0 左右，由此可立即计算出蛋白质的大致浓度。

许多蛋白质在一定浓度和一定波长下的光吸收值（A1% 1cm）有文献数据可查，根据此光吸收值可以较准确地计算蛋白质浓度。下式列出了蛋白质浓度与 A1% 1cm 值（即蛋白质溶液浓度为 1%，光径为 1 cm 时的光吸收值）的关系。文献值 A1% 1cm，通常称为百分吸收系数或比吸收系数。

蛋白质浓度=(A_{280}×10)/ A1% 1cm 280nm（mg/mL）（1%浓度≈10 mg/mL）

例如，牛血清清蛋白：A1% 1cm =6.3（280 nm）

溶菌酶：A1% 1cm =22.8（280 nm）

若查不到待测蛋白质的 A1% 1cm 值，则可选用一种与待测蛋白质的酪氨酸和色氨酸含量相近的蛋白质作为标准蛋白质，用标准曲线法进行测定。标准蛋白质溶液配制的浓度为 1.0 mg/mL。常用的标准蛋白质为牛血清清蛋白（BSA）。

【实验试剂与器材】

1. 实验试剂

标准蛋白质溶液：精确称取牛血清清蛋白（BSA），配制成 1.0 mg/mL 的标准蛋白质溶液。

2. 实验器材

紫外-可见分光光度计、石英比色皿、试管等。

【实验步骤】

标准曲线的测定，见表 7-6。

表 7-6　紫外法标准曲线的测定

管 号	1	2	3	4	5	6
BSA / mL	0	1.0	2.0	3.0	4.0	5.0
H_2O / mL	5.0	4.0	3.0	2.0	1.0	0
A_{280}						

用 1 号管作为空白对照，各管溶液混匀后在紫外分光光度计上测定吸光度 A_{280}，以 A_{280} 为纵坐标，各管的蛋白质浓度（mg/mL）或蛋白质量（mg）为横坐标作图，标准曲线应为直线。利用此标准曲线，根据测出的未知样品的 A_{280} 值，即可查出未知样品的蛋白质含量，也可以用 2～6 号管 A_{280} 值与相应的试管中的蛋白质浓度计算出该蛋白质的 A1% 1cm，280 nm。

【讨论与思考】

（1）紫外法测定蛋白质含量的基本原理是什么？
（2）影响紫外法测定的干扰物质有哪些？

实验 7-3　蛋白质化学定性实验

一、蛋白质的两性反应和等电点的简易测定

【实验目的】

（1）掌握蛋白质两性反应和等电点测定的基本原理。
（2）熟悉蛋白质等电点测定的具体操作方法（沉淀法）。
（3）了解其他蛋白质等电点测定方法。

蛋白质的等电点测定与沉淀反应

【实验原理】

蛋白质由许多氨基酸组成，虽然绝大多数的氨基与羧基成肽键结合，但仍有一定数量自由的氨基与羧基，以及酚基、巯基、胍基、咪唑基等酸碱基团，因此蛋白质是两性电解质。调节溶液的酸碱度使之达到一定的氢离子浓度时，蛋白质分子所带的正电荷和负电荷相等，以兼性离子状态存在，在电场内该蛋白质分子既不向阴极移动也不向阳极移动，这时溶液的 pH 称为该蛋白质的等电点（pI）。当溶液的 pH 低于蛋白质等电点时，即在 H^+ 较多的条件下，蛋白质分子带正电荷成为阳离子；当溶液的 pH 大于蛋白质等电点时，即在 OH^- 较多的条件下，蛋白质分子带负电荷成为阴离子。

大多数蛋白质的等电点多接近 pH 7.0，略偏酸性等电点的也很多，如酪蛋白等电点为 pH 4.55 ~ 4.7，卵蛋白的等电点为 pH 4.0，血红蛋白的等电点为 pH 6.79 ~ 6.83；也有偏碱性的，如鱼精蛋白的等电点为 pH 12.0 ~ 12.4。在等电点时，蛋白质溶解度最小，易沉淀析出。

本实验以酪蛋白为例，观察蛋白质的两性反应和等电点的测定。

【实验试剂与器材】

1. 试　剂

（1）酪蛋白-0.1 mol/L 醋酸钠溶液：称取纯酪蛋白 0.25 g，置于 50 mL 容量瓶内，加蒸馏水 20 mL 及 1.0 mol/L NaOH 液 5 mL（必须准确），摇荡使酪蛋白溶解，然后加 1.0 mol/L 醋酸钠 5 mL（必须准确），最后稀释到刻度，混匀之。

（2）1.0 mol/L 醋酸溶液：取冰醋酸 5.72 mL，加蒸馏水至 100 mL。用标准 NaOH 液标定之。

（3）0.10 mol/L 醋酸溶液。

（4）0.01 mol/L 醋酸溶液。

【实验步骤】

酪蛋白等电点的简易测定：

取 5 支粗细相近的干燥试管，编号后按表 7-7 的顺序准确地加入各种试剂，加入每种试剂后应混合均匀。静置约 20 min，观察每支试管内溶液的混浊度和沉淀，以 0、+、++、+++符号表示之。根据观察结果，指出哪一个 pH 是酪蛋白的等电点。

表 7-7　酪蛋白等电点的简易测定

管号	1	2	3	4	5
蒸馏水/mL	—	3.2	3.0	1.5	3.38
1.0 mol/L 醋酸溶液/mL	4.0	0.8	—	—	—
0.10 mol/L 醋酸溶液/mL	—	—	1.0	—	—
0.01 mol/L 醋酸溶液/mL	—	—	—	2.5	0.62
酪蛋白-醋酸钠溶液/mL	1.0	1.0	1.0	1.0	1.0
溶液的最终 pH	3.1	3.8	4.7	5.3	5.9

注：各管缓冲液的 pH 按亨德森-哈塞尔巴赫（Henderson-Hassclbach）方程式计算。

pH=pK+log[盐]/[酸]。例如，在第2管内，醋酸钠液与醋酸液的浓度之比是1∶8。因醋酸的 pK 4.7，故此管溶液 pH=4.7+log1/8=4.7-0.9=3.8。

【讨论与思考】

（1）什么是蛋白质的等电点？
（2）在等电点时，蛋白质溶液为什么容易发生沉淀？

二、蛋白质的沉淀反应

【实验目的】

（1）掌握各种蛋白质沉淀反应的基本原理。
（2）熟悉各种蛋白质沉淀反应的具体操作方法。
（3）了解各种蛋白质沉淀反应在科学研究及实际生活中的应用。

【实验原理】

在水溶液中蛋白质分子的表面由于形成水化层和双电层，而成为稳定的胶体颗粒。这种稳定性是有条件的、相对的。在一定的物理化学因素影响下，蛋白质颗粒失去电荷、脱水，即以固态的形式从溶液中析出，这种作用称为蛋白质的沉淀反应。多种因素可使蛋白质沉淀。

1. 蛋白质的盐析作用

用大量中性盐使蛋白质从溶液中析出的过程为蛋白质的盐析作用。球状蛋白质是胶体，在高浓度中性盐影响下，蛋白质被盐脱去水化层，同时，蛋白质分子所带的电荷被中和，结果蛋白质的胶体稳定性遭到破坏而沉淀析出。沉淀出的蛋白质仍保持其天然蛋白质性质，因此，若减低盐的浓度时，还能溶解。

沉淀不同的蛋白质所需中性盐的浓度不同，而盐类不同也有差异。所以，在不同条件下，采用不同浓度的盐类可将各种蛋白从混合溶液中分别沉淀析出，该法称为蛋白质的分级盐析。这种方法在蛋白质和酶的分析和制备过程中得到广泛应用。

2. 有机溶剂沉淀蛋白质

如酒精含有亲水基团（—OH 基），能夺去蛋白质分子的水化层，在等电点时，加入酒精可使蛋白质沉淀析出。沉淀不同的蛋白质所需酒精的浓度不同。在低温下用酒精短时间作用于蛋白质，可用于蛋白质制备。

3. 重金属离子与生物碱试剂沉淀蛋白质

重金属离子在碱性溶液中（对蛋白质的等电点而言）易与蛋白质形成不溶性的盐类而沉淀。重金属离子沉淀蛋白质的反应通常很完全。因此，生化分析中常用重金属盐除去液体中的蛋白质，临床上则用蛋白质解救重金属盐中毒。

生物碱是植物中具有显著生理作用的一类含氮的碱性物质。凡能使生物碱沉淀，或能与生物碱作用成颜色产物的物质，称为生物碱试剂，如鞣酸、苦味酸、磷钨酸等。生物碱试剂在酸性溶液中（对蛋白质的等电点而言）易与蛋白质结合形成沉淀析出。

【实验试剂与器材】

1. 实验试剂

（1）1%蛋白溶液：取鸡蛋，分离出蛋黄，将蛋清置于乳钵中研磨后，加蒸馏水约9倍，用棉花过滤，取滤液备用。此滤液中含卵清蛋白。

（2）0.1 mol/L HCl 溶液。

（3）0.1 mol/L NaOH 溶液。

（4）pH 4.8 醋酸缓冲液：取 0.2 mol/L 醋酸溶液 40 mL 加 0.2 mol/L 醋酸钠溶液 60 mL，混合后即成。

（5）固体硫酸铵。

（6）95%酒精。

（7）0.5% $CuSO_4$ 溶液。

（8）饱和苦味酸溶液。

2. 实验器材

试管及试管架、刻度吸管（5 mL）、烧杯（50 mL）、玻璃漏斗、玻璃棒、滤纸、恒温水浴锅等。

【实验步骤】

1. 蛋白质的盐析作用

取 1%蛋白溶液 5 mL 于小烧杯中，加入固体硫酸铵约 3.5 g，用玻璃棒搅拌片刻，静置 10 min. 将上述溶液过滤于试管中。若滤液混浊，在原来滤纸上再过滤一次，直至滤液澄清为止。将滤液置于沸水浴中煮沸，观察有无变化。将滤纸上的沉淀物移于另一试管，加蒸馏水 5 mL，看能否溶解，然后加热煮沸，观察有无变化。

2. 乙醇沉淀蛋白质

（1）取试管 2 支，编号，加入 1%蛋白溶液 10 滴。

（2）于甲号管加 pH 4.8 缓冲液 10 滴，再加 95%酒精 3 mL，观察有无沉淀发生，并解释原因。

（3）于乙号管加 0.1 mol/L 的 NaOH 液 10 滴，再加 95%酒精 3 mL，观察有无沉淀发生，并解释原因。

（4）然后于乙号管再加 0.1 mol/L HCl 液 10 滴，观察有无沉淀发生，并解释原因。

3. 重金属离子与生物碱试剂沉淀蛋白质

（1）取试管 2 支，各加 1%蛋白溶液 10 滴，然后按如下操作：

甲管：加入 0.1 mol/L NaOH 溶液 4 滴，再加 0.5% $CuSO_4$ 溶液 4 滴。

乙管：加入 0.1 mol/L HCl 溶液 4 滴，再加 0.5% $CuSO_4$ 溶液 4 滴。

记录现象并解释之。

注：在碱性条件下，Cu^{2+}虽可生成 $Cu(OH)_2$ 蓝色絮状沉淀，但因 Cu^{2+} 含量低，并不干扰本实验中对重金属沉淀蛋白质的现象观察。

（2）取试管 2 支，各加 1%蛋白溶液 10 滴，然后按如下操作：

甲管：加入 0.1 mol/L HCl 溶液 4 滴，再加饱和苦味酸溶液 4 滴。

乙管：加入 0.1 mol/L NaOH 溶液 10 滴，再加饱和苦味酸溶液 4 滴。

记录现象并解释之。

【讨论与思考】

（1）什么是蛋白质的沉淀反应？哪些因素可以导致蛋白质沉淀？

（2）蛋白质可逆沉淀和不可逆沉淀有什么区别。

（3）盐析法沉淀蛋白质的原理和优缺点分别是什么？

三、蛋白质的热变性

【实验目的】

（1）掌握蛋白质变性的基本原理。

（2）熟悉蛋白质热变性的具体操作方法。

（3）了解蛋白质变性在科学研究及实际生活中的应用。

【实验原理】

蛋白质分子在受到一定物理因素，如热、紫外线、超声波、高压、表面张力、剧烈的震荡、搅拌、研磨等；或化学因素，如酸、碱、有机溶剂、重金属盐类、脲、胍、表面活性剂（如十二烷基硫酸钠等）作用时，导致失活。这一类失活还伴随着其他现象的出现，如蛋白质溶解度降低、一些物化常数的变化等，这些变化都不导致一级结构的破坏，这种现象称为蛋白质的变性。因此，变性作用就是蛋白质在一定的条件处理时，肽键未断裂，特定构象改变，失去生物活力的过程。

蛋白质在 50～60 ℃ 以上的溶液中，经过一定时间，往往发生变性。由于加热而产生的蛋白质变性，叫热变性。热变性有可逆与不可逆之分，但是，多数是不可逆的。热变性是由于热的作用，多肽链的运动加强，导致次级键的破坏，蛋白质分子由紧密有序的构象，变成了松散无规律的构象。此时蛋白质分子中某些疏水基团（如烃基）趋向表面，失去水化层，蛋白质的溶解度降低。若在等电点情况下，则蛋白质从溶液中成凝块析出，称为凝固作用。若变性作用在非等电点情况下进行，其性质虽发生改变，但由于带有同种电荷（正电荷或负电荷）故不至于沉淀析出，若此时调节溶液 pH 到蛋白质等电点，可成絮状沉淀，絮状沉淀在溶液的 pH 调离等电点时又可消失，絮状沉淀经加热可成凝块析出。

【实验试剂与器材】

1. 试　剂

（1）1%蛋白溶液。

（2）pH 4.8 缓冲液。

（3）0.1 mol/L HCl 溶液。

（4）0.1 mol/L NaOH 溶液。

2. 器　材

试管及试管架。

【实验步骤】

（1）取试管 3 支，编号，分别加入下列试剂：

① 加入 1%蛋白液 10 滴，再加 pH 4.8 缓冲液 10 滴。

② 加入 1%蛋白液 10 滴，加蒸馏水 6 滴，再加 0.1 mol/L HCl 液 4 滴。

③ 加入 1%蛋白液 10 滴，加蒸馏水 6 滴，再加 0.1 mol/L NaOH 液 4 滴。

（2）将以上 3 管放于沸水浴 2 min，观察各管有何现象发生，并解释其原因。

（3）取出上述 3 管，冷却后，向①管加入 0.1 mol/L HCl 液（或 0.1 mol/L NaOH 液）4 滴，观察有何现象发生，并说明原因。

（4）向②管逐滴加入 0.1 mol/L NaOH 液（约 4 滴），向③管逐滴加入 0.1 mol/L HCL 液（约 4 滴），观察沉淀的生成。

【讨论与思考】

（1）什么是蛋白质的变性？哪些因素可以导致蛋白质变性？

（2）蛋白质变性和蛋白质沉淀有什么区别？

实验 7-4　血清蛋白醋酸纤维素薄膜电泳

【实验目的】

（1）掌握蛋白质电泳技术的基本原理及血清蛋白醋酸纤维素薄膜电泳的基本方法。

（2）熟悉醋酸纤维薄膜电泳的基本操作。

（3）了解血浆蛋白电泳的临床意义。

血清蛋白醋酸
纤维薄膜电泳

【实验原理】

带电粒子在电场中向着与其电性相反的电极方向泳动的现象称为电泳。由于各种蛋白质都有特定的等电点，如将蛋白质置于 pH 低于其等电点的溶液中，则蛋白质将带正电荷而向负极移动。反之，则向正极移动。因为蛋白质分子在电场中移动的速度与其带电量、分子形状及大小有关，所以，可用电泳法将不同的蛋白质分离开来。血清中各种蛋白质的等电点在 pH 4.0 ~ 7.3，在 pH 8.6 的缓冲溶液中均带负电荷，在电场中向正极泳动。血清中各种蛋白质的等电点不同，所以带电荷量也不同。此外各种蛋白质的分子大小各有差异，因此在同一电场中泳动的速度不同。分子小而带电荷多者，泳动较快；反之，则较慢。

采用醋酸纤维素薄膜为支持物的电泳方法，称为醋酸纤维素薄膜电泳。该膜具有均一的泡沫状结构（厚约 120 μm），渗透性强，对分子移动的阻力很弱。用其作支持物进行电泳，具有微量、快速、简便、分离清晰、对样品无吸附现象等优点。现已广泛用于血清蛋白、糖蛋白、脂蛋白、血红蛋白、酶的分离和免疫电泳等方面。

经醋酸纤维素薄膜电泳可将血清蛋白按电泳速度分为 5 条区带，从正极端依次为清蛋白、α_1 球蛋白、α_2 球蛋白、β 球蛋白及 γ 球蛋白，经染色可计算出各蛋白质的百分含量。

血清蛋白质的等电点和分子量见表 7-8。

表 7-8 血清蛋白质的等电点和分子量

蛋白质名称	等电点（pI）	分子量（Da）
清蛋白	4.88	69 000
α_1 球蛋白	5.00	200 000
α_2 球蛋白	5.06	300 000
β 球蛋白	5.12	9 000 ~ 150 000
γ 球蛋白	6.85 ~ 7.50	156 000 ~ 300 000

【实验试剂与器材】

1. 实验试剂

（1）巴比妥-巴比妥钠缓冲液（pH 8.6，0.07 mol/L，离子强度 0.06）：称取 1.66 g 巴比妥和 12.76 g 巴比妥钠，置于三角烧瓶中，加蒸馏水约 600 mL，稍加热溶解，冷却后用蒸馏水定容至 1 000 mL。置 4 ℃ 保存，备用。

（2）0.5% 氨基黑 10B 染色液：称取 0.5 g 氨基黑 10B，加蒸馏水 40 mL，甲醇 50 mL，冰乙酸 10 mL，混匀溶解后置具塞试剂瓶内储存。

（3）漂洗液：取 95%乙醇 45 mL，冰乙酸 5 mL 和蒸馏水 50 mL，混匀置具塞试剂瓶内储存。

（4）健康人血清。

2. 实验器材

（1）电泳仪：为电泳提供直流电源。

（2）电泳槽：为电泳提供场所。多用有机玻璃制成，电极用铂丝。

（3）醋酸纤维素薄膜：2 cm×8 cm。

（4）其他：培养皿（直径 9 ~ 10 cm）、滤纸、盖玻片、镊子等。

【实验步骤】

1. 醋酸纤维素薄膜的润湿与选择

将醋酸纤维薄膜迎着光辨别粗糙面与光滑面，在粗糙面距短边一端 1.5 cm 处用铅笔轻轻画一条点样线。将薄膜粗糙面朝下放入缓冲液中浸泡约 20 min，整条薄膜颜色一致且无白色斑点，方可用于点样。

2．点　样

用镊子取出浸透的薄膜，夹在两层粗滤纸内吸去多余的缓冲液，然后平铺于滤纸上（粗糙面朝上）。用盖玻片一侧蘸上血清样品（连续、均匀、适量），将此边缘按压在点样线上，样品应点在薄膜的粗糙面一侧。待血清完全渗入薄膜后即可进行电泳，如图7-11所示。

图7-11　醋酸纤维素薄膜规格及点样位置示意图（虚线处为点样位置）

3．制作滤纸桥

在电极槽中，倒入电极缓冲液（巴比妥-巴比妥钠缓冲液，pH 8.6）。在电泳槽的两个膜支架上各放两层滤纸条，使滤纸一端的长边与支架前沿对齐，另一端浸入电极缓冲液内。当滤纸条全部润湿后，用玻璃棒轻轻挤压在膜支架上的滤纸以驱逐气泡，使滤纸的一端能紧贴在膜支架上。滤纸条是两个电极槽联系醋酸纤维素薄膜的桥梁，故称为滤纸桥，如图7-12所示。

4．电　泳

将点样端的薄膜平贴在阴极电泳槽支架的滤纸桥上（点样面朝下），另一端平贴在阳极端支架上，如图7-12所示。要求薄膜紧贴滤纸桥并绷直，中间不能下垂。连接好电泳仪，在室温下电泳，打开电源开关，调节电流强度0.3 mA/cm 膜宽度（24片薄膜则为14.4 mA）。通电5 min后，调节电流强度0.5 mA/cm 膜宽度（24片薄膜则为24 mA），电泳时间50 min。电泳后，调节旋钮使电流为零，关闭电泳仪切断电源。

图7-12　醋酸纤维薄膜电泳装置示意图

5．染色与漂洗

电泳完毕后将薄膜取下，放在染色液中浸泡 5 min。将薄膜从染色液中取出，用水冲洗后，移至漂洗液中漂洗，直至可清晰分辨出5条色带，如图7-13所示。

6．记录和分析实验结果

漂洗完毕后将薄膜取出，放在滤纸上。将薄膜上的5条色带根据其颜色深浅、形状、大小及相对位置进行描述和记录，并判断分析其结果。

（+）　　　清蛋白　　α_1-　　α_2-　　$\beta-$　　$\gamma-$　　原点　　（−）
球蛋白　　球蛋白　　球蛋白　　球蛋白

图 7-13　血清蛋白醋酸纤维素薄膜电泳图谱示意图

【注意事项】

（1）薄膜的浸润与选膜是电泳成败的关键之一。

（2）点样时，应将薄膜表面多余的缓冲液用滤纸吸去，吸水量以不干不湿为宜。

（3）点样时动作要轻，用力不能太大，以免损坏膜片或印出凹陷影响电泳区带分离效果。

（4）点样应点在薄膜的粗糙面上，点样量要适量，不宜过多或过少。

（5）电泳时应将薄膜的点样端置于电泳槽的负极端，且点样面向下。

（6）染色时需注意时间的控制。时间长，薄膜底色不易脱去；时间太短，着色不易区分，或造成条带染色不均匀，必要时可进行复染。

【讨论与思考】

（1）电泳时为什么要将点样的一端靠近负极端？根据人血清中各蛋白组分的性质，如何估计它们在 pH 8.6 的巴比妥-巴比妥钠电泳缓冲液中的相对迁移速度？

（2）简述醋酸纤维素薄膜电泳的原理和优点。

实验 7-5　SDS-聚丙烯酰胺凝胶电泳

【实验目的】

（1）掌握蛋白质 SDS-聚丙烯酰胺凝胶电泳的基本原理。

（2）熟悉蛋白质 SDS-聚丙烯酰胺凝胶电泳的操作方法。

（3）了解 SDS-聚丙烯酰胺凝胶电泳的应用范围。

【实验原理】

SDS-PAGE

十二烷基硫酸钠-聚丙烯酰胺凝胶电泳（Sodium dodecyl sulphate-polyacrylamide gel electrophoresis，SDS-PAGE）是由丙烯酰胺和交联剂 N，N′-甲叉双丙烯酰胺在催化剂（过硫酸铵）和增速剂（四甲基乙二胺）的作用下聚合而成的。聚丙烯酰胺凝胶为网状结构，具有分子筛效应，因此可以达到分离样品中不同分子量蛋白质的目的。

SDS 是一种阴离子去污剂，加入到电泳系统中能使蛋白质的氢键和疏水键打开，并与蛋白质结合，使各种蛋白质-SDS 复合物都带上相同密度的负电荷，其数量远远超过了蛋白质分子原有的电荷量，从而掩盖了不同种类蛋白质间原有的电荷差别而起到消除各蛋白质分子之间自身的电荷差异的作用。还原剂二硫苏糖醇（Dithiothreitol，DTT）或巯基乙醇能使半胱氨酸残基之间的二硫键断裂。因此，在样本中加入 SDS 和还原剂后，蛋白质分子将被解聚为多肽链，解聚后的氨基酸侧链与 SDS 结合形成蛋白质-SDS 胶束，这样就消除了不同蛋白分子间的结构差异。因此，当这种蛋白质-SDS 胶束在进行 SDS-聚丙烯酰胺凝胶电泳时，迁移率不再受蛋白质分子原有电荷和构型的影响，而主要取决于蛋白质分子量的大小。

【实验试剂与器材】

1. 试 剂

（1）制胶试剂：30%丙烯酰胺溶液，1.5 mol/L Tris（pH 8.8），1.0 mol/L Tris（pH 6.8），10% SDS，10%过硫酸铵，N,N,N′,N′-四甲基二乙胺（N,N,N′,N′-Tetramethylethylenediamine，TEMED）。

（2）5×SDS 样品缓冲液：250 mmol/L Tris-HCl，10%（*W/V*）SDS，50%甘油，500 mmol/L DTT，0.5%（*W/V*）溴酚蓝。

（3）1×电泳缓冲液：25 mmol/L Tris-base，0.25 mol/L 甘氨酸，0.1%（*W/V*）SDS。

（4）考马斯亮蓝染色液：0.5%（*W/V*）考马斯亮蓝 R250，40%甲醇，10%乙酸。

（5）脱色液：30%甲醇，10%乙酸。

2. 器 材

微型凝胶电泳装置、电泳电源、Eppendorf管、微量注射器、带盖塑料染色盒、摇床等。

【实验步骤】

1. 分离胶的制备

按说明书组装好凝胶模具，根据实验需求按照表 7-9 将配制分离胶所需溶液混合均匀。将分离胶溶液缓慢加入制胶模具中，避免气泡产生。凝胶液加至约距后玻璃板顶端 1.5～2 cm 处，然后在分离胶溶液上缓慢加入异丙醇或者蒸馏水封胶。当分离胶与封胶液之间出现一个清晰的界面，表明凝胶已聚合。

表 7-9 配制 SDS-PAGE 聚丙烯酰胺凝胶电泳分离胶（以 12%分离胶为例）

溶液成分	不同体积（mL）凝胶液中各成分所需体积（mL）							
	5	10	15	20	25	30	40	50
水	1.6	3.3	4.9	6.6	8.2	9.9	13.2	16.5
30%丙烯酰胺溶液	2.0	4.0	6.0	8.0	10	12.0	16.0	20.0
1.5 mol/L Tris（pH 8.8）	1.3	2.5	3.8	5.0	6.3	7.5	10.0	12.5
10% SDS	0.05	0.1	0.15	0.2	0.25	0.3	0.4	0.5
10%过硫酸铵	0.05	0.1	0.15	0.2	0.25	0.3	0.4	0.5
TEMED	0.002	0.004	0.006	0.008	0.01	0.012	0.016	0.02

2. 浓缩胶的制备

倒出封闭液并用滤纸擦干，根据实验需求按照表 7-10 将配制浓缩胶所需溶液混合均匀，将溶液加至分离胶上面，液面至前玻璃板顶端，在两块玻璃板之间插入点样梳子，避免气泡生成。待浓缩胶凝固后，拔出上样梳子。

表 7-10　配制 SDS-PAGE 聚丙烯酰胺凝胶电泳浓缩胶（以 5%浓缩胶为例）

溶液成分	不同体积（mL）凝胶液中各成分所需体积（mL）							
	1	2	3	4	5	6	8	10
水	0.68	1.4	2.1	2.7	3.4	4.1	5.5	6.8
30%丙烯酰胺溶液	0.17	0.33	0.5	0.67	0.83	1.0	1.3	1.7
1.0 mol/L Tris（pH 6.8）	0.13	0.25	0.38	0.5	0.63	0.75	1.0	1.25
10% SDS	0.01	0.02	0.03	0.04	0.05	0.06	0.08	0.1
10%过硫酸铵	0.01	0.02	0.03	0.04	0.05	0.06	0.08	0.1
TEMED	0.001	0.002	0.003	0.004	0.005	0.006	0.008	0.01

3. 制样、点样、电泳

将蛋白质样品与 5× SDS 样品缓冲液混合后沸水浴 5~10 min，使蛋白质充分变性。安装电泳槽并加入电泳缓冲液，用点样器或者微量移液器将样品缓慢加入凝胶梳孔中。调节电压至 80 V，当样品前沿进入分离胶后，再调节电压至 120 V，恒压电泳直至溴酚蓝到达分离胶底部，结束电泳，关闭电源。用剥胶板将两块玻璃板撬开，小心剥除凝胶。

4. 染色与脱色

将凝胶放入考马斯亮蓝 R250 染色液中，染色过夜。脱色时可根据情况更换脱色液，直至背景无色。

【注意事项】

（1）分离胶凝固所需时间与温度有关，确保分离胶凝固好以后再进行浓缩胶的配置。

（2）用微量移液器点样时，枪头垂直对准孔的中间，移开枪头时防止倒吸，上样量要适中，避免样品溢出样孔。

（3）未聚合的丙烯酰胺、双丙烯酰胺具有很强的神经毒性并容易吸附于皮肤，操作时应避免沾在脸、手等皮肤上，并佩戴手套操作。

（4）10%过硫酸铵必须现用现配，4℃储存一般不超过 7 天。

【讨论与思考】

（1）SDS-聚丙烯酰胺凝胶电泳结果出现了"拖尾"现象，试分析可能的原因。

（2）简述 SDS-聚丙烯酰胺凝胶电泳的优缺点。

【小结】

蛋白质分子是由氨基酸组成的，其理化性质必然有一部分与氨基酸相同或相关，如两性解离及等电点、紫外吸收及呈色反应等。蛋白质分子除两端的氨基和羧基可解离外，侧链中某些基团在一定的溶液 pH 条件下也可解离成为带正或负电荷的基团。当蛋白质溶液处于某一

pH 时，蛋白质解离成正、负离子的趋势相等，即成为兼性离子，净电荷为零，此时溶液的 pH 称为蛋白质的等电点。蛋白质溶液的 pH 大于等电点时，该蛋白质颗粒带负电荷，反之带正电荷。蛋白质又是由氨基酸借肽键构成的高分子化合物，而具有不同于氨基酸的性质，如胶体性质、易沉降、不易透过半透膜、变性、沉淀、凝固等。它可以吸引水分子在其表面形成水化膜。另外，蛋白质胶体颗粒表面可带有电荷，这两种因素对蛋白质胶体颗粒的稳定、防止沉淀起重要作用。在某些物理和化学因素作用下，蛋白质的空间结构被破坏，从而导致其理化性质的改变和生物活性的丧失，称为蛋白质的变性。变性后，疏水侧链暴露，肽链缠绕而聚集，使蛋白质从溶液中析出，称为蛋白质沉淀。变性的蛋白质易于沉淀，而沉淀的蛋白质并非全部变性。若变性因素去除后，有些蛋白质还能恢复其原有的构象和功能，则称为复性。若变性后不能复原者称为不可逆变性。

蛋白质在 280 nm 波长处有特征吸收峰，常用于色谱监测和定量测定。为了分析单个蛋白质的结构或功能，势必先要分离纯化蛋白质，常用的方法和技术有以下几种：盐析是指在蛋白质溶液中加入中性盐破坏蛋白质胶体颗粒的水化层，中和了蛋白质所带电荷，使蛋白质失去这两种因素而沉淀；电泳是通过蛋白质在电场中泳动速度不同而达到分离的技术；超速离心是在强大离心力场作用下，依据蛋白质的沉降系数、质量和形状不同而达到分离、提纯和分析的技术；透析是利用透析袋将大分子蛋白质与小分子化合物分开的方法；层析是根据蛋白质的带电性、分子大小、特异性配体、疏水性等不同特点，与不同的层析介质发生不同作用而达到分离纯化的技术。层析是蛋白质分离纯化的核心技术，其中离子交换层析应用最为广泛。上述方法和技术可以相互组合，以达到分离、纯化蛋白质的目的。

【巩固练习】

（1）试总结蛋白质与氨基酸理化性质的异同点。
（2）试总结蛋白质变性与沉淀的异同点。
（3）试总结蛋白质分离纯化的方法。
（4）试总结酪蛋白制备的原理和各试剂的作用。
（5）试总结蛋白质含量测定的方法。
（6）试总结蛋白质电泳原理和操作注意事项。

【实验小故事】

贺福初，1962 年出生于湖南省常德市，细胞生物学、遗传学家，少将军衔，专业技术一级，中国科学院院士、发展中国家科学院院士、中国人民解放军军事科学院副院长、研究员、博士生导师。贺福初院士主要从事蛋白质组学驱动的精准医学、生物信息学和系统生物学研究。2002 年，贺福初院士曾率先提出人类蛋白质组计划的科学目标与技术路线，倡导并领衔了人类第一个组织、器官的国际"肝脏蛋白质组计划"，揭示了人体首个器官（肝脏）蛋白质组；2014 年，贺福初院士领导启动"中国人蛋白质组计划"，该计划对多种人体肿瘤进行了全面深入的蛋白质组分析；2018 年，团队建立了首个与弥漫性胃癌预后相关的蛋白质组分子分型；2019 年，团队率先公布早期肝细胞癌的蛋白质组分子分型并发现新的治疗靶标；2020 年，团队又在 *Cell* 期刊上发表了非小细胞肺癌的蛋白质组分子分型研究，再次证明蛋白质组学在精准医学中的独特性和至关重要性。2020 年，国际人类蛋白质组组织正式授予贺福初院士蛋白质组学杰出成就奖，这是国际蛋白质组学领域对其率先提出并反复实践的"蛋白质组学驱动的精准医学"这一理念与范式的高度认可，标志着我国蛋白质组学研究再度"领跑"国际蛋白质组学发展。

第八章　核酸分子

核酸是生命最重要的大分子之一，广泛存在于所有动植物细胞、微生物体内。核酸在细胞内常与蛋白质结合为核蛋白，其基本组成单位为核苷酸。而一个核苷酸分子是由一分子含氮的碱基、一分子五碳糖和一分子磷酸组成。根据五碳糖的不同可以将核酸分为脱氧核糖核酸（DNA）和核糖核酸（RNA）两大类。其中，DNA 是储存、复制和传递遗传信息的主要物质基础，RNA 在蛋白质合成过程中起着重要作用。自从 1953 年 DNA 双螺旋结构发现以来，揭示了核酸研究的新序幕，将生命科学研究从细胞水平推向分子水平。1958 年由佛朗西斯·克里克提出的中心法则揭示了核酸与蛋白质间的内在关系，以及 RNA 作为遗传信息传递者的生物学功能，明确了核酸是最本质的生命物质，在生长、遗传、变异等一系列重大生命现象中起决定性的作用。因此，核酸的研究对最终解释生命现象是非常重要的。

第一节　核酸的理化性质

一、一般特性

核酸具有大分子的一般特性，分子大小可用 Da、b 或 bp、S、链长（μm）表示。一个 bp 相当于核苷酸平均分子量为 660 Da；1 μm 长的 DNA 双螺旋相当 3 000 bp 或 2×10^6 Da。大多数 DNA 为线形分子，分子极不对称，其长度可以达到几厘米，而分子直径只有 2 nm，因此 DNA 溶液的黏度极高。相比之下，RNA 溶液的黏度要小得多。另外，DNA 为白色类似石棉样的纤维状固体，RNA、核苷酸、核苷、碱基的纯品都呈白色粉末或结晶，都微溶于水，不溶于一般有机溶剂。因此，常利用乙醇从溶液中沉淀核酸。

二、紫外吸收特性

核酸结构式中嘌呤碱和嘧啶碱含有共轭双键，具有吸收紫外光的性能，能强烈吸收 260～290 nm 波段的紫外光，其最高的吸收峰接近 260 nm。核酸在波长 260 nm 处的紫外吸收通常要比蛋白质在波长 280 nm 处的吸收强 30～60 倍，这是区别于蛋白质的主要特征之一。常用 A_{260}/A_{280} 的比值反映核酸的纯度：

（1）纯 DNA 样品：$A_{260}/A_{280} \approx 1.8$，若小于 1.8 则样品中含有杂蛋白或酚污染。

（2）纯 RNA 样品：$A_{260}/A_{280} \approx 2.0$，若大于 2.0 则样品中有异硫氰酸残存。

对于纯核酸样品，当吸收光度值 $A = 1.0$ 时，双链 DNA 样品含量相当于 50 μg/mL，单链

DNA 样品含量相当于 40 μg/mL，寡核苷酸样品含量相当于 20 μg/mL。

三、两性电解质

核酸和核苷酸分子中既含有酸性的磷酸基团，又含有弱碱性的碱基，故可发生两性解离，其解离状态随溶液的 pH 而变化。因磷酸的酸性强，核酸分子通常表现为酸性。利用核酸的两性解离可通过调节核酸溶液的 pH 来沉淀核酸，也可通过电泳和离子交换法分离纯化核酸。RNA 在室温下易被稀碱水解，DNA 较稳定，此特性用来测定 RNA 的碱基组成和纯化 DNA。

四、变性与复性

（一）DNA 变性

DNA 变性是指 DNA 分子由稳定的双螺旋结构松解为无规则线性结构的现象。变性时维持双螺旋稳定性的氢键断裂，碱基间的堆积力遭到破坏，不涉及磷酸二酯键的断裂，所以核酸的一级结构保持不变。凡能破坏双螺旋稳定性的因素，如加热、极端 pH、有机试剂如甲醇、乙醇、尿素及甲酰胺等，均可引起核酸分子变性。变性 DNA 常发生一些理化及生物学性质的改变。

（1）增色效应（hyperchromic effect）：是指变性后 DNA 溶液的紫外吸收作用增强的效应。在 DNA 双螺旋结构中碱基位于内侧，变性时 DNA 双螺旋解开，于是碱基外露，碱基中电子的相互作用更有利于紫外吸收，故而产生增色效应。

将 DNA 变性达到 50% 时，即增色效应达到一半时的温度称为 DNA 的解链温度 Tm，Tm 也称熔解温度或 DNA 的熔点。Tm 一方面与 DNA 的均一性有关，均质 DNA 的熔解过程发生在一个较小的温度范围内，异质 DNA 的熔解过程发生在一个较宽的温度范围内；另一方面，Tm 与 G-C 的含量有关，碱基 G、C 之间有 3 个氢键，因此 G-C 含量越高，Tm 越高，两者之间呈直线关系，经验公式：(G-C)%=(Tm-69.3)×2.44。

同时，Tm 与离子强度有关，离子强度越高，Tm 值越大，熔点范围会变窄，因此 DNA 宜保存在高浓度盐中，一般在 1 mol/L NaCl 溶液中较稳定。

（2）溶液黏度降低：DNA 双螺旋是紧密的刚性结构，变性后被柔软而松散的无规则单股线性结构取代，DNA 黏度明显下降。

（3）溶液旋光性改变：变性后整个 DNA 分子的对称性及分子局部的构型发生改变，因此 DNA 溶液的旋光性发生变化。

（二）DNA 复性

DNA 复性是指变性 DNA 在适当条件下，两条彼此分开的互补链全部或部分恢复到天然双螺旋结构的现象称为复性，它是变性的一种逆转过程。热变性 DNA 一般经缓慢冷却后即可复性，故此过程称之为退火（Annealing）。这一术语也用以描述杂交核酸分子的形成。DNA 复性后，系列物理化学性质将得到恢复。DNA 复性不仅受温度影响，还受到 DNA 自身特性等其他因素的影响。

（1）温度和时间：一般认为比 Tm 低 25 ℃ 左右的温度是复性的最佳条件，越远离此温度，复性速度就越慢。复性时温度下降必须是一缓慢过程，降温时间太短以及温差大均不利于复性。

（2）DNA 浓度：溶液中 DNA 分子越多，相互碰撞结合的机会越大，越有利于复性。

（3）DNA 一级结构：简单顺序的 DNA 分子，如多聚（A）和多聚（U）这二种单链序列复性时，互补碱基的配对较易实现。顺序越复杂，则复性越困难。

五、杂 交

具有互补序列的不同来源的单链核酸分子，按碱基配对原则结合在一起称为核酸杂交（hybridization）。杂交可发生在 DNA-DNA、RNA-RNA 和 DNA-RNA 之间。杂交是分子生物学研究中常用的技术之一，利用它可以分析基因组织的结构，定位和基因表达等，常用的杂交方法有 Southern 印迹法，Northern 印迹法和原位杂交（insitu hybridization）等。

1. DNA 印记法（Southern 印迹法）

又名 Southern Blot，是将基因组 DNA 经限制性内切酶解、琼脂糖凝胶电泳分离，使 DNA 片段按分子量大小排列在琼脂糖凝胶上。经碱处理凝胶使 DNA 变性（使双链 DNA 变成单链），通过具有一定盐离子浓度溶液的毛细管作用，将凝胶中变性的单链 DNA 片段原位地吸印到硝酸纤维素滤膜或尼龙膜上，经过干燥或紫外线照射处理。单链 DNA 片段的极性基团与支持膜上的基团结合而使 DNA 分子牢牢地固定到转移膜上，转移后的单链 DNA 分子与 32P 或 35S 标记的 DNA 探针按互补原理进行杂交。经放射自显影对特定位置上显现的特异 DNA 片段进行分析。

2. RNA 印迹（Northern 印迹法）

将 RNA 固定在硝酸纤维素膜上后，用互补的、具有放射性标记的 RNA 或 DNA 探针与其杂交，为了与 DNA 印迹法有所区别，又被称为 Northern 印迹法。

3. 原位杂交

将特定标记的已知顺序核酸为探针与细胞或组织切片中核酸进行杂交，从而对特定核酸顺序进行精确定量定位的过程。原位杂交可以在细胞标本或组织标本上进行。

六、显色反应

核酸中含有核糖和磷酸，它们和特定的物质反应能产生特定颜色，根据显色反应可对核酸进行初步定量分析。

1. RNA 的呈色反应

RNA 与浓盐酸共热时，即发生降解，形成的核糖继而转变为糖醛，后者与 3,5-二羟基甲苯（地衣酚）反应呈鲜绿色，该反应需用三氯化铁或氯化铜作催化剂，反应产物在 670 nm 处有最大吸收。

2. DNA 的呈色反应

DNA 中嘌呤核苷酸上的脱氧核糖遇酸生成 ω-羟基-γ 酮基戊醛，后者再和二苯胺作用而显蓝色（溶液呈浅蓝色）。

第二节　实验内容

实验 8-1　基因组 DNA 的提取

【实验目的】

（1）掌握基因组 DNA 提取的原理和实验操作细节，掌握酚氯仿抽提法提取外周血 DNA 的原理和实验操作细节。

（2）熟悉实验动物的取材方法及组织匀浆制备方法，熟悉主要试剂及低温离心机的操作及注意事项。

（3）了解试剂盒提取质粒 DNA 方法和原理，离心机的分类及其他提取方法。

一、猪肝脏基因组 DNA 的粗提

【实验原理】

DNA 在生物体中常与蛋白质组成核蛋白（DNP/RNP）的形式存在。其中，DNP 溶解于水及高浓度的盐溶液，在 0.14 mol/L NaCl 的低盐溶液中溶解度低。而 RNP 则在低盐溶液中溶解度较高。因此，利用这一性质可将生物组织中的 DNP 与 RNP 分离，并从样品中抽提出来。将抽提出来的 DNA 用 SDS 处理，可将 DNP 分解成 DNA 和蛋白质，再利用氯仿-异戊醇震荡除蛋白，震荡时蛋白质变性，形成凝胶并与 DNA 分离，DNA 则留在水层中。向获得的 DNA 上清液中加入乙醇，即可将纤维状 DNA 沉淀析出。

【实验试剂与器材】

1. 实验材料

新鲜猪肝脏。

2. 实验试剂

（1）5 mol/L NaCl。

（2）0.14 mol/L NaCl-0.15 mol/L EDTA 溶液。

（3）25% SDS。

（4）氯仿-异戊醇。

（5）95%乙醇。

3. 实验器材

吸管、移液管、离心管、洗耳球、玻棒、匀浆器、恒温水浴锅、离心机。

【实验步骤】

（1）取新鲜猪肝 4 g，用 0.14 mol/L NaCl-0.15 mol/L EDTA 溶液洗去血液，剪碎。加入 10 mL 0.14 mol/L NaCl-0.15 mol/L EDTA 溶液，置匀浆器中研磨，此步骤为初步破碎细胞。

（2）取一支 10 mL EP 管，装入糊状物（基本装满），10 000 r/min 离心 5 min，除去上清液。沉淀用 0.14 mol/L NaCl-0.15 mol/L EDTA 溶液洗 2 次。每次加入溶液后用吸管吹打均匀再离心（同上），直到上清液无血细胞。弃上清液，所得沉淀为 DNP（DNA 蛋白复合物）粗制品。

（3）向上述沉淀物加入 0.14 mol/L NaCl -0.15 mol/L EDTA 溶液 5 mL，然后每管滴加 25% 的 SDS 溶液 1 mL，边加边振荡。加毕，置 60 ℃ 水浴 10 min（不停振荡），直至溶液变得黏稠并略透明，取出冷却至室温，此步使核酸与蛋白质分离。

（4）每管加入 5 mol/L NaCl 溶液 2 mL，蝴蝶形振荡 5 min。加入约 1 倍体积的氯仿-异戊醇混合液，蝴蝶形振荡 5 min，4 000 r/min 离心 10 min。此步后溶液分三个相：上层水相（DNA）、中层变性蛋白质相、下层有机相和残余的 RNA。

（5）吸出上清液，除去沉淀。向上清液中缓慢加入 1.5～2 倍体积的 95% 乙醇后可见白色丝状物，则为 DNA 沉淀，再经 4 000 r/min，离心 5 min 制得粗提 DNA 物。此步为猪肝基因组 DNA 提取的最后一步。

（6）用 0.1 mol/L 的 NaOH 1 mL，溶解上述 DNA 沉淀，制备 DNA 溶液。此步为下次的 DNA 含量测定做准备。

【注意事项】

（1）匀浆（细胞破碎）要充分，需剪成小块。
（2）变性蛋白质易散，吸取上清液时应仔细，不要将蛋白质及下层的氯仿吸入。
（3）实验结束后将变性蛋白质小心取出置于专用废物袋中，氯仿倒入回收瓶内。
（4）离心机使用前必须将离心管平衡，对称放置。调速必须从低到高，离心结束时等转子完全停下后再打开盖子。

【讨论与思考】

（1）核酸提取中 SDS、氯仿-异戊醇各有什么作用？
（2）结合本人操作体会，试述在提取过程中应该注意些什么？如何避免大分子 DNA 的降解和断裂？
（3）核酸提取过程中，除去杂蛋白的方法主要有哪几种？

二、酚氯仿抽提法提取外周血 DNA

【实验原理】

将分散好的真核生物组织、细胞在含 SDS 和蛋白酶 K 的溶液中消化分解蛋白质，破坏细胞膜、核膜。SDS 可使组织蛋白与 DNA 分子分离，EDTA 能抑制细胞中 DNase 的活性，使

DNA 分子完整地以可溶形式存在于溶液中，再用酚、氯仿-异戊醇抽提除去蛋白质，（氯仿可除去 DNA 溶液中微量酚的污染，异戊醇还可减少蛋白质变性操作过程中气泡的产生）得到的 DNA 溶液经乙醇沉淀进一步纯化，为获得高纯度 DNA，操作中常加入 RNase 除去 RNA，此法可获得 100~200 kb 的 DNA 片段，适用于构建真核基因组文库，Southern Blot 分析。

【实验试剂与器材】

1. 实验材料

新鲜外周静脉血。

2. 实验试剂

（1）ACD（柠檬酸钠缓冲液 pH 7.2）。

（2）蛋白酶-K（100μg/mL）。

（3）酚、氯仿、异戊醇。

（4）70%乙醇。

（5）醋酸钠（3 mol/L）。

（6）STE（0.1 mol/L NaCl、10 mmol/L Tris pH8.0、1 mmol/L EDTA pH 8.0）。

3. 器 材

离心机、制冰机。

【实验步骤】

（1）新鲜外周静脉血 3~5 mL，以 1/7 体积 ACD 抗凝，3 500 r/min 离心 15 min，吸除上层血浆。

（2）加 5 倍体积灭菌蒸馏水，摇匀，静置 5~10 min，3 500 r/min 离心 5 min，去上清（若沉淀不够，可重复 1~2 次）。

（3）吸取沉淀（少许液体）放入 1.5 mL 离心管，STE 清洗 2 次后 12 000 r/min 离心 7~8 min。

（4）去上清后加 0.5 mL STE，10%SDS 25~30 mL，蛋白酶-K 5 μL（100 μg/mL）37 ℃ 消化过夜，直至沉淀物溶解为止。

（5）等体积饱和酚，倒转摇匀 10 min，12 000 r/min 离心 5 min，吸上层入另一 1.5 mL 离心管，勿吸入蛋白层。

（6）上清液加等体积酚：氯仿：异戊醇（25：24：10），倒转混匀 10 min，以 12 000 r/min 离心 5 min，吸上层入另一 1.5 mL 离心管。

（7）上清液加等体积氯仿：异戊醇（24：1），倒转混匀 10 min，以 12 000 r/min 离心 5 min，取上清入另一 EP 管。

（8）加 1/12 体积 3 mol/L 醋酸钠，混匀后再加 3 倍体积的 4 ℃ 无水乙醇，轻柔振摇。出现白色絮状物（DNA），于-20 ℃ 放置 20~30 min，以 12 000 r/min 于 4 ℃ 离心 10 min，沉淀 DNA，去上清。

（9）加 1 mL70%乙醇洗涤，12 000 r/min、4 ℃ 离心 10 min，去上清，重复 1 次。

（10）自然干燥后，用 pH 8.0 STE 溶解，保存在-20 ℃ 备用。

【注意事项】

（1）提取血液基因组 DNA 时，要选择有核细胞（白细胞），组培细胞培养时间不能过长，否则会造成 DNA 降解。

（2）含病毒的液体材料 DNA 含量较少，提取前先富集。

（3）细胞要适量。细胞过多会影响裂解，导致 DNA 量少，纯度低。

（4）匀浆时应保持低温（冰浴中），匀浆时间应短（30 s/次，2 次），针对不同材料，选择适当的裂解预处理。

【讨论与思考】

（1）根据核酸在细胞内的分布、存在方式及其特性，提取过程中采取了什么相应的措施？

（2）为什么从外周血提取 DNA 尽量用新鲜血？

（3）长期保存 DNA 样品时其稳定性受哪些因素影响。

（4）简述盐析法提取人外周血 DNA 的实验原理。

实验 8-2　总 RNA 提取—Trizol 法

【实验原理】

Trizol 试剂是直接从细胞或组织中提取总 RNA 的试剂。它在破碎和溶解细胞时能保持 RNA 的完整性，裂解细胞并释放出 RNA，酸性条件使 RNA 与 DNA 分离，加入氯仿后离心，样品分成水样层和有机层。RNA 存在于水样层中。收集上面的水样层后，RNA 可以通过异丙醇沉淀来还原。在除去水样层后，样品中的 DNA 和蛋白也能相继以沉淀的方式还原。乙醇沉淀能析出中间层的 DNA，在有机层中加入异丙醇能沉淀出蛋白。共纯化 DNA 对于样品间标准化 RNA 的产量十分有用。

【实验试剂与器材】

1. 材　料

微生物细胞、植物组织、动物组织等。

2. 试　剂

Trizol、氯仿、异丙醇、75%乙醇（用 RNase-Free 水配制）、RNase-Free 水等。

3. 器　材

恒温水浴、冷冻高速离心机、紫外分光光度计、微量移液器、电泳仪、电泳槽等。各规格移液器吸头、1.5 mL EP 管（均用 DEPC 处理）。

【实验步骤】

（1）提取组织 RNA 时，每 50～100 mg 组织用 1mL Trizol 试剂对组织进行裂解。提取细胞 RNA 时，先离心沉淀细胞，每 5×10^6～10×10^6 个细胞加 1mL Trizol 试剂后，反复用枪吹打或剧烈震荡以裂解细胞。

（2）将上述组织或细胞的 Trizol 裂解液转入 EP 管中，在室温下（15～30 ℃）下放置 5 min。

（3）在上述 EP 管中，按照每 1 mL Trizol 后加 0.2 mL 氯仿的量加入氯仿，盖上 EP 管盖子，在手中用力震荡 15 s，在室温下（15～30 ℃）放置 2～3 min 后，于 2～8 ℃、12 000 r/min 离心 15 min。

（4）去上层水相置于新 EP 管中，按照每 1 mL Trizol 加 0.5 mL 异丙醇的量加入异丙醇，在室温下（15～30 ℃）放置 10 min 后，于 2～8 ℃、12 000 r/min 离心 10 min。

（5）弃上清，按照每 1 mL Trizol 加 1 mL 75% 乙醇进行洗涤，涡旋混合，于 2～8 ℃、7 500 r/min 离心 5 min，弃上清。

（6）让沉淀的 RNA 在室温下自然干燥。

（7）用 Rnase-Free 水溶解 RNA 沉淀，待用。

【注意事项】

（1）整个操作要戴口罩及一次性手套，并尽可能在低温下操作。

（2）在收集到生物材料之后，最好能即时进行 RNA 制备工作。若需暂时储存，则应以液氮将生物材料急速冷冻后，储存于 -80 ℃ 冷冻柜。

（3）在制备 RNA 时，将储存于冷冻柜的材料取出，立即以加入液氮研磨的方式打破细胞，不可以先行解冻，以避免 RNase 的作用。

（4）加氯仿前的匀浆液可在 -70℃ 保存一个月以上，RNA 沉淀在 70%乙醇中可在 4℃ 保存一周，-20 ℃ 保存一年。

【讨论与思考】

（1）简述 Triozl、氯仿、异戊醇等试剂的作用。

（2）用 Trizol 试剂盒抽提总 RNA 时，加入氯仿离心取出的上清液加入异丙醇后，会出现大量絮状白色物质，离心后有大量沉淀，OD_{260}/OD_{280} 约为 1.5，请分析白色物质及沉淀是什么？导致这种现象的原因是什么？

（3）请了解其他 RNA 提取的方法，并总结 Trizol 法抽提 RNA 的优缺点。

实验 8-3　核酸含量测定

【实验目的】

（1）掌握各种核酸含量测定的基本原理。

（2）熟悉各种核酸含量测定的具体操作方法及分光光度计的工作原理及操作。

（3）了解其他核酸含量测定方法及核酸含量测定方法在科学研究中的作用。

一、紫外吸收法测定核酸含量

【实验原理】

核苷、核苷酸、核酸的组成成分中都有嘌呤、嘧啶碱基，这些碱基都具有共轭双键，在紫外光区的 250～280 nm 处有强烈的光吸收作用，最大吸收值在 260 nm 左右。常利用核酸的紫外吸收性进行核酸的定量测定。核酸的摩尔消光系数 $\varepsilon(P)$ 表示为每升溶液中含有 1 摩尔原子磷的光吸收值。RNA 的 $\varepsilon(P)260$ nm（pH 7.0）为 7 700～7 800，RNA 的含磷量约 9.5%，因此每毫升溶液含 1μg RNA 的光吸收值相当于 0.022～0.024。小牛胸腺 DNA 钠盐的 $\varepsilon(P)$ 260 nm（pH 7.0）为 6 600，含磷量为 9.2%，因此每毫升溶液含 1μg DNA 钠盐的光吸收值相当于 0.020。测出 260 nm 处的光吸收值，可计算出核酸的含量。当核酸变性降解时，其紫外吸收强度显著增加，称为增色效应。

通常蛋白质的吸收高峰在 280 nm 波长处，在 260 nm 处的吸收值仅为核酸的 1/10 或更低，因此对于含有微量蛋白质的核酸样品，测定误差较小。若待测的核酸制品中混有大量的具有紫外吸收的杂质，则测定误差较大，应设法除去。不纯的样品不能用紫外吸收值作定量测定。

根据 A_{260}/A_{280} 的比值可判断样品的纯度。纯 RNA 的 $A_{260}/A_{280} \geq 2.0$；DNA 的 $A_{260}/A_{280} \geq 1.8$。当样品中蛋白质含量较高时，则比值下降。RNA 和 DNA 的比值分别低于 2.0 和 1.8 时，表示此样品不纯。pH 对核酸紫外吸收性有影响，所以测定时要固定溶液的 pH。

【实验试剂与器材】

1. 试　剂

待测的 DNA（RNA）溶液、蒸馏水。

2. 器　材

分光光度计、试管、试管架、烧杯、擦镜纸。

【实验步骤】

（1）样品做适当倍数的稀释（保证吸光度值读数在 0.2～0.8），将稀释液置于厚度为 1 cm 的石英比色杯，在 260 nm 波长处测定 A 值，以蒸馏水作空白。

（2）DNA（RNA）样品纯度的检测：分别在 260 nm 和 280 nm 波长处测定样品液的吸光度，求出样品液的 A_{260}/A_{280} 比值，判断样品的纯度。

（3）计算：试液中 DNA/RNA 总含量按下式计算：

$$\text{RNA或DNA浓度} = \frac{\Delta A_{260}}{0.024(\text{或}0.020) \times L} \times N$$

式中：ΔA_{260}——稀释液在 260 nm 波长处 A 值读数；

N——稀释倍数；

0.024（或 0.020）——1 mg/mL RNA（或 DNA）溶液测定的 A_{260} 值相当于 0.024。

（1）DNA 样品作适当稀释时，稀释倍数应从小到大。

（2）紫外分光光度计所使用的比色皿必须保证其光面洁净，若有液体可用吸水纸吸干，不可以擦，其他可用擦镜纸擦干净，以免影响实验结果。

【讨论与思考】

（1）测定样品的核酸含量的方法有哪些，有何优点及缺点？

（2）利用分光光度计检测核酸含量时必须用石英比色皿，为什么？

二、定磷法测定核酸含量

【实验原理】

核酸分子结构中含有一定比例的磷（RNA 含磷量约为 8.5%～9.0%，DNA 含磷量约为 9.2%），测定其含磷量即可求出核酸的量。核酸分子中的有机磷经强酸消化后形成无机磷，在酸性条件下，无机磷与钼酸铵结合形成黄色磷钼酸铵沉淀，其反应为：

$$PO_4^{3+} + 3NH_4^+ + 12MoO_4 + 24H^+ \longrightarrow (NH_4)_3PO_4 + 12\ MoO_3 \cdot 6H_2O + 6H_2O$$

在还原剂存在的情况下，黄色物质变成蓝黑色，称为钼蓝。在一定浓度范围内，蓝色的深浅与磷含量成正比，可用比色法测定。若样品中尚含有无机磷，需做对照测定，消除无机磷的影响，以提高准确性。定磷法既可以测定 DNA 的含量又可以测定 RNA 的含量，若 DNA 中混有 RNA 或 RNA 中混有 DNA，都会影响结果的准确性。

【实验试剂与器材】

1. 试　剂

（1）标准磷溶液：将磷酸二氢钾于 110 ℃ 烘至恒重，准确称取 0.8775 g 溶于少量蒸馏水中，转移至 500 mL 容量瓶中，加入 5 mL 硫酸溶液（5 mol/L）及氯仿数滴，用蒸馏水稀释至刻度。此溶液每 1mL 含磷 400 μg，临用时准确稀释 20 倍（20 μg/mL）。

（2）定磷试剂。

① 17%硫酸：17 mL 浓硫酸（相对密度1.84）缓缓加入到 83 mL 水中。

② 2.5%钼酸铵溶液：2.5 g 钼酸铵溶于 100 mL 水。

③ 10%抗坏血酸溶液：10 g 抗坏血酸溶于 100 mL 水，并储存于棕色瓶中，溶液呈淡黄色尚可使用，呈深黄甚至棕色即失效。

临用时将上述三种溶液与水按如下比例混合：溶液①：溶液②：溶液③：水=1：1：1：2
（$V:V$）

（3）5%氨水、27%硫酸。

2. 器 材

恒温水浴、721 分光光度计。

【操作步骤】

（1）取 7 支干燥试管编号，按表 8-1 所示加入试剂，制定定磷标准曲线。

表 8-1

试剂（mL）	管号						
	0	1	2	3	4	5	6
磷标准溶液	0.0	0.05	0.1	0.2	0.3	0.4	0.5
蒸馏水	3.0	2.95	0.9	2.8	0.7	2.6	2.5
定磷试剂	3.0	3.0	3.0	3.0	3.0	3.0	3.0
A_{660}							

加毕摇匀，在 45 ℃ 水浴中保温 10 min，冷却，以 0 号管调零点，于 660 nm 处测吸光度以磷含量为横坐标，吸光度为纵坐标作图。

（2）总磷的测定：称粗核酸 0.1g，用少量水溶解（若不溶，可滴加 5%氨水至 pH 7.0），待全部溶解后，移至 50 mL 容量瓶中，加水至刻度（此溶液含样品 2 mg/mL），即配成核酸溶液。吸取上述核酸溶液 1.0 mL，置大试管中，加入 2.5 mL 27%硫酸及一粒玻璃珠，于通风橱内直火加热至溶液透明（切勿烧干），表示消化完成。冷却后取下，将消化液移入 100 mL 容量瓶中，以少量蒸馏水洗涤试管 2 次，洗涤液一并倒入容量瓶，再加蒸馏水至刻度，混匀后吸取 3 mL 溶液置试管中，加 3 mL 定磷试剂，45 ℃ 水浴保温 10 min 后取出，测波长为 660 nm 时的 OD 值（A_{660}）。

（3）无机磷的测定：吸取核酸溶液 1 mL，置于 100 mL 容量瓶中，加水至刻度，混匀后吸取 3.0 mL 置试管中，加定磷试剂 3.0 mL，45 ℃ 水浴中保温 10 min 后取出，测 A_{660}。

（4）结果处理：

$$总磷 A_{660} - 无机磷 A_{660} = 有机磷 A_{660}$$

从标准曲线上查出有机磷微克数（X），按下式计算样品中核酸百分含量：

$$核酸（\%）= \frac{\dfrac{X}{测定时取样毫升数} \times 稀释倍数 \times 11}{样品重量（\mu g）} \times 100\%$$

【注意事项】

（1）要求试剂及所有器皿清洁，不含磷。

（2）每管加样和测定均要求平行操作。

（3）消化溶液定容后务必上下颠倒混匀后再取样。

（4）各种试剂必须用移液管按顺序准确量取，移液管口用吸水纸擦净，溶液尽量加到试管下部，标准溶液要求用差量法。

（5）测定吸光度时，用一个比色杯装去离子水，调节分光光度计零点，另一个比色杯若按照从低浓度到高浓度的顺序测定，则比色杯不需要润洗。切忌用力甩比色杯，以免将蓝色溶液洒在仪器和地面上。

【讨论与思考】

（1）简述实验所用的水质、试剂质量、定磷试剂的酸度对测定结果的影响。
（2）该方法的干扰物质有哪些？

三、二苯胺法测定核酸的定量

【实验原理】

脱氧核糖核酸中的 2-脱氧核糖在酸性环境中变成 ω-羟基-γ-酮基戊醛，与二苯胺试剂一起加热产生蓝色化合物，该化合物在 595 nm 波长处有最大紫外吸收峰。该方法适用于含量为 40~400 μg 的 DNA 样品，此时吸光度与 DNA 的浓度成正比。在反应液中加入少量乙醛，可以提高反应灵敏度。除 DNA 外，脱氧木糖、阿拉伯糖也有同样反应。其他多数糖类，包括核糖在内，一般无此反应。

$$DNA \xrightarrow{H^+} HO-CH_2-\underset{\underset{O}{\|}}{C}-CH_2-CH_2-CHO \xrightarrow[\triangle]{二苯胺} 蓝色化合物$$

ω-羟基-γ-酮基戊醛

【实验材料】

1. 试　剂

（1）DNA 标准溶液（须经定磷确定其纯度）：用 5 mmol/L NaOH 溶解小牛胸腺 DNA 钠盐配成 200 μg/mL 的溶液。

（2）样品待测液：准确称取 DNA 干燥制品以 5 mmol/L NaOH 溶液配成 50~200 μg/mL 的溶液。在测定 RNA 制品中的 DNA 含量时，要求 RNA 制品的每毫升待测液中至少含有 20 μg DNA，才能进行测定。

（3）二苯胺试剂。A 液：称取 1 g 重结晶二苯胺，溶于 100 mL 分析纯的冰乙酸中，再加入 10 mL 过氯酸（60%以上），混匀储于棕色瓶中待用。B 液：配制 1.6%的乙醛液，临用前配制。临用时将 20 mL A 液与 0.1 mL B 液混合即得二苯胺试剂。

2. 器　材

分析天平、恒温水浴锅、分光光度计、移液管、试管等。

【实验步骤】

1. 采用紫外吸收法检测各组 DNA 样品的纯度及含量

对 DNA 样品作适当稀释后，分别在 260 nm 和 280 nm 波长处测定样品液的吸光度，求出

样品液的 A_{260}/A_{280} 比值以判断各组 DNA 样品的纯度，以及根据 1OD 值≈50 μg/mL（dsDNA），计算出 DNA 样品的浓度，以判断是否符合二苯胺法对所检测的 DNA 样品的浓度要求（应为 40 ~ 400 μg/mL）。

2. 检测各组 DNA 样品含量（二苯胺法）

（1）标准曲线绘制：取干燥试管 7 支，按表 8-2 中 0 ~ 6 号管操作，以 DNA 含量（μg）为横坐标，吸光度值（A_{595}）为纵坐标，绘制标准曲线，得线性方程。

表 8-2

试剂/mL	管号								
	0	1	2	3	4	5	6	7	8
DNA 标准液（200μg/mL）	0	0.4	0.8	1.0	1.2	1.6	2.0	0	0
蒸馏水	2.0	1.6	1.2	1.0	0.8	0.4	0	0	0
二苯胺试剂	4.0	4.0	4.0	4.0	4.0	4.0	4.0	4.0	4.0
DNA 待测液	0	0	0	0	0	0	0	2.0	2.0
摇匀，70℃ 水浴保温 1 h，在 595 nm 处测吸光度（OD 值或 A 值）									
OD_{595}									
DNA 含量/μg	0	80	160	200	240	320	400		

（2）样液测定：取 2 支试管按表 8-2 中 7、8 号管操作。测定 DNA 样品管的 OD 值，代入方程计算 DNA 含量。

DNA%=样液中测得的 DNA 量（μg）×100 / 样液中的所含样品量（μg）

【注意事项】

（1）因为二苯胺法测定 DNA 含量时对样品中 DNA 浓度有要求，所以在检测之前要对样品进行适当稀释。

（2）二苯胺试剂加热时，应在通风橱内操作。

【讨论与思考】

（1）二苯胺法测定 DNA 含量时，反应液中会加入少量乙醛，其作用是什么？

（2）DNA 含量测定的方法有哪些？各有何优缺点？

（3）区分 RNA 和 DNA 的方法有哪些？

四、核酸的定量测定-地衣酚（苔黑酚）法

【实验原理】

RNA 含量测定，除可用紫外吸收法及定磷法外，常用地衣酚法测定。其反应原理是：当 RNA 与浓盐酸共热时，即发生降解，形成的核糖继而转变成糠醛，后者与 3,5-二羟基甲苯（地

衣酚 orcinol）反应，在 Fe^{3+} 或 Cu^{2+} 催化下，生成鲜绿色复合物。反应产物在 670 nm 处有最大吸收。RNA 浓度在 20～250 μg/mL 范围内，光吸收与 RNA 浓度成正比。地衣酚法特异性差，凡戊糖均有此反应，DNA 和其他杂质也能与地衣酚反应产生类似颜色。因此，测定 PNA 时可先测得 DNA 含量再计算 RNA 含量。

【实验材料】

1. 实验试剂

（1）RNA 标准溶液（须经定磷确定其纯度）：取酵母 RNA 配成 100 μg/mL 的溶液。

（2）样品待测液：配成每毫升溶液含 RNA 干燥制品 50～100 μg。

（3）地衣酚试剂：先配 0.1%三氯化铁的浓盐酸（分析纯）溶液，实验前用此溶液作为溶剂配成 0.1%地衣酚溶液。

2. 实验器材

分析天平、沸水浴锅、试管、吸量管、分光光度计等。

【实验步骤】

1. 标准曲线的制作

取 12 支干净烘干试管，按表 8-3 编号及加入试剂，平等分作两份，加毕置沸水浴加热 25 min，取出冷却，以 0 号管作对照，于 670 nm 波长处测定光吸收值。取两管平均值，以 RNA 浓度为横坐标，光吸收为纵坐标作图，绘制标准曲线。

表 8-3

试　剂	试管编组（×2）					
	0	1	2	3	4	5
标准 RNA 溶液/mL	0	0.4	0.8	1.2	1.6	2.0
蒸馏水/mL	2.0	1.6	1.2	0.8	0.4	0.0
地衣酚-Cu^{2+}/mL	2.0	2.0	2.0	2.0	2.0	2.0

2. 样品的测定

取两支试管，各加入 2.0 mL 样品液，再加 2.0 mL 地衣酚-Cu^{2+}试剂。如前述进行测定。

3. RNA 含量的计算

根据测得的光吸收值，从标准曲线上查出相当该光吸收的 RNA 含量，按下式计算出制品中 RNA 的百分含量：

RNA % = 待测样液中测得的 RNA 量（μg）×100/待测样液中的所含样品量（μg）

【注意事项】

（1）样品中蛋白质含量较高时，应先用 5%三氯乙酸溶液沉淀蛋白质后再测定。

（2）本法特异性较差，凡属戊糖均有反应。微量 DNA 无影响，较多 DNA 存在时，亦有干扰作用。如在试剂中加入适量 $CuCl_2 \cdot 2H_2O$ 可减少 DNA 的干扰，甚至某些己糖在持续加热后生成的羟甲基糖醛也能与地衣酚反应，产生显色复合物。此外，利用 RNA 和 DNA 显色复合物的最大光吸收不同，且在不同时间显示最大色度加以区分。反应 2 min 后，DNA 在 600 nm 呈现最大光吸收，而 RNA 则在反应 15 min 后，在 670 nm 下呈现最大光吸收。

【讨论与思考】

（1）定磷法操作中有哪些关键环节？

（2）利用二苯胺法测定 DNA 含量时，若 DNA 样品中混有 DNA 或蛋白质、糖类时，是否会有干扰？

（3）利用地衣酚（苔黑酚）法测定 RNA 的含量，灵敏度较高，但特异性较差，有哪些干扰因素？如何排除干扰？

【小结】

核酸包括 DNA、RNA 两种分子，在细胞中都是以与蛋白质结合的状态存在。核酸分离纯化最基本的原则是保持核酸分子一级结构的完整性和纯度，同时防止核酸的生物降解。因此尽量简化操作步骤，缩短提取过程，以减少各种不利因素，例如机械剪切力、高温等物理因素，有机溶剂和过高浓度金属离子、强酸强碱等化学因素，以及其他生物大分子如蛋白质、多糖和脂类分子的污染。总之，核酸提取的主要步骤，无外乎破碎细胞，去除与核酸结合的蛋白质以及多糖、脂类等生物大分子，去除其他不需要的核酸分子，沉淀核酸，去除盐类，有机溶剂等杂质，纯化核酸等。核酸提取的方案，应根据具体生物材料和待提取的核酸分子的特点而定，对于某特定细胞器中富集的核酸分子，事先提取该细胞器，然后提取目的核酸分子的方案，可获得完整性和纯度两方面质量均高的核酸分子。

核酸因分子组成中的碱基含有共轭双键，在 260 nm 处有最高的吸收峰，因此常利用核酸的紫外吸收性进行核酸的定量测定。该方法操作简便，蛋白质和核苷酸对其有较大的干扰。定磷法，在核酸消化的基础上，测定其无机磷量，由此计算出核酸含量，该方法反应灵敏，因该方法同时适合 DNA 和 RNA 的检测，若 DNA 中混有 RNA 或 RNA 中混有 DNA，都会影响结果的准确性。二苯胺法利用 DNA 中的脱氧核糖在酸性溶液中转化为 ω-羟基-γ-酮基戊醛，它可与二苯胺试剂在加热的条件下产生蓝色化合物，该化合物在 595 nm 波长处有最大紫外吸收峰。该方法对所检测的 DNA 浓度有要求，即为 40~400 μg/mL 的 DNA 样品，故检测之前需对待检测 DNA 样品的含量进行初步判定。地衣酚法只适用于测定 RNA 的含量，RNA 与浓盐酸共热，降解形成的核糖转变为糠醛，利用地衣酚反应来测定，特异性差，戊糖均有此反应。

【巩固练习】

（1）简述 DNA 分子的结构特征。

（2）什么是增设效应？

（3）什么是 DNA 的变性和复性？

（4）DNA 的呈色反应有哪些？

（5）核酸分子杂交的概率及种类有哪些？

【实验小故事】

　　酵母丙氨酸转移核糖核酸含有 11 种核苷酸（4 种常见的和 7 种修饰的核苷酸），具有完全的生物活性，既能接受丙氨酸，又能将所携带的丙氨酸渗入到蛋白质的合成体系中。由于 tRNA 在蛋白质生物合成中有着重要的作用，而用合成方法改变 tRNA 的结构以观察对其功能的影响，又是研究 tRNA 结构与功能的最直接手段，所以酵母丙氨酸 tRNA 人工合成的成功，在科学上特别在生命起源的研究上有重大意义。

　　从 1968 年起，我国科学工作者开始人工合成酵母丙氨酸转移核糖核酸的研究。这种核糖核酸由 76 个核苷酸组成，其中除了 4 种常见的核苷酸外，还有 7 种稀有的核苷酸。经过千百次的探寻和摸索，中国科学院上海生化研究所研究员王德宝等终于自行制备出了 11 种核苷酸、近 10 种核糖核酸工具酶和有关的化学试剂等，并采取有机化学和酶促合成的方法，先合成了几十个长度为 2～8 核苷酸的寡核苷酸，然后用 T4RNA 连接酶连接成 6 个大片段（长度为 9～19 核苷酸），再接成两个半分子（长度分别为 35 和 41 核苷酸）。1981 年 11 月 20 日经氢键配对，T4RNA 连接酶连接，在世界上首次人工合成了 76 核苷酸的整分子酵母丙氨酸 tRNA。以后又进行了五次重复合成试验，均获得了成功。

第三篇
分子生物学实验

分子生物学是生命科学发展过程中诞生的一门实验性极强的新兴学科。现代分子生物学的建立和发展阶段：这一阶段是从 20 世纪 50 年代初到 70 年代初，以 1953 年 Watson 和 Crick 提出的 DNA 双螺旋结构模型作为现代分子生物学诞生的里程碑，开创了分子遗传学基本理论建立和发展的黄金。20 世纪 70 年代后，以基因工程技术的出现作为新的里程碑，标志着人类认识生命本质并能主动改造生命。其间的重大成就之一就是重组 DNA 技术的建立和发展。

　　分子生物学理论和技术发展的积累使得基因工程技术的出现成为必然。目前，分子生物学的基本操作技术与实验手段，主要包括植物、动物、微生物基因组 DNA 的提取与鉴定，哺乳动物组织总 RNA 的提取与鉴定，质粒 DNA 的提取与鉴定，PCR 扩增，分子杂交技术，限制性内切酶消化，分子克隆全过程和基因文库的构建等实验项目的原理及步骤。

第九章

基因工程原理与技术

第一节　基因工程实验策略

基因工程（genetic engineering）又称基因拼接技术和 DNA 重组技术，是以分子遗传学为理论基础，以分子生物学和微生物学的现代方法为手段，将不同来源的基因按预先设计的蓝图，在体外构建杂种 DNA 分子，然后导入活细胞，以改变生物原有的遗传特性、获得新品种、生产新产品。基因工程技术为基因的结构和功能的研究提供了有力的手段。基因工程基本操作步骤主要包括四步：① 目的基因的获取；② 基因表达载体的构建；③ 将目的基因导入受体细胞；④ 目的基因的检测与表达。其中，基因表达载体的构建是基因工程的核心。基因工程最突出的优点是打破了常规育种难以突破的物种之间的界限，可以使原核生物与真核生物之间、动物与植物之间，甚至人与其他生物之间的遗传信息进行重组和转移。人的基因可以转移到大肠杆菌中表达，细菌的基因可以转移到植物中表达。

一、获取目的基因

目前，获得目的基因方法主要有两种，一是从供体细胞的 DNA 中直接分离基因，最常用的方法是"鸟枪法"又叫"散弹射击法"。这种方法是将某种生物体的全基因组或单一染色体切成大小适宜的 DNA 片段，分别连接到载体 DNA 上，转化受体细胞，形成一套重组克隆，从中筛选 DNA 重组分子，此法操作简单，但工作量大。另一种是人工合成基因，这种方法有两条途径：① 以目的基因转录的信使 RNA 为模板，反转录成互补的单链 DNA，再在酶的作用下合成双链 DNA，即目的基因。② 从蛋白质的氨基酸序列，推测出信使 RNA 序列，再推测出结构基因的核苷酸序列，然后用化学的方法以单核苷酸为原料合成。

二、基因表达载体的构建

基因表达载体的构建，即是目的基因与运载体结合，这是实施基因工程的第二步，也是基因工程的核心。目的是使目的基因能在受体细胞中稳定存在，并且可以遗传给下一代，同时使目的基因能够表达和发挥作用。

三、重组子的转化

将目的基因导入受体细胞是实施基因工程的第三步。目的基因的片段与运载体在生物体外连接形成重组 DNA 分子后，下一步是将重组 DNA 分子引入受体细胞中进行扩增。自然条件下，很多质粒都可通过细菌接合作用转移到新的宿主内，但在人工构建的质粒载体中，一般缺乏此种转移所必需的 mob 基因，因此不能自行完成从一个细胞到另一个细胞的接合转移。用人工方法使体外重组的 DNA 分子转移到受体细胞，主要是借鉴细菌或病毒侵染细胞的途径。例如，如果运载体是质粒，受体细胞是细菌，一般是将细菌用氯化钙处理，以增大细菌细胞壁的通透性，使含有目的基因的重组质粒进入受体细胞。目的基因导入受体细胞后，就可以随着受体细胞的繁殖而复制，由于细菌的繁殖速度非常快，在很短的时间内就能够获得大量目的基因。

四、目的基因的检测与表达

目的基因导入受体细胞后，是否可以稳定维持和表达其遗传特性，只有通过检测与鉴定才能知道。这是基因工程的第四步工作。以上步骤完成后，在全部的受体细胞中，真正能够摄入重组 DNA 分子的受体细胞是很少的。因此，必须通过一定的手段对受体细胞中是否导入了目的基因进行检测。检测的方法有很多种，例如，大肠杆菌的某种质粒具有青霉素抗性基因，当这种质粒与外源 DNA 组合在一起形成重组质粒，并被转入受体细胞后，就可以根据受体细胞是否具有青霉素抗性来判断受体细胞是否获得了目的基因。

第二节　基因工程实验技术

一、PCR

（一）实验原理

PCR 技术类似于 DNA 的天然复制过程，其特异性依赖于与靶序列两端互补的寡核苷酸引物。PCR 由变性—退火—延伸 3 个基本反应步骤构成。

1. 模板 DNA 的变性

模板 DNA 经加热至 93 ℃左右一定时间后，使模板 DNA 双链或经 PCR 扩增形成的双链 DNA 解离，使之成为单链，以便与特异性引物结合，为下轮反应做准备。

2. 模板 DNA 与引物的退火（复性）

模板 DNA 经加热变性成单链后，温度降至 55 ℃左右，引物与模板 DNA 单链的互补序列配对结合。

3. 引物的延伸

DNA 模板-引物结合物在 Taq DNA 聚合酶的作用下，以 dNTP 为反应原料，靶序列为模板，按碱基配对与半保留复制原理，合成一条新的与模板 DNA 链互补的半保留复制链重复循环变性—退火—延伸 3 个过程，就可获得更多的"半保留复制链"，而且这种新链又可成为下次循环的模板。每完成一个循环需 2～4 min，2～3 min 可将待扩目的片段富集 $10^6 \sim 10^9$

倍。所需循环次数取决于样品中模板的拷贝。

PCR 的反应动力学：PCR 的三个反应步骤反复进行，使 DNA 扩增量呈指数上升；反应最终的 DNA 扩增量可用 $Y=(1+X)n$ 计算。Y 代表 DNA 片段扩增后的拷贝数，X 表示平均每次的扩增效率，n 代表循环次数。平均扩增效率的理论值为 100%，但在实际反应中平均效率达不到理论值。反应初期，靶序列 DNA 片段的增加呈指数形式，随着 PCR 产物的逐渐积累，被扩增的 DNA 片段不再呈指数增加，而进入线性增长期或静止期，即出现"停滞效应"，这种效应称平台期。因 PCR 扩增效率及 DNA 聚合酶 PCR 的种类和活性及非特异性产物的等因素存在，大多数情况下平台期的到来是不可避免的。

（二）PCR 扩增过程

1. 模板 DNA 变性

模板 DNA 就是需要复制的 DNA 片段，模板 DNA 加热至 93 ℃ 左右一定时间后，连接碱基的氢键在高温断裂，使 DNA 双链或经 PCR 扩增形成的双链 DNA 解离，使之成为单链，并成为下步扩增反应的模板。

模板核酸的量与纯化程度，是 PCR 成功与否的关键环节之一。传统的 DNA 纯化方法通常采用 SDS 和蛋白酶 K 来消化处理标本。SDS 的主要功能是溶解细胞膜上的脂类与蛋白质，因溶解膜蛋白而破坏细胞膜，并解离细胞中的核蛋白，SDS 还能与蛋白质结合而沉淀；蛋白酶 K 能水解消化蛋白质，特别是与 DNA 结合的组蛋白，再用有机溶剂如酚与氯仿抽提掉蛋白质和其他细胞组分后，用乙醇或异丙醇沉淀核酸。提取的核酸即可作为模板，用于 PCR 反应。一般临床检测标本，可采用快速简便的方法溶解细胞，裂解病原体，消化除去染色体的蛋白质，获得游离的靶基因，直接用于 PCR 扩增。RNA 模板提取一般采用异硫氰酸胍或蛋白酶 K 法，要防止 RNase 降解 RNA。

2. 模板 DNA 与引物的退火（复性）

引物是一小段人工合成的 20~30 bp 单链 DNA 或 RNA，也是聚合酶链式反应（PCR）中人工合成的复制起始点，每一条引物都与待扩增的靶区域特异互补。PCR 反应体系中需加入一对引物。一般在 55 ℃ 左右，引物就会和与其序列互补的模板 DNA 单链配对结合。

引物是 PCR 特异性反应的关键，PCR 产物的特异性取决于引物与模板 DNA 互补的程度。理论上，只要知道任何一段模板 DNA 序列，就能按其设计互补的寡核苷酸链做引物，利用 PCR 就可将模板 DNA 在体外大量扩增。设计引物应遵循以下原则：

（1）引物长度：15~30 bp，常用为 20 bp 左右。

（2）引物扩增跨度：以 200~500 bp 为宜，特定条件下可扩增长至 10 kb 的片段。

（3）引物碱基：GC% 含量以 40%~60% 为宜，GC% 太少扩增效果不佳，GC% 过多易出现非特异条带。ATGC 最好随机分布，避免 5 个以上的嘌呤或嘧啶核苷酸的成串排列。

（4）避免引物内部出现二级结构，避免两条引物间互补，特别是 3′端的互补，否则会形成引物二聚体，产生非特异的扩增条带。

（5）引物 3′端的碱基，特别是最末及倒数第 2 个碱基，应严格要求配对，以避免因末端碱基不配对而导致 PCR 失败。

（6）引物中有或能加上合适的酶切位点，被扩增的靶序列最好有适宜的酶切位点，这对酶切后的片段分析或分子克隆很有好处。

（7）引物的特异性：引物应与核酸序列数据库的其他序列无明显同源性。每条引物的浓度 0.1 ~ 1 μmol 或 10 ~ 100 pmol，引物浓度偏高会引起错配和非特异性扩增，且可增加引物之间形成二聚体的机会。

3. 引物的延伸

DNA 模板与引物结合物在 Taq DNA 聚合酶的作用下，以 dNTP 为反应原料，靶序列为模板，根据碱基配对原理，合成一条新的 DNA 互补链。新合成的 DNA 链并不是整个 DNA 链，而是由引物界定的、生物体特异的 100 bp ~ 600 bp 的靶序列。

Taq DNA 聚合酶是一种来源于嗜热水生菌的重组热稳定的 DNA 聚合酶，与一般的聚合酶所不同的是在高温状态仍具有活性。催化典型 PCR 反应需酶量约 2.5U/100 μL，浓度过高可引起非特异性扩增，浓度过低则合成产物量减少。

dNTP 的质量与浓度和 PCR 扩增效率有密切关系，dNTP 呈颗粒粉状，如保存不当易变性失去生物学活性。dNTP 溶液呈酸性，使用时应配成高浓度后，以 1 mol/L NaOH 或 1 mol/L Tris·HCl 的缓冲液将其 pH 调节到 7.0 ~ 7.5，小量分装，$-20\ ℃$ 冰冻保存。多次冻融会使 dNTP 降解。在 PCR 反应中，dNTP 应为 50 ~ 200 μmol/L，尤其是注意 4 种 dNTP 的浓度要相等（等摩尔配制），如其中任何一种浓度不同于其他几种时（偏高或偏低），就会引起错配。浓度过低又会降低 PCR 产物的产量。dNTP 能与 Mg^{2+} 结合，使游离的 Mg^{2+} 浓度降低。Mg^{2+} 对 PCR 扩增的特异性和产量有显著的影响，在一般的 PCR 反应中，各种 dNTP 浓度为 200 μmol/L 时，Mg^{2+} 浓度为 1.5 ~ 2.0 mmol/L 为宜。Mg^{2+} 浓度过高，反应特异性降低，出现非特异扩增，浓度过低会降低 Taq DNA 聚合酶的活性，使反应产物减少。

4. DNA 扩增

重复以上变性、退火、延伸三个过程，就可获得更多的 DNA 链，这一过程中新合成的新链又可成为下次循环的模板，使产物的数量按 2^n 增长。因此，高温变性模板、引物与模板退火、引物沿模板延伸三步反应组成一个循环。从形论上讲，经过 25 ~ 30 个循环后 DNA 可扩增 $10^6 ~ 10^9$ 倍。

（三）PCR 扩增条件

PCR 反应需要控制的条件是反应的温度、每个步骤的时间和循环次数。PCR 仪在使用前需要对每个反应的温度和时间进行设定。基于 PCR 原理三步骤而设置变性—退火—延伸三个温度点。在标准反应中采用三温度点法，双链 DNA 在 90 ~ 95 ℃ 变性，再迅速冷却至 40 ~ 60 ℃，引物退火并结合到靶序列上，然后快速升温至 70 ~ 75 ℃，在 Taq DNA 聚合酶的作用下，使引物链沿模板延伸。对于较短靶基因（长度为 100 ~ 300 bp 时）可采用二温度点法，除变性温度外，退火与延伸温度可合二为一，一般采用 94 ℃ 变性，65 ℃ 左右退火与延伸（此温度 Taq DNA 酶仍有较高的催化活性）。

1. 变性温度与时间

变性温度低，解链不完全是导致 PCR 失败的最主要原因。一般情况下，93 ~ 94 ℃、1 min 足以使模板 DNA 变性，若低于 93 ℃ 则需延长时间，但温度不能过高，因为高温环境对酶的活性有影响。如果靶基因模板或 PCR 产物不完全变性，将导致 PCR 失败。

2. 退火（复性）温度与时间

退火温度是影响 PCR 特异性的较重要因素。变性后温度快速冷却至 40 ~ 60 ℃，可使引物和模板发生结合。由于模板 DNA 比引物复杂得多，引物和模板之间的碰撞结合机会远远高于模板互补链之间的碰撞。退火温度与时间，取决于引物的长度、碱基组成及其浓度，还有靶基序列的长度。对于 20 个核苷酸，GC%含量约 50%的引物，最适退火温度选择的起点温度为 55 ℃。引物的复性温度可通过以下公式帮助选择合适的温度：

（1）Tm 值（解链温度）=$4(G+C)+2(A+T)$

（2）复性温度=Tm 值-(5 ~ 10 ℃)

在 Tm 值允许范围内，选择较高的复性温度可大大减少引物和模板间的非特异性结合，提高 PCR 反应的特异性。复性时间一般为 30 ~ 60 s，足以使引物与模板之间完全结合。

3. 延伸温度与时间

PCR 反应的延伸温度一般选择在 70 ~ 75 ℃，常用温度为 72 ℃，过高的延伸温度不利于引物和模板的结合。PCR 延伸反应的时间，可根据待扩增片段的长度而定，一般 1 kb 以内的 DNA 片段，延伸时间 1 min 是足够的。3 ~ 4 kb 的靶序列需 3 ~ 4 min；扩增 10 kb 需延伸至 15 min。延伸时间过长会导致非特异性扩增带的出现。对低浓度模板的扩增，延伸时间要稍长些。

4. 循环次数

循环次数决定 PCR 扩增程度。PCR 循环次数主要取决于模板 DNA 的浓度。一般的循环次数选在 30 ~ 40 次，循环次数越多，非特异性产物的量亦随之增多。

（四）PCR 反应特点

1. 特异性强

PCR 反应的特异性决定因素为引物与模板 DNA 特异的正确结合、碱基配对原则、TaqDNA 聚合酶合成反应的正确度、靶基因的特异性与保守性。

2. 灵敏度高

PCR 产物的生成量是以指数方式增加的。

3. 简便快速

PCR 反应用耐高温的 TaqDNA 聚合酶，一次性地将反应液加好后，即在 DNA 扩增液和水浴锅上进行变性、退火、延伸反应，一般在 2 ~ 4 h 完成扩增反应。

4. 对标本的纯度要求低

不需要分离病毒或细菌及培养细胞，DNA 粗制品及总 MA 均可作为扩增模板。可直接用临床标本如血液、体腔液、洗漱液、毛发、细胞、活组织等粗制的 DNA 扩增检测。

（五）几种常用特殊 PCR 技术

1. 逆转录 PCR（Reverse transcription-PCR，RT-PCR）

RT-PCR 即逆转录-聚合酶链反应。提取组织或细胞中的总 RNA，以其中的 mRNA 作为模板，采用 Oligo（dT）或随机引物利用逆转录酶反转录成 cDNA。再以 cDNA 为模板进行 PCR 扩增，而获得目的基因或检测基因表达。RT-PCR 使 RNA 检测的灵敏性提高了几个数量级，使一些极为微量 RNA 样品分析成为可能。该技术主要用于分析基因的转录产物、获取目的基因、合成 cDNA 探针、构建 RNA 高效转录系统。

2. 多重 PCR（Multiple PCR）

多重 PCR（multiplex PCR），又称多重引物 PCR 或复合 PCR，它是在同一 PCR 反应体系里加上两对以上引物，同时扩增出多个核酸片段的 PCR 反应，其反应原理，反应试剂和操作过程与一般 PCR 相同。多重 PCR 具有高效性、系统性、经济简便性等特点。

3. 套式 PCR（nested PCR）

套式 PCR，又称巢式 PCR。是一种变异的聚合酶链反应，使用两对（而非一对）PCR 引物扩增完整的片段。第一对 PCR 引物扩增片段和普通 PCR 相似。第二对引物称为巢式引物（因为他们在第一次 PCR 扩增片段的内部）结合在第一次 PCR 产物内部，使得第二次 PCR 扩增片断短于第一次扩增。巢式 PCR 的好处在于：如果第一次扩增产生了错误片断，第二次能在错误片段上进行引物配对并扩增的概率极低。因此，巢式 PCR 的扩增非常特异。

4. 不对称 PCR（asymmetric PCR）

不对称 PCR 是利用不等量的一对引物来产生大量单链 DNA（ssDNA）的方法。不对称 PCR 制备的单链 DNA 在用于序列测定时不必在测序之前除去剩余引物，简化操作、节约人力物力。另外，用 cDNA 经不对称 PCR 进行序列分析或 PCR-单链构象多态性分析（PCR-single-strand conformation polymorphism，SSCP）分析也是现在研究真核外显子的常用方法。根据实验设计的不同，不对称 PCR 又可分为引物浓度不对称 PCR 和热不对称 PCR。

二、DNA 重组载体

目的基因与载体结合，这是实施基因工程的第二步，也是基因工程的核心，目的是使目的基因能在受体细胞中稳定存在，并且可以遗传给下一代，同时使目的基因能够表达和发挥作用。

DNA 重组载体是指能够插入外源性 DNA 序列，并进行自主复制的一段 DNA 序列。基因工程中作为载体使用的 DNA 分子必须具备以下基本条件：能自主复制，或整合到受体染色体 DNA 上随染色体 DNA 的复制而同步复制；②具有一种或多种限制性内切酶的单一切割位点，并在位点中插入外源基因后，不影响其复制功能；③具有 1~2 个筛选标记，以便重组后进行重组子的筛选；④克隆载体必须是安全的，不应含有对受体细胞有害的基因，并不会任意转入其他生物细胞；⑤易于操作，转化效率高。常用的基因载体有质粒、噬菌体 DNA、病毒和酵母人工染色体。

（一）质粒及其特性

质粒是一种裸露的、结构简单、独立于细菌基因组 DNA 之外，具有自我复制能力的很小的双链环状 DNA 分子。在基因工程中质粒常被用作目的基因的载体（vector）。质粒 DNA 分子上有一个至多个限制酶切割位点，供外源 DNA 片段（基因）插入其中。携带外源 DNA 片段的质粒进入受体细胞后，在细胞中进行自我复制，或整合到染色体 DNA 上，随染色体 DNA 同步复制。质粒 DNA 分子上有特殊的标记基因，如四环素抗性基因，氨苄青霉素抗性基因等标记基因，供重组 DNA 的鉴定和选择。

已发现有质粒的细菌有几百种，已知的绝大多数的细菌质粒都是闭合环状 DNA 分子（简称 cccDNA）。细菌质粒的相对分子质量一般较小，约为细菌拟核 DNA 的 0.5% ~ 3%。根据相对分子质量的大小，大致上可以把质粒分成大小两类：较大一类的相对分子质量是 40×10^6 以上，较小一类的相对分子质量是 10×10^6 以下（少数质粒的相对分子质量介于两者之间）。每个细胞中的质粒数主要决定于质粒本身的复制特性。按照复制性质，可以把质粒分为两类：一类是严紧型质粒，当细胞染色体复制一次时，质粒也复制一次，每个细胞内只有 1 ~ 2 个质粒；另一类是松弛型质粒，当染色体复制停止后仍然能继续复制，每一个细胞内一般有 20 个左右质粒。这些质粒的复制是在寄主细胞的松弛控制之下的，每个细胞中含有 10 ~ 200 份拷贝，如果用一定的药物处理抑制寄主蛋白质的合成还会使质粒拷贝数增至几千份。如较早的质粒 pBR322 即属于松弛型质粒，要经过氯霉素处理才能达到更高拷贝数。一般分子量较大的质粒属严紧型。分子量较小的质粒属松弛型。质粒的复制有时和它们的宿主细胞有关，某些质粒在大肠杆菌内的复制属严紧型，而在变形杆菌内则属松弛型。

大部分的质粒虽然都是环状构型，它存在于许多细菌以及酵母菌等生物中，乃至于植物的叶绿体和线粒体等胞器中。然而，1984 年，在 Streptomyces coelicoler（天蓝色链霉菌）等放线菌以及在 Borrelia hermsii（赫氏蜱疏螺旋体）等原核生物中，又相继发现线形质粒。

（二）质粒的种类

质粒根据它们所带有的基因及其宿主细胞的特点可以分为 6 种不同的类型：

1. 抗性质粒

它们带有抗性基因，可使宿主菌对某些抗生素产生抗性，如对氨基苄青霉素，氯霉素等产生抗性。不同的细菌中也可含有相同的抗性质粒，如 RP4 质粒在假单胞菌属和其他细菌中都存在。R 质粒还可以通过感染的形式在不同种的细菌中传播。

2. 致育因子

可以通过接合在供体和受体间传递遗传物质。F 因子约有 1/3 的 DNA 构成一个转移 DNA 的操纵子，约 35 个基因，负责合成和装配性伞毛。这就是 DNA 转移区域，受 traJ 基因产物的正调节。它还具有重组区和复制区。重组区含有多个插入顺序，通过这些插入顺序进行同源重组。在复制区有两个复制起始点：一个是 OriV，供给 F 因子在宿主中自主复制时使用；另一个是 OriT，供接合时进行滚环复制的起始点。

3. Col 质粒

带有编码大肠杆菌素的基因，大肠杆菌素可杀死其他细菌。

4. 降解质粒

降解质粒可编码一种特殊蛋白，可使宿主菌代谢特殊的分子，如甲苯或水杨酸。

5. 侵入性质粒

侵入性质粒使宿主菌具有致病的能力，如 Ti 质粒，这是在根癌农杆菌中发现的，现经过加工用来作植物转基因的一种常用载体。

6. 隐秘质粒

隐秘质粒不显示任何表现类型，主要通过物理方法才能发现，如酵母菌 2 微米质粒。

（三）重组质粒的构建

1. 质粒载体

细菌质粒是重组 DNA 技术中常用的载体。质粒分子本身是含有复制功能的遗传结构。质粒还带有某些遗传信息，所以会赋予宿主细胞一些遗传性状。其自我复制能力及所携带的遗传信息在重组 DNA 操作，如扩增、筛选过程中都是极为有用的。

质粒载体是在天然质粒的基础上为适应实验室操作而进行人工构建的。与天然质粒相比，质粒载体通常带有一个或一个以上的选择性标记基因（如抗生素抗性基因）和一个人工合成的含有多个限制性内切酶识别位点的多克隆位点序列，并去掉了大部分非必需序列，使分子量尽可能减少，以便于基因工程操作。大多质粒载体带有一些多用途的辅助序列，这些用途包括通过组织化学方法肉眼鉴定重组克隆、产生用于序列测定的单链 DNA、体外转录外源 DNA 序列、鉴定片段的插入方向、外源基因的大量表达等。一个理想的克隆载体大致应有下列一些特性：（1）分子量小、多拷贝、松弛控制型；（2）具有多种常用的限制性内切酶的单切点；（3）能插入较大的外源 DNA 片段；（4）具有两个以上的遗传标记物，便于鉴定和筛选。（5）对宿主细胞无害。常用的质粒载体大小一般在 1 kb ~ 10 kb，如 PBR322、PUC 系列、PGEM 系列、PET 系列和 pBluescript（简称 pBS）等。

利用同一复制系统的不同质粒不能在同一宿主细胞中共同存在，当两种质粒同时导入同一细胞时，它们在复制及随后分配到子细胞的过程中彼此竞争。在一些细胞中，一种质粒占优势，而在另一些细胞中另一种质粒却占上风。当细胞生长几代后，占少数的质粒将会丢失，因而在细胞后代中只有两种质粒的一种，这种现象称质粒的不相容性（Incompatibility）。但利用不同复制系统的质粒则可以稳定地共存于同一宿主细胞中。质粒通常含有编码某些酶的基因，其表型包括对抗生素的抗性，产生某些抗生素，降解复杂有机物，产生大肠杆菌素和肠毒素及某些限制性内切酶与修饰酶等。

2. 质粒提取

从细菌中分离质粒 DNA 的方法都包括 3 个基本步骤：培养细菌使质粒扩增；收集和裂解细胞；分离和纯化质粒 DNA。采用强碱液、加热或溶菌酶（主要针对革兰氏阳性细菌）可以破坏菌体细胞壁，十二烷基磺酸钠（SDS）和 TritonX-100（一般很少使用）可使细胞膜裂解。经溶菌酶和 SDS 或 Triton X-100 处理后，细菌染色体 DNA 会缠绕附着在细胞碎片上，同时由于细菌染色体 DNA 比质粒大得多，易受机械力和核酸酶等的作用而被切断成不同大小的线性片段。当用强热或酸、碱处理时，细菌的线性染色体 DNA 变性，而共价闭合环状 DNA（Covalently closed circularDNA，简称 cccDNA）的两条链不会相互分开，当外界条件恢复正常时，线状染色体 DNA 片段难以复性，而是与变性的蛋白质和细胞碎片缠绕在一起，而质粒 DNA 双链又恢复原状，重新形成天然的超螺旋分子，并以溶解状态存在于液相中。在细菌细胞内，共价闭环质粒以超螺旋形式存在。在提取质粒过程中，除了超螺旋 DNA 外，还会产生其他形式的质粒 DNA。如果质粒 DNA 两条链中有一条链发生一处或多处断裂，分子就能旋转而消除链的张力，形成松弛型的环状分子，称开环 DNA（Open circularDNA，简称 ocDNA）；如果质粒 DNA 的两条链在同一处断裂，则形成线状 DNA（LinearDNA）。当提取的质粒 DNA 电泳时，同一质粒 DNA 其超螺旋形式的泳动速度要比开环和线状分子的泳动速度。

3. 酶切与链接

在 DNA 连接酶的作用下，在 Mg^{2+}、ATP 存在的连接缓冲系统中，将分别经酶切的载体分子与外源 DNA 分子进行连接。DNA 连接酶有两种：T4 噬菌体 DNA 连接酶和大肠杆菌 DNA 连接酶。两种 DNA 连接酶都有将两个带有相同黏性末端的 DNA 分子连在一起的功能，而且 T4 噬菌体 DNA 连接酶还有一种大肠杆菌连接酶没有的特性，即能使两个平末端的双链 DNA 分子连接起来。但这种连接的效率比黏性末端的连接效率低，一般可通过提高 T4 噬菌体 DNA 连接酶浓度或增加 DNA 浓度来提高平末端的连接效率。

T4 噬菌体 DNA 连接酶催化 DNA 连接反应分为 3 步：首先 T4 DNA 连接酶与辅助因子 ATP 形成酶-AMP 复合物；然后酶-AMP 复合物再结合到具有 5′ 磷酸基和 3′ 羟基切口的 DNA 上，使 DNA 腺苷化；最后产生一个新的磷酸二酯键，把切口封起来。DNA 重组的方法主要有黏端连接法和平端连接法，为防止载体本身的自连，可以通过 CIP（牛小肠碱性磷酸酶）处理克服。

连接反应的温度在 37℃ 时有利于连接酶的活性。但是在这个温度下，黏性末端的氢键结合是不稳定的。因此人们找到了一个折中温度，即 12 ~ 16 ℃，连接 12 ~ 16 h（过夜），这样既可最大限度地发挥连接酶的活性，又兼顾到短暂配对结构的稳定。

4. 转　化

转化是将外源 DNA 分子引入受体细胞，使之获得新的遗传性状的一种手段。它是微生物遗传、分子遗传、基因工程等研究领域的基本实验技术。转化过程所用的受体细胞一般是限制修饰系统缺陷的变异株，即不含限制性内切酶和甲基化酶的突变体（R^-）。它可以容忍外源 DNA 分子进入体内并稳定地遗传给后代。受体细胞经过一些特殊方法，如电击法、$CaCl_2$、RbCl（KCl）等化学试剂法处理后，细胞膜的通透性发生了暂时性的改变，成为能允许外源 DNA 分子进入的感受态细胞(Compenent cells)。进入受体细胞的 DNA 分子通过复制，表达实现遗传信息的转移，使受体细胞出现新的遗传性状。将经过转化后的细胞在筛选培养基中培养，即可筛选出转化子（transformant，即带有异源 DNA 分子的受体细胞）。

目前常用的感受态细胞制备方法有 $CaCl_2$ 和 RbCl（KCl）法。RbCl（KCl）法制备的感受态细胞转化效率较高，但 CaCl₂ 法简便易行，且其转化效率完全可以满足一般实验的要求。制备出的感受态细胞暂时不用时，可加入占总体积 15% 的无菌甘油，于 -70 ℃ 保存（保存时间为半年左右），因此 CaCl₂ 法使用更为广泛。

5. 重组质粒的筛选

利用 α 互补现象进行筛选是最常用的一种鉴定方法，又称为蓝白斑筛选。现在使用的许多载体都具有一段大肠杆菌 β 补半乳糖苷酶的启动子及其 α 肽链的 DNA 序列，此结构称为 *Lac Z'* 基因。*Lac Z'* 基因编码的 α 肽链是 β-半乳糖苷酶的氨基端的短片段（146 个氨基酸）。宿主和质粒编码的片段各自都不具有酶活性，但它们可以通过片段互补的机制形成具有功能活性的 β-半乳糖苷酶分子。*Lac Z'* 基因编码的 α 肽链与失去了正常氨基端的 β-半乳糖苷酶突变体互补，这种现象称为 α 互补。由 α 互补而形成的有功能活性的 β 补半乳糖苷酶，可以用 X-gal（5-溴-4-氯-3-吲哚-哚-al 半乳糖苷）显色出来，它能将无色的化合物 X-gal 切割成半乳糖和深蓝色的底物 5-溴-4-靛蓝。因此，任何携带着 *Lac Z'* 基因的质粒载体，转化了染色体基因组中存在着此种 β-半乳糖苷酶突变的大肠杆菌细胞后，便会产生出有功能活性的 β-半乳糖苷酶，在 IPTG（异丙基硫代 β 异丙基半乳糖苷）诱导后，在含有 X-gal 的培养基平板上形成蓝色菌落。而当有外源 DNA 片段插入到位于 *Lac Z'* 中的多克隆位点后，就会破坏 α 肽链的阅读框，从而不能合成与受体菌内突变的 β-半乳糖苷酶相互补的活性 α 肽，而导致不能形成有功能活性的 β 半乳糖苷酶，因此含有重组质粒载体的克隆往往是白色菌落。

由此可见，重组 DNA 分子进入受体细胞后，受体细胞必须表现出特定的性状，才能说明目的基因完成了表达过程。

第三节　实验内容

实验 9-1　PCR 扩增目的基因

【实验目的】

（1）掌握 PCR 反应的基本原理与实验技术。
（2）熟悉 PCR 仪的使用与常见问题的处理方法。
（3）了解 PCR 技术的相关类型和在医学诊断方面的应用。

【实验原理】

PCR 技术，即聚合酶链反应（Polymerase chain reaction，PCR）是由美国 PE Cetus 公司的 Kary Mullis 在 1983 年（1993 年获诺贝尔化学奖）建立的。这项技术可在试管内的经数小时反应就将特定的 DNA 片段扩增数百万倍，这种迅速获取大量单一核酸片段的技术在分子生物学研究中具有举足轻重的意义，极大地推动了生命科学的研究进展。它不仅是 DNA 分析最常用的技术，而且在 DNA 重组与表达、基因结构分析和功能检测中具有重要的应用价值。

PCR 是在试管中进行的 DNA 复制反应，基本原理与细胞内 DNA 复制相似，但反应体系相对较简单。PCR 由变性—退火—延伸三个基本反应步骤构成：① 模板 DNA 的变性：模板 DNA 经加热至 94 ℃ 左右一定时间后，使模板 DNA 双链或经 PCR 扩增形成的双链 DNA 解离，使之成为单链，以便它与引物结合，为下轮反应做准备；② 模板 DNA 与引物的退火（复性）：模板 DNA 经加热变性成单链后，温度降至 55 ℃ 左右，引物与模板 DNA 单链的互补序列配对结合；③ 引物的延伸：DNA 模板-引物结合物在 *Taq* 酶的作用下，以 dNTP 为反应原料，靶序列为模板，按碱基配对与半保留复制原理，合成一条新的与模板 DNA 链互补的半保留复制链。重复循环变性—退火—延伸三过程，就可获得更多的"半保留复制链"，而且这种新链又可成为下次循环的模板。每完成一个循环需 2 ~ 4 min，2 ~ 3 h 就能将待扩目的基因扩增放大几百万倍。

【实验试剂与器材】

1. 实验材料

待鉴定的小提质粒，引物。

2. 实验试剂

（1）TAE 电泳缓冲液。
（2）10×PCR 缓冲液。
（3）4 种 dNTP 混合液。
（4）DNA 聚合酶。
（5）引物（20 μmol/L）。
（6）10×溴酚蓝上样缓冲液。

3. 实验器材

PCR 仪、微型水平电泳槽、电泳仪、水浴锅、离心机等。

【实验步骤】

（1）在 0.2 mL Eppendorf 管内，按表 9-1 配方配制 20μL 反应体系。

表 9-1

试剂种类	体积/μL
模板 DNA	1.0
10×PCR mix	2.0
引物 1（2 μmol/L）	1.0
引物 2（2 μmol/）	1.0
ddH$_2$O	8.5

（2）设计循环程序，进行扩增。94 ℃，5 min，1 个循环；94 ℃，30 s，52 ℃（退火温度

根据实验设定），30 s，72 ℃，30 s（延伸时间根据实验设定），30 个循环；72 ℃ 延伸 10 min；4 ℃ 保温。

（3）扩增结束后取 20 μL 扩增产物，利用琼脂糖电泳检测 DNA 扩增情况，并切胶用于回收。

【注意事项】

（1）PCR 体系的配制过程中应尽量减少污染的机会，以免出现目的条带以外的杂带。

（2）加样时要认真，吸头垂直进入试剂管，每加完一样要换一个吸头，同时在已加的样品前做个记号以防止错加或漏加，避免污染。

（3）*Taq* 聚合酶（置于冰盒上）应最后加入，尽量减少室温接触机会。加酶时吸头深入不可过深，酶量不能过多。

【讨论与思考】

（1）核酸染料染色的原理是什么？

（2）PCR 未观察到重组条带都有哪些原因？

（3）临床上哪些指标检测需要用到 PCR 技术，试举 1~2 例加以说明？

实验 9-2 逆转录 PCR（RT-PCR）

【实验目的】

（1）掌握逆 RT-PCR 的技术和方法。

（2）熟悉实验过程中涉及的主要试剂、主要仪器的操作及注意事项。

（3）了解用 RT-PCR 获取目的基因的原理。

【实验原理】

逆转录是某些生物的特殊复制方式，是以 RNA 为模板合成 DNA 的过程，逆转录 PCR 正是通过体外模拟该过程，以样本中提取的 mRNA 为模板，在逆转录酶的作用下，合成出互补的 cDNA，然后利用 DNA 聚合酶，以 cDNA 生物第一链为模板，以脱氧核苷三磷酸为材料（dNTP），在引物的引导下，扩增出大量的 cDNA。逆转录 PCR 技术用途广泛，可用于检测细胞中基因表达水平及差异，细胞中病毒 RNA 的含量等。这里以 TaKaRa 反转录试剂盒的操作方案为例。

【实验试剂与器材】

1. 实验材料

RNA 样品。

2. 实验试剂

TaKaRa One Step RNA PCR Kit（AMV）。

3. 实验器材

移液枪、PCR 管、PCR 仪、电泳仪等。

【实验步骤】

（1）在 PCR 管中配置如表 9-2 所示反应体系。

表 9-2

试剂	体积
10 × One Step RNA PCR Buffer	5 μL
$MgCl_2$（25 mmol/L）	10 μL
dNTP mix（10 mmol/L）	5 μL
RNase Inhibitor（40 U/μL）	1 μL
AMV-Optimized Taq	1 μL
AMV RTase XL（5 U/μL）	1 μL
Specific upstream PCR primer（20 μmol/L）	1 μL
Specific downstream PCR primer（20 μmol/L）	1 μL
Experimental Sample RNA	1 μL
RNase Free dH_2O	24 μL
总体积	50 μL

（2）进行 RT-PCR 反应：50 ℃，30 min（逆转录）→94 ℃，3 min（逆转录酶失活）→（94 ℃，30 s→60 ℃，30 s→72 ℃，1~10 min）30（PCR 扩增），如图 9-1 所示。

图 9-1　PCR 仪设定 RT-PCR 反应程序

（3）取 10 μLPCR 产物进行琼脂糖凝胶电泳检测分析，剩余的 PCR 产物保存在-20 ℃，以备以后分析使用。

【注意事项】

（1）逆转录过程中建立 Rnase-free 环境，避免 RNA 的降解。
（2）操作全程佩戴手套。

【讨论与思考】

（1）RT-PCR 实验的模板是什么？
（2）简述逆转录 PCR 的实验流程。
（3）RT-PCR 实验的注意事项有哪些？

实验 9-3 质粒 DNA 提取（碱裂解法）

【实验目的】

（1）掌握质粒提取的原理和方法测定的应用。
（2）熟悉碱裂法提取质粒的基本操作步骤。
（3）了解质粒小抽提取试剂盒的组成和实验原理。

【实验原理】

质粒是细菌染色体外能自身独立复制的双股环状 DNA，带有遗传信息，可赋予细菌某些新的表型。将质粒指纹图谱分析方法、质粒 DNA 探针技术及检测质粒的 PCR 技术用于临床感染性疾病的诊断和流行病学调查已成为现实。质粒作为载体在基因工程中起着重要的作用。分离和纯化质粒 DNA 的方法很多，但这些方法基本包括 3 个步骤：即细菌的培养和质粒 DNA 的扩增；细菌菌体的裂解；质粒 DNA 的提取与纯化。

本实验学习用碱变性方法提取质粒 DNA。细菌培养物加入 SDS 和 NaOH 碱性溶液处理后，菌体裂解，可使细菌的质粒 DNA、染色体 DNA 和 RNA 一起从细胞内释放出来，经琼脂糖凝胶电泳，因各种核酸分子的迁移率不同将上述核酸分成不同的带。用核酸染料（Gold view）染色后，在紫外线灯下可看到各种核酸带发出的荧光。根据荧光的位置，可区分不同的核酸带。

【实验试剂与器材】

1. 实验材料

菌种（*E.coli* DH5α 大肠杆菌，含 Kana 抗性的质粒 pEGFP-N1）。

2. 实验试剂

（1）溶液 I（50 mmol/L 葡萄糖，25 mmol/L Tris.Hcl pH8.0，10 mmol/L EDTA）。

（2）溶液Ⅱ（0.2 mmol/L NaOH，1%SDS）用前新配制。

（3）溶液Ⅲ（5 mmol/L KAc溶液，pH4.8）。

（4）TE缓冲液（10 mmol/L Tris.Hcl，1 mmol/L EDTA，pH8.0）。

（5）LB液体培养基（胰蛋白胨10 g，酵母粉5 g，NaCl 10 g，加蒸馏水溶解，用NaOH调pH至7.5，加水至1 000 mL，121 ℃灭菌20 min）。

（6）RNA酶。

（7）饱和酚，氯仿，异戊醇。

（8）TAE缓冲液。

（9）上样缓冲液。

3. 实验器材

恒温振荡培养仪、高速冷冻离心机、漩涡振荡仪、各种规格的移液枪及枪头、分析天平、灭菌锅、1.5 mL/10 mL离心管、试管及试管塞、琼脂糖凝胶电泳仪等。

【实验步骤】

（1）接种细菌于5 mL LB液体培养基中，37 ℃培养过夜。

（2）以3 000 r/min离心15 min，弃上清。加入100 μL溶液Ⅰ悬起细菌沉淀。

（3）加入200 μL前新配制的溶液Ⅱ，颠倒EP管5次混合均匀，冰浴2 min。

（4）加入150 μL溶液Ⅲ温和地混匀，以12 000 r/min离心5 min。

（5）吸取上清清亮裂解液放入另一新EP管中，加等体积酚-氯仿-异戊醇抽提2次，以12 000 r/min离心2 min。（若不做酶切，此步可省略）吸取上清放入另一新EP管中，加入2倍体积的冷乙醇，以12 000 r/min离心10 min。

（6）弃乙醇，干燥后用30 μL TE缓冲液洗下核酸，待电泳检测。

【注意事项】

（1）对于低拷贝数的质粒，请用5 mL细胞。

（2）步骤（2）和（3）在冰上操作效果更佳。

（3）提高离心速度，使沉淀更加紧密，步骤6操作取上清更为方便。

（4）步骤（6）转移上清时不要吸取沉淀，否则会出现Genomic DNA和蛋白质污染。

（5）将TE或水预热到50 ℃左右可以提高洗脱效率。测序用质粒用30 μL预热的水洗脱，浓度一般满足测序要求。

【讨论与思考】

（1）碱裂法提质粒的原理是什么？

（2）实验过程中所用的试剂的作用各是什么？

（3）载体质粒的选择标准是什么？

实验 9-4　琼脂糖凝胶电泳

【实验目的】

（1）掌握琼脂糖凝胶电泳检测 DNA 的原理和方法。

（2）熟悉琼脂糖凝胶电泳仪器的使用。

（3）了解实验不同结果原因及分析。

【实验原理】

琼脂糖凝胶电泳是一个电场作用。它首先利用琼脂糖的分子筛效应；此外，在弱碱性条件下，DNA 分子带负电荷，从负极向正极移动。根据 DNA 分子大小、结构及所带电荷的不同，它们以不同的速率通过介质运动而相互分离。借助溴化乙锭（EB）能与双链 DNA 结合的作用，利用 EB 染色，并通过紫外线激发即可观察被分离 DNA 片段的位置。琼脂糖凝胶电泳技术（Agarose gel electrophoresis）是分离、鉴定和提纯 DNA 片断的有效方法。凝胶分辨率决定于使用材料的浓度，并由此决定凝胶的孔径。琼脂糖凝胶可分辨 0.1~6.0 kb 的双链 DNA 片段。

【实验试剂与器材】

1. 实验试剂

（1）琼脂糖。

（2）10×TAE 电泳缓冲液。

（3）上样缓冲溶液（0.25%溴酚蓝，30%甘油）。

（4）三羟甲基氨基甲烷（Tris）、硼酸、乙二胺四乙酸（EDTA）。

（5）核酸染料。

（6）DNA marker。

2. 实验器材

琼脂糖凝胶电泳系统，凝胶成像系统。

【实验步骤】

（1）取琼脂糖 0.9 g，加入 100 mL 1×TAE 电泳缓冲液于 250 mL 烧瓶中，100 ℃ 加热溶解。

（2）平衡凝胶槽，放好两侧挡板，调节好梳子与底板的距离（一般高出底板 0.5~1 mm）。

（3）铺板：在溶解好的凝胶中加入终浓度为 0.5 μg/mL 的溴化乙锭水溶液，轻轻混匀，待冷至 50 ℃ 左右倒入凝胶槽，胶的厚度一般为 5~8 mm。

（4）待胶彻底凝固后，去掉两侧挡板，将凝胶放入盛有电泳液的槽中（加样孔朝向负极端，DNA 由负极向正极移动），使液面高出凝胶 2~3 mm，小心拔出梳子。

（5）DNA 样品与载体缓冲液 5:1 混合并加入凹孔中（样品不可溢出）。

（6）打开电源，调节所需电压，电压与凝胶的长度有关，一般使用电压不超过 5 V/cm。

（7）据指示染料移动的位置，确定电泳是否终止（溴酚蓝的涌动距离在 5sRNA 和 0.3 kb DNA 带之间）。

（8）电泳完毕关闭电源。将凝胶放紫外灯下观察并拍照，电泳检测分析结果如图 9-2 所示。

图 9-2　琼脂糖凝胶电泳检测分析结果

【注意事项】

（1）在使用 Golden View 等核酸荧光染料时，操作时应戴手套，尽量减少台面污染。

（2）一般来说低浓度、低电压下，分离效果较好。线性 DNA 分子的电泳迁移率与所用的电压呈正比。但是，在电场强度增加时，较大的 DNA 片段迁移率的增加相对较小。因此随着电压的增高，电泳分辨率反而下降，为了获得电泳分离 DNA 片段的最大分辨率，电场强度不宜高于 5 V/cm。

（3）温度对于 DNA 在琼脂糖凝胶中的电泳行为没有显著的影响。通常在室温下进行电泳，只有当凝胶浓度低于 0.5%时，为增加凝胶硬度，可在 4 ℃，进行电泳。

【讨论与思考】

（1）何为电泳？影响泳动速率的因素有哪些？

（2）简述核酸构型与琼脂糖凝胶电泳分离的关系。

实验 9-5　酶切与连接

【实验目的】

（1）掌握重组 DNA 连接方法、酶切及连接原理。

（2）熟悉酶切反应、连接、实验条件。

（3）了解各种内切酶的作用靶点。

【实验原理】

限制性内切酶是一类能识别双链 DNA 中特定碱基顺序的核酸水解酶，这些酶都是从原核生物中发现，功能类似高等动物免疫系统，用于抗击外来 DNA 侵袭。以内切方式水解核酸链中的磷酸二酯键，产生的 DNA 片段 5′ 端为 P，3′ 端为 OH。DNA 酶切一般分为质粒直接酶切和 PCR 产物酶切。限制性内切酶能特异地结合于一段被称为限制性酶识别序列的 DNA 序列之内，或其附近的特异位点上，并切割双链 DNA。限制性内切酶分为Ⅰ类、Ⅱ类、Ⅲ类。Ⅰ类和Ⅲ类酶在同一蛋白质分子中兼有切割和修饰（甲基化）作用且依赖于 ATP 的存在。Ⅰ类酶结合于识别位点并随机切割识别位点不远处的 DNA，而Ⅲ类酶在识别位点上切割 DNA 分子，然后从底物上解离。Ⅱ类由两种酶组成：一种为限制性内切核酸酶（限制酶），它切割某一特异的核苷酸序列；另一种为独立的甲基化酶，它修饰同一识别序列。Ⅱ类中的限制性内切酶在分子克隆中得到了广泛应用，它们是重组 DNA 的基础。绝大多数Ⅱ类限制酶识别长度为 4~6 个核苷酸的回文对称特异核苷酸序列（如 EcoRⅠ识别六个核苷酸序列：5′- G↓AATTC-3′），有少数酶识别更长的序列或简并序列。

限制性内切酶特点：Ⅱ类酶切割位点在识别序列中，有的在对称轴处切割，产生平末端的 DNA 段（如 SmaⅠ：5′-CCC↓GGG-3′）；有的切割位点在对称轴一侧，产生带有单链突出末端的 DNA 段称粘性末端，如 EcoRⅠ切割识别序列后产生两个互补的黏性末端：

5′…G↓AATTC…3′ → 5′… G AATTC…3′
3′…CTTAA↑G …5′ → 3′… CTTAA G…5′

影响限制性内切酶的因素：DNA 纯度、缓冲液、温度条件及限制性内切酶本身都会影响限制性内切酶的活性。大部分限制性内切酶不受 RNA 或单链 DNA 的影响。也可在第一个酶切反应完成后，用等体积酚/氯仿抽提，加 0.1 倍体积 3 mol/L NaAc 和 2 倍体积无水乙醇，混匀后置-70 ℃ 低温冰箱 30 min，离心、干燥并重新溶于缓冲液后进行第二个酶切反应。

【实验试剂与器材】

1. 实验材料

λDNA，重组 pBS 质粒或 pUC19 质粒。

2. 实验试剂

（1）EcoRI 酶及其酶切缓冲液。

（2）HindⅢ酶及其酶切缓冲液。

（3）琼脂糖（Agarose）。

（4）5×TBE 电泳缓冲液。

（5）6×电泳载样缓冲液。

【实验步骤】

（1）将清洁干燥并经灭菌的 Eppendorf 管（最好 0.5 mL）编号，用微量移液枪分别加入 DNA 1μg 和相应的限制性内切酶反应 10×缓冲液 2 μL，再加入重蒸水使总体积为 19 μL。

（2）将管内溶液混匀后加入 1 μL 酶液，用手指轻弹管壁使溶液混匀，也可用微量离心机甩一下，使溶液集中在管底。此步操作是整个实验成败的关键，要防止错加，漏加。

（3）混匀反应体系后，将 Eppendorf 管置于适当的支持物上（如插在泡沫塑料板上），37 ℃ 水浴保温 2~3 h，使酶切反应完全。

（4）每管加入 2 μL 0.1mol/L EDTA（pH8.0），混匀，以停止反应，置于冰箱中保存备用。

【注意事项】

（1）限制性内切酶的用量根据内切酶单位和 DNA 用量而定，通常 1U 指在适当条件下，1 h 内完全酶解 1 μg 特定 DNA 底物所需要的限制性内切酶量，使用中一般以 1 μg DNA 对 2～3U 酶，短时间为宜。

（2）限制性内切酶体积不能超过反应体系 10%，因内切酶中含 50% 甘油，体系中甘油超过 5% 会抑制内切酶活力。

（3）不应混有其他杂蛋白，特别是其他内切酶或外切酶的污染。

（4）吸样量一定要准确。

（5）加样按体积从大到小，最后加酶。

（6）要求在冰上操作，并充分混匀。

（7）开启 Eppendorf 管时，手不要接触到管盖内面，以防污染。

（8）样品在 37 ℃ 与 65 ℃ 保温时，需盖严离心管，以防水进入管内造成实验失败。

【讨论与思考】

（1）酶切片断的回收与连接时有哪些注意事项？

（2）限制性内切酶为什么要尽量避免反复冻融？该如何处理？

实验 9-6　感受态细胞的制备及转化

【实验目的】

（1）掌握感受态细胞制备及工作原理。

（2）熟悉感受态细胞制备实验操作。

（3）了解转化效率计算方法。

【实验原理】

所谓感受态即指受体（或者宿主）最易接受外源 DNA 片段并实现其转化的一种生理状态。它是由受体菌的遗传性状所决定的，同时也受菌龄、外界环境因子的影响。cAMP 可以使感受态水平提高一万倍，而 Ca^{2+} 也可大大促进转化的作用。细胞的感受态一般出现在对数生长期，新鲜幼嫩的细胞是制备感受态细胞和进行成功转化的关键。

大肠杆菌的转化常用化学法（$CaCl_2$ 法）。其原理是细菌处于 0 ℃，$CaCl_2$ 的低渗溶液中，菌细胞膨胀成球形，转化混合物中的 DNA 形成抗 DNase 的羟基-钙磷酸复合物粘附于细胞表面，经 42 ℃ 短时间热冲击处理，促使细胞吸收 DNA 复合物，在丰富培养基上生长数小时后，球状细胞复原并分裂增殖，被转化的细菌中，重组子中基因得到表达，在选择性培养基平板上，可选出所需的转化子。

Ca^{2+} 处理的感受态细胞，其转化率一般能达到 $5×10^6～2×10^7$ 转化子/μg 质粒 DNA，可以满足一般的基因克隆试验。如在 Ca^{2+} 的基础上，联合其他的二价金属离子（如 Mn^{2+}、Co^{2+}）、DMSO 或还原剂等物质处理细菌，则可使转化率提高 100～1 000 倍。

【实验试剂与器材】

1. 实验材料

微生物菌株：大肠杆菌菌株，如 DH5α，Top10，BL21 等。

2. 实验试剂

（1）100 mmol/L $CaCl_2$ 溶液。

（2）30% 甘油。

3. 实验器材

恒温摇床、电热恒温培养箱、台式高速离心机、无菌工作台、低温冰箱、制冰机、分光光度计、微量移液枪。

【实验步骤】

1. 感受态细胞的制备

（1）挑取一 DH5α 单菌落于 2.5 mL LB 培养液中 37 ℃ 过夜培养。

（2）取其中 500 μL 菌液于一含 50 mL LB 培养液的锥形瓶中，37 ℃ 振摇培养至 OD_{600} 值达到 0.4～0.6。

（3）取 2 mL 菌液置于离心管内，冰浴 10 min，在 4 ℃ 以 4 500 r/min 离心 5min，将培养液倒掉，将管倒置 1 min 以便培养液流尽。

（4）加入 2 mL，100 mmol/L 的冰冷 $CaCl_2$ 溶液，摇荡重悬细胞，冰浴 30 min。

（5）在 4 ℃ 以 4 500 r/min 离心 5 min，收集细胞后，加 0.4 mL、100mmol/L 的冰冷 $CaCl_2$ 溶液轻轻悬浮细胞，冰上放置 2～3 min，即成感受态细胞悬液。（注意：以上操作完成了新鲜感受态细胞的制备。）

2. 感受态细胞的分装与冻存

在 2 mL 制备好的感受态细胞中加入 2 mL30%甘油（即 1∶1 体积，甘油终浓度 15%），将此感受态细胞分装成每份 200 μL（1.5 mL Eppendorf 管），液氮速冻，快速转入-70℃冰箱保存。（如果没有液氮，可以将分装的感受态细胞直接转入-70℃冰箱保存。）

【注意事项】

（1）细胞生长密度以刚进入对数生长期时为好，可通过监测培养液的 OD_{600} 来控制。

（2）所用的试剂，如 $CaCl_2$ 等均需是最高纯度的分析纯，并用超纯水配制，最好分装保存于干燥的冷暗处。

（3）防止杂菌和杂 DNA 的污染：整个操作过程均应在无菌条件下进行。

【讨论与思考】

（1）请阐述转化、转染和感染的概念、区别，并列举例子说明。

（2）若感受态效率低，分析有哪些方面的原因？

（3）比较常用的几种感受态制备方法，例如 CaCl₂ 法、甘油-聚乙二醇法、电击法等。

实验 9-7　重组质粒的筛选

【实验目的】

（1）掌握蓝白筛选原理。

（2）熟悉乳糖操纵子的原。

（3）了解假阴阳性结果分析。

【实验原理】

重组子筛选是指将重组产生的不同于亲本基因型的个体或组织，即重组子，通过转化、转染等方式导入受体细胞，经过培养得到大量所需转化子菌落或转染噬菌斑，进而将重组体的转化子细胞或转染噬菌体从其他细胞群体中分离出来，鉴定该无性繁殖的外源基因确实为目的基因的过程。可用的方法有载体表型选择法，如抗药性标记及其插入失活选择法和半乳糖苷酶显色反应选择法。

抗生素筛选法：菌株为某种抗生缺陷型，而质粒上带有该抗性基因（如氨苄青霉素，卡拉霉素等）。这样只有转化子才能在含该抗生素的培养基上长出。本实验利用抗生筛选转化子。半乳糖苷酶显色反应选择（互补法）：现在使用的许多载体（如 PUC 系列）含有一个大肠杆菌 DNA 的短区段，其中含有 β-半乳糖苷酸基因（*lacZ*）的调控序列和头 146 个氨基酸编码区。这个编码区中插入一个多克隆位点。受体菌则含编码 β-半乳糖苷酶 C 端 aa 的序列。当外源基因插入时，二者融为一体后，有 $\beta\beta$atieb-半乳糖苷酶表达，在生色底物 5-溴-4-氯-3-吲哚-β-D-半乳糖苷（x-gal）培养基中形成蓝色菌落。而当有外源基因插入到多克隆原点，从而造成插入失活，而使 *lacZ* 基因不表达而形成白色菌斑。通过颜色不同而区分重组子和非重组子。

除了根据插入基因特定条件下表达产物特性直接选择外，还有 DNA 电泳检测法，包括直接电泳检测法、酶切电泳检测法和 PCR 扩增检测法；核酸杂交检测法和免疫化学检测法如放射性抗体检测法、免疫沉淀检测法、酶联免疫吸附测定（ELISA）和蛋白质印迹法。

【实验试剂与器材】

1. 实验材料

载体质粒 DNA 为 pBS；转化受体菌为 E. coli DH5α 菌株。

2. 实验试剂

X-gal（5-溴-4 氯-3-吲哚-β-D-半乳糖苷）和 IPTG（异丙基硫代-β-D-半乳糖苷）而非直接

使用 β-半乳糖。X-gal 以及 β-半乳糖均为 β-半乳糖苷酶底物，但是 X-gal 不能诱导 β-半乳糖苷酶操纵子。

【实验步骤】

（1）每组连接反应转化原液取 100 μL 用无菌玻棒均匀涂布于筛选培养基上，37 ℃ 下培养 0.5 h 以上，直至液体被完全吸收。

（2）倒置平板于 37 ℃ 继续培养 12～16 h，待出现明显而又未相互重叠的单菌落时拿出平板。

（3）放于 4 ℃ 数小时，使显色完全（此步 LB 培养基不做）。不带有 T-vector DNA 的细胞，由于无 Amp 抗性，不能在含有 Amp 的筛选培养基上成活。带有 T-vector 的空载体的转化子由于具有 β-半乳糖苷酶活性，在 X-gal 和 ITPG 培养基上为蓝色菌落；带有重组质粒转化子由于丧失了 β-半乳糖苷酶活性，在 X-gal 和 ITPG 培养基上为白色菌落。

（4）酶切鉴定重组质粒：用无菌牙签挑取白色单菌落接种于含 Amp 50 μg/mL 的 5mL LB 液体培养基中，37 ℃ 下振荡培养 12 h。使用煮沸法快速分离质粒 DNA 直接电泳，同时以煮沸法抽提的 T-vector 做对照，有插入片段的重组质粒电泳时迁移率较 T-vector 慢。再用与连接末端相对应的限制性内切酶进一步进行酶切检验。还可用杂交法筛选重组质粒。

【注意事项】

（1）质粒的质量和浓度：用于转化的质粒 DNA 应主要是超螺旋态 DNA（cccDNA）。转化效率与外源 DNA 的浓度在一定范围内成正比，但当加入的外源 DNA 的量过多或体积过大时，转化效率就会降低。一般情况下，DNA 溶液的体积不应超过感受态细胞体积的 10%。

（2）防止杂菌和杂 DNA 的污染：整个操作过程均应在无菌条件下进行，所用器皿，如离心管，tip 头等最好是新的，并经高压灭菌处理，所有的试剂都要灭菌，且注意防止被其他试剂、DNA 酶或杂 DNA 所污染，否则均会影响转化效率或杂 DNA 的转入，为以后的筛选、鉴定带来不必要的麻烦。

（3）显色反应的时间：需要将平板放入 4 ℃ 冰箱中 3～4 h，使得显色反应充分。

（4）平板的涂布：用菌液涂平板时要避免来回涂布，否则过多的机械挤压涂布会导致细胞破裂，影响转化效率。

【讨论与思考】

（1）重组子的筛选方法有哪些？
（2）如何最终确认重组子？

【小结】

分子生物学实验是以分子生物学理论为指导，以基因工程技术流程为主线，以分子生物学和微生物学的现代方法为手段，将不同来源的基因按预先设计的蓝图，在体外构建杂种 DNA 分子，然后导入活细胞，以改变生物原有的遗传特性、获得新品种、生产新产品。基因工程技术为基因的结构和功能的研究提供了有力的手段。总体概括地说，基因工程的基本技术路线是：分（利用 PCR 技术进行目的基因的分离及扩增）、切（利用限制性内切酶对目的基因及表达载体进行酶切反应）、接（目的基因和载体经双酶切后，DNA 连接酶连接）、转（感受态细胞的制备及重组 DNA 分子导入受体细胞的）、筛（重组子的筛选）。

【巩固练习】

（1）什么是质粒？质粒作为载体的结构要素是什么？

（2）简述蓝白斑筛选的实验原理。

（3）基因工程的技术路线是什么？

（4）高保真 DNA 聚合酶有哪些特点？

（5）简述荧光定量 PCR 的工作原理。

【科研小故事】

人类基因组计划于 1990 年启动，旨在揭开人体 30 亿个碱基对的秘密，绘制人类基因组序列图，从而在分子层面上为人类提供一份生命"说明书"，有人将其称为生命科学的"登月"计划。2003 年 4 月 14 日，中、美、日、德、法、英 6 国科学家宣布，人类基因组序列图绘制成功，人类基因组计划的所有目标全部实现。

人类基因组含有四万到十万个基因，由约三十亿个碱基对组成，分布在细胞核的二十三对染色体中。为破译这本蕴藏着生命奥秘、决定人生老病死的"天书"，1999 年 9 月，中国积极加入这一研究计划，负责测定人类基因组全部序列的百分之一，也就是 3 号染色体上的三千万个碱基对，中国因此成为参与这一研究计划的唯一发展中国家。

这一项目主要由科技部、中科院以及国家自然科学基金委员会联合资助，由中科院基因组信息学中心、国家人类基因组南方中心、国家人类基因组北方中心的科学家共同承担。为完成工作，中国科学家付出了艰辛的努力，首先他们对被国际同行称为"北京区域"的这一部分进行了详细分析，1999 年 10 月 1 日大规模的基因测序正式开始。最终，科学家们共测定 3.84 亿个碱基，相当于将所负责区域重复测定 12 次以上，所有指标达到了"国际人类基因组计划"协作组对"完成图"的要求，国际人类基因组计划中国部分"完成图"提前两年绘制完成，所有数据递交到国际基因数据库中，可被全球科学家直接免费享用。

据悉，在参与这一计划的六个国家中，虽然参与时间最晚，但中国的基因组测序能力已经超过法国和德国，名列第四。中国在人类基因组计划中占据了 1% 的份额。"不要小看这 1%，它代表着中国科学家在这个划时代的里程碑上，已经刻上了中国人的名字。"人类基因组计划中国联系人、中国科学院遗传研究所人类基因组中心专家说。

另有专家认为，人类基因组计划中国部分的完成，必将大大促进中国生物信息学、生物功能基因组和蛋白质等生命科学前沿领域的发展，也将为中国基因资源开发利用，医药卫生、农业等生物高技术产业的发展开辟更加广阔的前景。

同时，表明中国在基因组学研究领域已达到国际先进水平。中国参与国际人类基因组计划并作出重大贡献，充分显示了我国新一代领导人积极参与国际合作重大课题的创新思维与创新策略，显示了中国科学家在科学探索、科研体制方面的创新精神。中国的参与改变了人类基因组研究的国际格局，提高了中国在国际社会的形象，受到了国际同行的欢迎与称颂。我国理所当然地分享国际人类基因组计划的全部成果与数据、资源与技术以及有关事务的发言权，形成了接近世界水平的基因组研究实力。

第四篇
探索与拓展实验

第十章　蛋白质组学实验

第一节　蛋白组学研究策略和内容

蛋白质组（Proteome）一词，源于蛋白质（Protein）与基因组（Genome）两个词的杂合，蛋白质组的概念最先由 Marc Wilkins 提出，指由一个基因组，或一个细胞、组织表达的所有蛋白质，蛋白质组的概念与基因组的概念有许多差别，它随着组织、甚至环境状态的不同而改变。在转录时，一个基因可以多种 mRNA 形式剪接，并且同一蛋白可能以许多形式进行翻译后的修饰。故一个蛋白质组不是一个基因组的直接产物，蛋白质组中蛋白质的数目有时可以超过基因组的数目。

通过对正常个体及病理个体间的蛋白质组比较分析，我们可以找到某些"疾病特异性的蛋白质分子"，它们可成为新药物设计的分子靶点，或者也会为疾病的早期诊断提供分子标志。世界范围内销路最好的药物本身是蛋白质或其作用靶点为某种蛋白质分子。因此，蛋白质组学研究不仅是探索生命奥秘的必要工作，也能为人类健康事业带来巨大的利益。

蛋白质组学（Proteomics）是以细胞内全部蛋白质的存在及其活动方式为研究对象。可以说蛋白质组研究的开展不仅是生命科学研究进入后基因组时代的里程碑，也是后基因组时代生命科学研究的核心内容之一。

一、蛋白质组学研究的范围

蛋白质组学有两种研究策略。一种可称为"竭泽法"，即采用高通量的蛋白质组研究技术分析生物体内尽可能多乃至接近所有的蛋白质，这种观点从大规模、系统性的角度来看待蛋白质组学，也更符合蛋白质组学的本质。但是由于蛋白质表达随空间和时间不断变化，要分析生物体内所有的蛋白质是一个难以实现的目标。另一种策略可称为"功能法"，即研究不同时期细胞蛋白质组成的变化，如蛋白质在不同环境下的差异表达，以发现有差异的蛋白质种类为主要目标。这种观点更倾向于把蛋白质组学作为研究生命现象的手段和方法。

早期蛋白质组学的研究范围主要是指蛋白质的表达模式（Expression profile），随着学科的发展，蛋白质组学的研究范围也在不断地完善和扩充。蛋白质翻译后修饰研究已成为蛋白质组研究中的重要部分和巨大挑战。蛋白质-蛋白质相互作用的研究也已被纳入蛋白质组学的研究范畴。而蛋白质高级结构的解析即传统的结构生物学，也有将其纳入蛋白质组学研究范围。

二、蛋白质组学的研究内容

1. 蛋白质鉴定

可以利用一维电泳和二维电泳并结合 Western 等技术，利用蛋白质芯片和抗体芯片及免疫共沉淀等技术对蛋白质进行鉴定研究。

2. 翻译后修饰

很多 mRNA 表达产生的蛋白质要经历翻译后修饰，如磷酸化、糖基化、酶原激活等。翻译后修饰是蛋白质调节功能的重要方式，因此对蛋白质翻译后修饰的研究对阐明蛋白质的功能具有重要作用。

3. 蛋白质功能确定

如分析酶活性和确定酶底物，细胞因子的生物分析/配基-受体结合分析。可以利用基因敲除和反义技术分析基因表达产物-蛋白质的功能。另外对蛋白质表达出来后在细胞内的定位研究也在一定程度上有助于蛋白质功能的了解。Clontech 的荧光蛋白表达系统就是研究蛋白质在细胞内定位的一个很好的工具。

蛋白质组学的研究最终要服务于人类的健康，主要指促进分子医学的发展。如寻找药物的靶分子。很多药物本身就是蛋白质，而很多药物的靶分子也是蛋白质。药物也可以干预蛋白质-蛋白质相互作用。

三、蛋白质组学研究的策略

蛋白质组学研究成功与否，很大程度上取决于其技术方法水平的高低。蛋白质研究技术远比基因技术复杂和困难。不仅氨基酸残基种类远多于核苷酸残基（20/4），而且蛋白质有着复杂的翻译后修饰，如磷酸化和糖基化等，给分离和分析蛋白质带来很多困难。此外，通过表达载体进行蛋白质的体外扩增和纯化也并非易事，从而难以制备大量的蛋白质。蛋白质组的研究实质上是在细胞水平上对蛋白质进行大规模的平行分离和分析，往往要同时处理成千上万种蛋白质。

蛋白质样品中不同类型的蛋白质可以通过二维电泳进行分离。二维电泳可以将不同种类的蛋白质按照等电点和分子量差异进行高分辨率的分离。成功的二维电泳可以将 2 000 ~ 3 000 种蛋白质进行分离。电泳后对胶进行高灵敏度的染色，如银染和荧光染色。比较两种样品之间蛋白质表达的异同，可以在同样条件下分别制备二者的蛋白质样品，然后在同样条件下进行二维电泳，染色后比较两块胶。也可以将二者的蛋白质样品分别用不同的荧光染料标记，然后两种蛋白质样品在一块胶上进行二维电泳的分离，最后通过荧光扫描技术分析结果。

胶染色后可以利用凝胶图像分析系统成像，然后通过分析软件对蛋白质点进行定量分析，并且对感兴趣的蛋白质点进行定位。通过专门的蛋白质点切割系统，可以将蛋白质点所在的胶区域进行精确切割。接着对胶中蛋白质进行酶切消化，酶切后的消化物经脱盐/浓缩处理后就可以通过点样系统将蛋白质点样到特定的材料的表面（MALDI-TOF）。最后这些蛋白质就可以在质谱系统中进行分析，从而得到蛋白质的定性数据，这些数据可以用于构建数据库或和已有的数据库进行比较分析。实际上像人类的血浆、尿液、脑脊液、乳腺、心脏、膀胱癌和鳞状细胞癌及多种病原微生物的蛋白质样品的二维电泳数据库已经建立起来，研究者可以登录 www.expasy.ch/等网站进行查询，并和自己的同类研究进行对比分析。

四、蛋白质组研究中的样品制备

通常可采用细胞或组织中的全蛋白质组分进行蛋白质组分析。也可以进行样品预分级，即采用各种方法将细胞或组织中的全体蛋白质分成几部分，分别进行蛋白质组研究。样品预分级的主要方法包括根据蛋白质溶解性和蛋白质在细胞中不同的细胞器定位进行分级，如专门分离出细胞核、线粒体或高尔基体等细胞器的蛋白质成分。样品预分级不仅可以提高低丰度蛋白质的上样量和检测，还可以针对某一细胞器的蛋白质组进行研究。

对临床组织样本进行研究，寻找疾病标记，是蛋白质组研究的重要方向之一。但临床样本都是各种细胞或组织混杂，而且状态不一。如肿瘤组织中，发生癌变的往往是上皮类细胞，而这类细胞在肿瘤中总是与血管、基质细胞等混杂。所以，常规采用的癌和癌旁组织或肿瘤与正常组织进行差异比较，实际上是多种细胞甚至组织蛋白质组混合物的比较。而蛋白质组研究需要的通常是单一的细胞类型。最近在组织水平上的蛋白质组样品制备方面也有新的进展，如采用激光捕获微解剖（Laser Capture Microdissection，LCM）方法分离癌变上皮类细胞。

五、蛋白质组研究中的样品分离和分析

利用蛋白质的等电点和分子量通过双向凝胶电泳的方法将各种蛋白质区分开来是一种很有效的手段。它在蛋白质组分离技术中起到了关键作用。如何提高双向凝胶电泳的分离容量、灵敏度和分辨率以及对蛋白质差异表达的准确检测是目前双向凝胶电泳技术发展的关键问题。主要趋势有第一维电泳采用窄 pH 梯度胶分离以及开发与双向凝胶电泳相结合的高灵敏度蛋白质染色技术，如新型的荧光染色技术。

质谱技术是目前蛋白质组研究中发展最快，也最具活力和潜力的技术。它通过测定蛋白质的质量来判别蛋白质的种类。当前蛋白质组研究的核心技术就是双向凝胶电泳——质谱技术，即通过双向凝胶电泳将蛋白质分离，然后利用质谱对蛋白质逐一进行鉴定。对于蛋白质鉴定而言，高通量、高灵敏度和高精度是三个关键指标。一般的质谱技术难以将三者合一，而最近发展的质谱技术可以同时达到以上三个要求，从而实现对蛋白质准确和大规模的鉴定。

六、蛋白质组生物信息学

蛋白质组数据库是蛋白质组研究水平的标志和基础。瑞士的 SWISS-PROT 拥有目前世界上最大，种类最多的蛋白质组数据库。丹麦、英国、美国等也都建立了各具特色的蛋白质组数据库。生物信息学的发展已给蛋白质组研究提供了更方便有效的计算机分析软件；特别值得注意的是蛋白质质谱鉴定软件和算法发展迅速，如 SWISS-PROT、Rockefeller 大学、UCSF 等都有自主的搜索软件和数据管理系统。最近发展的质谱数据直接搜寻基因组数据库使得质谱数据可直接进行基因注释、判断复杂的拼接方式。随着基因组学的迅速推进，会给蛋白质组研究提供更多更全的数据库。另外，对肽序列标记的从头测序软件也十分引人注目。

第二节　蛋白质组学研究技术

一、蛋白质组研究的核心——双向电泳（2-DE）

蛋白质组研究的发展以双向电泳技术作为核心。双向电泳由 Farrell 于 1975 年首次建立并成功地分离约 1 000 个 E.coli 蛋白，并表明蛋白质谱不稳定，而是随环境而变化。双向电泳原理简明，第一向进行等电聚焦，蛋白质沿 pH 梯度分离，至各自的等电点；随后，再沿垂直的方向进行分子量的分离。目前，随着技术的飞速发展，已能分离出 10 000 个斑点（Spot）。当双向电泳斑点的全面分析成为现实的时候，蛋白质组的分析变得可行。

样品制备（Sample prepareation）和溶解同样事关 2-DE 的成效，目标是尽可能扩大其溶解度和解聚，以提高分辨率。用化学法和机械裂解法破碎以尽可能溶解和解聚蛋白，两者联合有协同作用。对 IEF（isoelectric focusing）样品的预处理涉及溶解、变性和还原来完全破坏蛋白间的相互作用，并除去如核酸等非蛋白物质。理想的状态是人们应一步完成蛋白的完全处理。近来，在"变性剂鸡尾酒"中，含 14～16 个碳的磺基甘氨酸三甲内盐（ASB14～16）的裂解液效果最好。而离液剂 2 mol/L 硫脲和表面活性剂 4%CHAPS 的混合液促使疏水蛋白从 IPG（Immobilized pH gradients）胶上的转换。三丁基膦（Tributyl phosphine，TBP）取代 β-巯基乙醇或 DTT 完全溶解链间或链内的二硫键，增强了蛋白的溶解度，并导致转至第二向的增加。两者通过不同的方法来增加蛋白的溶解度，作为互补试剂会更有效。在保持样品的完整性的前提下，可利用核酸内切酶去除核酸（DNA）。低丰度蛋白（Low abundance protein）在细胞内可能具有重要的调节功能，代表蛋白质组研究的"冰山之尖"，故分离低丰度蛋白是一种挑战。亚细胞分级和蛋白质预分级、提高加样量（已达到 1～15 mg 级的标准）、应用敏感性检测，可以提高其敏感性。如一种多肽免疫 2-DE 印迹（MI-2DE）是利用几种单克隆抗体技术来分析和检测。提高组蛋白和核糖体蛋白等碱性蛋白（basic proteins）的分离是另一难点，由于碱性 pH 范围内凝胶基质的不稳定及逆向电渗流（EOF）的产生，对 pI（等电点）超过 10 的碱性蛋白，通过产生 0～10% 的山梨醇梯度和 16% 的异丙醇可减少之，亦可用双甲基丙烯酰胺来增加基质的稳定性。

2-DE 面临的挑战是高分辨率和重复性。高分辨率确保蛋白最大程度的分离，高重复性允许进行凝胶间配比（match）。对 2-DE 而言，有 3 种方法分离蛋白：① ISO-DALT（isoelectric focus）以 O'Farrell's 技术为基础。第一向应用载体两性电解质（Carrier ampholyte，CA），在管胶内建立 pH 梯度。随着聚焦时间的延长，pH 梯度不稳，易产生阴极漂移；② NEPHGE（Non-equilibrium pH gradient electrophoresis）用于分离碱性蛋白（pH>7.0）。如果聚焦达到平衡状态，碱性蛋白会离开凝胶基质而丢失。因此，在等电区域的迁移须在平衡状态之前完成，但很难控制；③ IPG-DALT 发展于 20 世纪 80 年代早期，由于固相 pH 梯度（Immobilized pH gradient，IPG）的出现解决了 pH 梯度不稳的问题。IPG 通过 immobiline 共价偶联于丙烯酰胺产生固定的 pH 梯度，克服了 IEF 的缺点，从而达到高度的重复性。目前可以精确制作线性、渐进性和 S 形曲线，范围或宽或窄的 pH 梯度。新的酸性 pH 3～5 或碱性 pH 6～11 的 IPG 凝胶梯度联合商品化的 pH 4～7 的梯度可对蛋白质形成蛋白质组重叠群（Proteomic contigs）

从而有效分离。

分离后的斑点检测（Spot detection）很重要。需考虑反应的线性、饱和阈/动态范围、敏感性、对细胞蛋白群的全体定量分析的适应性、可行性。目前，没有一种蛋白染色覆盖广泛的浓度和 PI 及分离后分析技术。银染已成为一种检测 2-DE 的流行方法，可检测少到 2 ~ 5 ng 的蛋白，因此较考马斯亮蓝 R-250 敏感。多数糖蛋白不能被考马斯亮蓝染色，一些有机染料不适于 PVDF 膜。放射性标记不依赖其代谢的活性，并仅适于对合成的蛋白质检测。另有一种改良的 2-DE（差异凝胶电泳），即应用两种不同的染料荧光标记两个样品，使在同一凝胶上电泳后的凝胶图像为两个，避免了几种 2-DE 的比较，可在纳克级进行检测。

较早期相比，2-DE 有两个主要的进步：首先，极高的重复性使有机体的参考图谱，可通过 Internet 获得，来比较不同组织类型、不同状态的基因表达；其次，高加样量使得 2-DE 成为一项真正的制备型技术。

二、蛋白质组技术的支柱——鉴定技术（Identification）

对于传统的蛋白鉴定方法，如免疫印迹法、内肽的化学测序、已知或未知蛋白的 Comigration 分析，或者在一个有机体中有意义的基因的过表达，因为它们通常耗时、耗力，不适合高流通量的筛选。目前，所选用的技术包括对于蛋白鉴定的图像分析、微量测序；进一步对肽片段进行鉴定的氨基酸组分分析和与质谱相关的技术。

三、图像分析技术（Image analysis）

在一系列高质量的 2-DE 凝胶产生（低背景染色，高度的重复性）的前提下，图像分析包括斑点检测、背景消减、斑点配比和数据库构建。首先，采集图像通常所用的系统是电荷耦合 CCD（Charge Coupled Device）照相机；激光密度仪（Laser densitometers）和 Phospho 或 Fluoro imagers，对图像进行数字化。并成为以像素（Pixels）为基础的空间和网格。其次，在图像灰度水平上过滤和变形，进行图像加工，以进行斑点检测。利用 Laplacian，Gaussian，DOG（Difference of Gaussians）opreator 使有意义的区域与背景分离，精确限定斑点的强度、面积、周长和方向，图像分析检测的斑点须与肉眼观测的斑点一致。多数系统以控制斑点的重心或最高峰来分析，边缘检测的软件可精确描述斑点外观，并进行边缘检测和邻近分析，以增加精确度。通过阈值分析、边缘检测、销蚀和扩大斑点检测的基本工具还可恢复共迁移的斑点边界。第三，2-DE 图像上的斑点被检测，许多图像需要分析比较、增加、消减或均值化。用来配比的著名软件系统包括 Quest、Lips、Hermes、Gemini 等，计算机方法如相似性、聚类分析、等级分类和主要因素分析已被采用，而神经网络、子波变换和实用分析在未来可被采用。

在凝胶图像分析系统依据已知蛋白质的 pI 值产生 pI 网络，使得凝胶上其他蛋白的 pI 按此分配。所估计的精确度大大依赖于所建网格的结构及标本的类型。已知的未被修饰的大蛋白应该作为标志，变性修饰的蛋白质的 pI 估计约在±0.25 个单位。同理，已知蛋白的理论分子量可以从数据库中计算，利用产生的表观分子量的网格来估计蛋白的分子量。未被修饰的小蛋白的错误率大约 30%，而翻译后蛋白的出入更大，故需联合其他的技术完成鉴定。

四、微量测序（Microsequencing）

蛋白质的微量测序已成为蛋白质分析和鉴定的基石，可以提供足够的信息。尽管氨基酸组分分析和肽质指纹谱（PMF）可鉴定由 2-DE 分离的蛋白，但最普通的 N-末端 Edman 降解仍然是进行鉴定的主要技术。目前已实现蛋白质微量测序的自动化。首先使经凝胶分离的蛋白质直接印迹在 PVDF 膜或玻璃纤维膜上，染色、切割，然后直接置于测序仪中，可用于 Subpicomole 水平的蛋白质的鉴定。有以下几点需注意：

（1）Edman 降解很缓慢，序列以每 40 min 1 个氨基酸的速率产生。

（2）与质谱相比，Edman 降解消耗大。

（3）试剂昂贵。

以上说明泛化的 Edman 降解蛋白质不适合分析成百上千的蛋白质。如果在一个凝胶上仅有几个有意义的蛋白质，或者如果其他技术无法测定而克隆其基因是必需的，则需要进行泛化的 Edman 降解测序。

近来，应用自动化的 Edman 降解可产生短的 N-末端序列标签，这是将质谱的序列标签概念用于 Edman 降解，业已成为一种强有力的蛋白质鉴定。当对 Edman 的硬件进行简单改进，以迅速产生 N-末端序列标签达 10 ~ 20 个/d，序列检签将适于在较小的蛋白质组中进行鉴定。若联合其他的蛋白质属性，如氨基酸组分分析、肽质质量、表现蛋白质分子量、等电点，可以更加可信地鉴定蛋白质。选择 BLAST 程序，可与数据库相配比。目前采用一种 Tagldent 的检索程序还可以进行种间比较鉴定，提高了其在蛋白质组研究中的作用。

五、与质谱（Mass spectrometry）相关的技术

质谱已成为连接蛋白质与基因的重要技术，开启了大规模自动化的蛋白质鉴定之门。用来分析蛋白质或多肽的质谱有两个主要的部分：样品入机的离子源；测量被介入离子的分子量的装置。

基质辅助激光解吸附电离飞行时间质谱（MALDI-TOF）为一脉冲式的离子化技术。它从固相标本中产生离子，并在飞行管中测其分子量。其次是电喷雾质谱（ESI-MS），是一连续离子化的方法，从液相中产生离子，联合四极质谱或在飞行时间检测器中测其分子量。在 MALDI-TOF 中，最重要的进步是离子反射器（Ion reflectron）和延迟提取（Delayed ion extraction），可达相当精确的分子量。在 ESI-MS 中，纳米级电雾源（Nano-electrospray source）的出现使得微升级的样品在 30 ~ 40 min 内分析成为可能。

以肽质指纹术和肽片段的测序来说明怎样通过质谱来鉴定蛋白质：

1. 肽质指纹术（Peptide mass fingerprint，PMF）

Henzel 等人于 1993 年提出肽质指纹术，用酶（最常用的是胰酶）对由 2-DE 分离的蛋白在胶上或在膜上于精氨酸或赖氨酸的 C-末端处进行断裂，断裂所产生的精确的分子量通过质谱来测量（MALDI-TOF-MS，或为 ESI-MS），这一技术能够完成的肽质量可精确到 0.1 个分子量单位。所有的肽质量最后与数据库中理论肽质量相配比（理论肽是由实验所用的酶来"断裂"蛋白所产生的）。配比的结果是按照数据库中肽片段与未知蛋白共有的肽片段数目作一排行榜，"冠军"肽片段可能代表一个未知蛋白。若冠亚军之间的肽片段存在较大差异，且这个

蛋白可与实验所示的肽片段覆盖良好，则说明正确鉴定的可能性较大。

2. 肽片段（Peptide fragment）的部分测序

肽质指纹术对其自身而言，不能揭示所衍生的肽片段或蛋白质。为进一步鉴定蛋白质，出现了一系列的质谱方法用来描述肽片段。用酶或化学方法从 N- 或 C- 末端按顺序除去氨基酸，形成梯形肽片段（Ladder peptide）。首先以一种可控制的化学模式从 N- 末端降解，可产生大小不同的一系列的梯形肽片段，所得一定数目的肽质量由 MALDI-TOF-MS 测量。另一种方法涉及羧基肽酶的应用，从 C- 末端除去不同数目的氨基酸形成肽片段。化学法和酶法可产生相对较长的序列，其分子量精确至以区别赖氨酸和谷氨酰胺。在质谱仪内应用源后衰变（Post-source decay，PSD）和碰撞诱导解离（Collision-induced dissociation，CID），目的是产生包含有仅异于一个氨基酸残基质量的一系列肽峰的质谱，从而允许推断肽片段序列。由 CID 图谱还可获得的几个序列的残基，叫作"肽序列标签"。这样，联合肽片段母离子的分子量和肽片段距 N、C 的距离将足以鉴定一个蛋白质。

3. 氨基酸组分分析

利用蛋白质异质性的氨基酸组分特征，成为一种独立于序列的属性，不同于肽质量或序列标签。Latter 首次表明氨基酸组分的数据能用于从 2-DE 凝胶上鉴定蛋白质。通过放射标记的氨基酸来测定蛋白质的组分，或者将蛋白质印迹到 PVDF 膜上，在 155 ℃ 进行酸性水解 1 h，通过这一简单步骤的氨基酸的提取，每一样品的氨基酸在 40 min 内自动衍生并由色谱分离，常规分析为 100 个蛋白质/周。依据代表两组分间数目差异的分数，对数据库中的蛋白质进行排榜，"冠军"蛋白质具有与未知蛋白质最相近的组分，考虑冠亚军蛋白质分数之间的差异，仅处于冠军的蛋白质的可信度大。Internet 上存在多个程序可用于氨基酸组分分析，如 AACompIdent，ASA，FINDER，AAC-PI，PROP-SEARCH 等，其中，在 PROP-SEARCH 中组分、序列和氨基酸的位置被用来检索同源蛋白质。但仍存在一些缺点，如由于不足的酸性水解或者部分降解会产生氨基酸的变异，应联合其他的蛋白质属性进行鉴定。

六、蛋白质组研究的百科全书数据库（Database）

蛋白质组数据库（Proteome database）被认为是蛋白质组知识的储存库，包含所有鉴定的蛋白质信息，如蛋白质的顺序、核苷酸顺序、2-D PAGE、3-D 结构、翻译后的修饰、基因组及代谢数据库等。例如，SWISS-2DPAGE 数据库包括人类，细菌，细胞等物种的信息。其中，E.coli SWISS-2DPAGE 数据库是 EXPASY 分子生物学服务器的一部分，通过 www 的 URL 网址 http://www.expasy.ch/ch2d/ch2d-top.html 可以查询。

当前的计算机和网络技术允许从一个数据库中的一条信息遨游到其他的数据库，将一个研究对象的数据与其他各种蛋白质组中的相关数据或图谱相连。分析型软件工具被称为蛋白质组分析机器人、数据分析软件包。在既定的状态下，定量研究蛋白质的表达水平，或者计算机辅助数据库系统建立可将实验推进一步。因此，蛋白质组分析技术联合蛋白质数据库，计算机网络和其他软件包合在一起称为蛋白质组的机控百科全书（Cyber-encyclopaedia of the proteome）。

蛋白质组和基因组共同分析可以产生大量的数据。当评估每一个数据库的价值时，难免要考虑两个条件：（1）数据库是否在任一时刻保持最新；（2）何时能够相互连接，且以整体状态评估。

七、蛋白质组技术的规模高流通量筛选（HTS）

HTS（High throughput screening）在蛋白质组研究中已成为现实。样品输入自动化得以进展。目前，正在设计的机器人可自动处理 2-DE 后电转至 PVDF 膜。原形机器人加工、传输蛋白质至质谱或以液相色谱为基础的分析仪，如进行斑点切割，操纵、控制多种 PMF、氨基酸组分分析所需的化学反应，使每天最小的流通量达 1 000 个蛋白。应用第二代 COMBINED 来处理输出的数据，自动咨询本地或网上的数据库而进行系列的评估。

高分辨率、高敏感性和高流通性的分离和分离后鉴定技术，结合准确、全面的数据库技术，使蛋白质组技术用于生物研究卓有成效。但仅鉴定蛋白质是不够的，蛋白质组世界的挑战是完善蛋白质质和量的分析，设想细胞活性、功能的全体性概念。在此基础上，蛋白质组分析将会促进未来生命科学的整体发展。

第三节　蛋白质组学基本实验

一、蛋白质印迹分析

如图 10-1 所示，蛋白质印迹法又称为免疫印迹法，这是一种可以检测固定在固相载体上蛋白质的免疫化学技术方法。待测蛋白既可以是粗提物也可以经过一定的分离和纯化，另外这项技术的应用需要利用待测蛋白的单克隆或多克隆抗体进行识别。

图 10-1　蛋白免疫印迹杂交原理示意图

如图 10-2 所示，可溶性抗原，也就是待测蛋白首先要根据其性质，如分子量、分子大小、电荷以及其等电点等采用不同的电泳方法进行分离；通过电流将凝胶中的蛋白质转移到聚偏二氟乙烯膜上；利用抗体（一抗）与抗原发生特异性结合的原理，以抗体作为探针钓取目的蛋白。值得注意的是在加入一抗前应首先加入非特异性蛋白，如牛血清白蛋白对膜进行"封阻"而防止抗体与膜的非特异性结合。

经电泳分离后的蛋白往往需再利用电泳方法将蛋白质转移到固相载体上。这个过程称为电泳印迹。常用的两种电转移方法分别为：

（1）半干法：凝胶和固相载体被夹在用缓冲溶液浸湿的滤纸之间，通电时间为 10 ~ 30 min。

（2）湿法：凝胶和固相载体夹心浸放在转移缓冲溶液中，转移时间可从 45 min 延长到过夜进行。

图 10-2　蛋白质印迹杂交步骤示意图

对于目的蛋白的识别需要采用能够识别一抗的第二抗体。该抗体往往是购买的成品，已经被结合或标记成特定的试剂，如辣根过氧化物酶。这种标记是利用辣根过氧化物酶所催化的一个比色反应，该反应的产物有特定的颜色且固定在固相载体上，容易鉴别。因此可通过对二抗的识别而识别一抗，进而判断出目标蛋白所在的位置。其他的识别系统包括碱性磷酸酶系统和 ^{125}I 标记系统。

实验 10-1　蛋白质印迹分析

【实验材料】

1. 实验器材

SDS/PAGE 实验相关材料；电转移装置；供电设备；PVDF 膜（Millipore Immobion-P #IPVH 000 10）；Whatman 3MM 纸。其他工具：镊子、海绵垫、剪子、手套、小塑料或玻璃容器、浅盘。

2. 实验试剂

（1）10×转移缓冲溶液（1 L）：30.3g Trizma base（0.25 mol/L），144 g 甘氨酸（1.92 mol/L），加蒸馏水至 1 L，pH 约为 8.3。

（2）1×转移缓冲溶液（2 L）：在 1.4L 蒸馏水中加入 400 mL 甲醇及 200 mL10×转移缓冲

溶液。

（3）TBS 缓冲溶液：将 1.22 g Tris（10 mmol/L）和 8.78 g NaCl（150 mmol/L）加入到 1 L 蒸馏水中，用 HCl 调节 pH 至 7.5。

（4）TTBS buffer：在 1L TBS 缓冲溶液中加入 0.5mL Tween 20（0.05%）。

（5）一抗：兔抗待测蛋白抗体（多克隆抗体）。

（6）二抗：辣根过氧化物酶标记羊抗兔。

（7）3%封阻缓冲溶液（0.5 L）：牛血清白蛋白 15 mg 加入 TBS 缓冲溶液并定容至 0.5 L，过滤，在 4 ℃ 保存以防止细菌污染。

（8）0.5%封阻缓冲溶液（0.5 L）：牛血清白蛋白 2.5 mg 加入 TTBS 缓冲溶液并定容至 0.5 L，过滤，在 4 ℃ 保存以防止细菌污染。

（9）显影试剂：1 mL 氯萘溶液（30 mg/mL 甲醇配置），加入 10 mL 甲醇，加入 TBS 缓冲溶液至 50 mL，加入 30 μL 30% H_2O_2。

（10）染色液：1 g 氨基黑 18B（0.1%），250 mL 异丙醇（25%）及 100 mL 乙酸（10%）用蒸馏水定容至 1 L。

（11）脱色液：将 350 mL 异丙醇（35%）和 20 mL 乙酸（2%）用蒸馏水定容至 1 L。

【实验操作】

1. 蛋白质的分离

根据目的蛋白的性质，利用电泳方法将其进行分离。为提高电转移的效率，通常采用 SDS/PAGE 技术。

分离实验结束后，首先将样品墙的上边缘用小刀去除，然后在胶板的右上角切一个小口以便定位，小心放入转移缓冲溶液中待用。

2. 电转移

（1）准备 PVDF 膜。

根据胶的大小剪出一片 PVDF 膜，膜的大小应略微小于胶的大小。将膜置于甲醇中浸泡 1 min，再移至转移缓冲溶液中待用。

（2）制作胶膜夹心。

在一浅盘中打开转移盒，将一个预先用转移缓冲溶液浸泡过的海绵垫放在转移盒的黑色筛孔板上，在海绵垫的上方放置经转移缓冲溶液浸湿的 3MM 纸，小心地将胶板放在 3MM 纸上，并注意排除气泡。将 PVDF 膜放在胶的上方同时注意排除气泡，再在膜的上方放上一张同样用转移缓冲溶液浸湿过的 3MM 纸并赶出气泡，放置另一张浸泡过的海绵垫，关闭转移盒。将转移盒按照正确的方向放入转移槽中，转移盒的黑色筛孔板贴近转移槽的黑色端，转移盒的白色筛孔板贴近转移槽的白色端，填满转移缓冲溶液同时防止出现气泡。胶膜夹心放置顺序如图 10-3 所示。

（3）转移。

连接电源，在 4℃ 条件下维持恒压 100 V，1 h。

图 10-3　胶膜夹心装置顺序

3. 免疫检测

（1）膜染色。

断开电源，将转移盒从转移槽中移出，将转移盒的各个部分分开。用镊子将 PVDF 膜小心放入一个干净的容器中，用 TBS 缓冲溶液进行短暂清洗，从膜上剪下一条宽约 5 mm 的膜放入另一个干净的容器中。将这条膜在染色液中浸泡 1 min，然后在脱色液中脱色 30 min，确定蛋白质已经转移到 PVDF 膜上。

（2）膜的封闭和清洗。

对于没有进行染色的膜，首先倒出 TBS 缓冲溶液，加入 3%封闭缓冲溶液，轻轻摇动至少 1 h。倒掉 3%封闭缓冲溶液，并用 TBS 缓冲溶液清洗 3 次，每次 5 min。

（3）一抗。

倒掉 TBS 缓冲溶液，加入 10 mL 0.5%封闭缓冲溶液及适量的一抗，轻轻摇动 1 h 以上。从容器中倒出一抗及封闭缓冲溶液，用 TTBS 缓冲溶液清洗 2 次，每次 10min。

（4）二抗。

倒出 TTBS 缓冲溶液，加入 5 mL 0.5%封闭缓冲溶液及适量的二抗。轻轻摇动 30 min，倒出二抗及封闭缓冲溶液，用 TTBS 缓冲溶液清洗 2 次，每次 10 min。

（5）检测。

倒掉 TTBS 缓冲溶液，并加入显影剂，轻轻摇动 PVDF 膜，观察显影情况，当能够清晰地看到显色带时，用蒸馏水在 30 min 内分 3 次清洗 PVDF 膜以终止显色反应的继续进行。

【实验结果】

检查膜上显色结果，蓝紫色带所对应的即是目标蛋白的位置。

二、蛋白质双向电泳

实验 10-2　双向电泳

（一）样品制备

样品制备是双向电泳中最关键的一步，将直接影响 2-DE 结果好坏。目前并没有一个通用的样品制备方法，尽管处理方法多种多样，但都遵循几个基本的原则：（1）尽可能地提高样品蛋白的溶解度，抽提最大量的总蛋白，减少蛋白质的损失；（2）减少对蛋白质的人为修饰；（3）破坏蛋白质与其他生物大分子的相互作用，并使蛋白质处于完全变性状态。

【实验材料】

细胞样品。

【实验操作】

（1）胰酶消化贴壁细胞，PBS 漂洗 3 次（1 500 g，5 min），弃上清，再次离心，去尽残液。如要比较细胞膜蛋白组的差别，最好用细胞刮收获细胞。如用 10mmol/L Tris/250 mmol/L Sucrose（pH 7.0）代替 PBS，可有效降低样品的盐浓度。

（2）加入 5 倍体积裂解液，混匀（或将 $1×10^6$ 细胞悬于 60 ~ 100μL 裂解液中）。

（3）加 50 μg/mL RNase 及 200 μg/mL Dnase，在 4 ℃ 放置 15 min。

（4）以 15 000 r/min 在 4 ℃ 离心 60 min（或以 40 000 r/min 在 4 ℃ 离心 30 min）。

（5）收集上清。

（6）测定蛋白浓度（采用 BioRad RC/DC protein assay kit）。

（7）分装样品，冻存于-70 ℃。

【实验材料】

组织样品。

【实验操作】

（1）将适量粉末状组织转移至匀浆器，加入适量裂解液，进行匀浆。

（2）加 50 μg/mL RNase 及 200 μg/mL DNase，在 4 ℃ 放置 15 min。

（3）15 000 r/min 在 4 ℃ 离心 60min（或以 40 000 r/min 在 4 ℃ 离心 30 min）。

（4）收集上清，测定蛋白浓度。

（5）分装样品，冻存于-70 ℃。

注意事项：

（1）8 mmol/L PMSF 必须在添加还原剂之前用，否则 PMSF 会失去活性。

（2）40 mmol/L 浓度以下的 Tris 可使有些蛋白酶在高 pH 下失活。

（3）细胞清洗：大多用 PBS，若 PBS 残留于细胞表面会造成胶上出现水平条纹，则可利用 10 mmol/L Tris，250 mmol/L sucrose pH 7.0 来解决。

（二）样品上样

【实验操作】

（1）从冰箱中取出 IPG 胶条，室温放置 10 min。

（2）沿水化盘槽的边缘从左向右线性加入样品，槽两端各 1 cm 左右不加样，中间的样品液一定要连贯。注意：不要产生气泡，否则会影响胶条中蛋白质的分布。

（3）用镊子轻轻撕去 IPG 胶条上的保护层。注意：碱性端较脆弱，应小心操作。

（4）将 IPG 胶条胶面朝下轻轻置于水化盘中样品溶液上。注意：不要将样品溶液弄到胶条背面，因为这些溶液不会被胶条吸收；还使胶条下面的溶液产生气泡。若产生了气泡，用镊子轻轻地提起胶条的一端，上下移动胶条，直到气泡被赶走。

（5）放置 30~45 min 大部分样品被胶条吸收，沿着胶条缓慢加入矿物油，每根胶条约 3 mL（17 cm IPG），防止胶条水化过程中液体蒸发。

（6）置等电聚焦仪于-20 ℃ 中水化 11~15 h。

（三）第一向等电聚焦

【实验操作】

（1）将纸电极置于聚焦盘的正负极上，加 ddH₂O 5~8 μL 润湿。

（2）取出水化好的胶条，提起一端将矿物油沥干，胶面朝下，将其置于刚好润湿的滤纸片上杂交以去除表面上的不溶物。

（3）将 IPG 胶条胶面朝下置于聚焦盘中，胶条的正极（标有+）对应于聚焦盘的正极，确保胶条与电极紧密接触。

（4）在每根胶条上覆盖 2~3 mL 矿物油。

（5）对好正、负极，盖上盖子。设置等电聚焦程序。

（6）聚焦结束的胶条，立即进行平衡、第二向 SDS-PAGE 电泳。或将胶条置于样品水化盘中，-20 ℃ 冰箱保存，电泳前取出胶条，室温放置 10 min，使其溶解。

（四）SDS-PAGE 电泳

【实验操作】

（1）配制 12%的丙烯酰胺凝胶。

（2）待凝胶凝固后，倒去分离胶表面的 MilliQ 水、乙醇或水饱和正丁醇，用 MilliQ 水冲洗。

（3）配制胶条平衡缓冲液 I。

（4）在桌上先放置干的厚滤纸，聚焦好的胶条胶面朝上放在干的厚滤纸上。将另一份厚滤纸用 MilliQ 水浸湿，挤去多余水分，然后直接置于胶条上，轻轻吸干胶条上的矿物油及多余样品，这样可以减少凝胶染色时出现的纵条纹。

（5）将胶条转移至样品水化盘中，加入 6 mL（17 cm IPG）平衡缓冲液 I，在水平摇床上缓慢摇晃 15 min。

（6）配制胶条平衡缓冲液 II。

（7）第一次平衡结束后，取出胶条将之竖在滤纸上沥去多余的液体，放入平衡缓冲液 II 中，继续在水平摇床上缓慢摇晃 15 min。

（8）用滤纸吸去 SDS-PAGE 胶上方玻璃板间多余的液体，将二向凝胶放在桌面上，凝胶的顶部面对自己。

（9）将琼脂糖封胶液加热溶解。

（10）在 100 mL 量筒中加入 TGS 电泳缓冲液。

（11）第二次平衡结束后，取出胶条，用滤纸吸去多余的平衡液（将胶条竖在滤纸上，以免损失蛋白或损坏凝胶表面）。

（12）用镊子夹住胶条的一端使胶面完全浸没在 1×电泳缓冲液中漂洗数次。

（13）将胶条背面朝向玻璃板，轻轻放在长玻板上，加入低熔点琼脂糖封胶液。

（14）用适当厚度的胶片，轻轻地将胶条向下推，使之与聚丙烯酰胺凝胶胶面完全接触。注意：不要在胶条下方产生气泡，应推动凝胶背面的支撑膜，不要碰到胶面。

（15）放置 5 min，使低熔点琼脂糖封胶液凝固。

（16）打开二向电泳制冷仪，调温度为 15 ℃。

（17）将凝胶转移至电泳槽中，加入电泳缓冲液，接通电源，起始时用的低电流（5 ~ 10 mA/gel/17 cm），待样品在完全走出 IPG 胶条，浓缩成一条线后，再加大电流（20 ~ 30 mA/gel/17 cm）待溴酚蓝指示剂达到底部边缘时即可停止电泳。

（18）电泳结束后，轻轻撬开两层玻璃，取出凝胶，并切角以作记号（戴手套，防止污染胶面）。

（19）进行染色。

（五）SDS-PAGE 胶染色

表 10-1　各种蛋白染色方法的灵敏度比较

染色方法	灵敏度	与质谱的兼容性
Silver	1 ~ 10 ng	−
Silver（MS compatible）	10 ng	+
Comassie G-250 或 R-250	>30 ng	+
Antibody（Western blot）	1 ng	

1. 考马斯亮蓝染色

【实验材料】

（1）CBB 染色液。

（2）0.5%考马斯亮蓝 G250 或 R250。

（3）40%甲醇。

（4）10%乙酸。

（5）脱色液：30%甲醇+10%乙酸。

【实验步骤】

（1）在摇床上染色 30 min。

（2）脱色至蛋白点或条带清晰可见。

（3）ddH$_2$O 洗 3 ~ 5 次。

2. 胶体考马氏亮蓝染色

【实验步骤】

（1）固定：甲醇/醋酸/H$_2$O（45 : 1 : 54）至少 20 min。

（2）染色 12 ~ 18 h。染色液：17%（W/V）硫酸铵；34%甲醇；0.5%醋酸；0.1%（W/V）Coomassie G250。

（3）脱色：用 H_2O 脱色至蛋白点和背景清晰。

（六）双向电泳蛋白点的切取和保存

【实验步骤】

（1）用 PDQuest 软件或肉眼比对，找出感兴趣的蛋白点，并做好标记和记录。

（2）用 MilliQ 水冲洗胶 2 次。

（3）用色谱纯甲醇和 MilliQ 水冲洗 Ep 管。

（4）将枪头（200 μL）下端剪去，使其内径略小于蛋白斑点的直径，用色谱纯甲醇和 MilliQ 水冲洗枪头。

（5）对准斑点中央小心将蛋白切割下来，放入 Ep 管，MilliQ 水漂洗 2 次，如胶块太大，将其切成 1 mm×1 mm 的胶片。

（6）将切好的点做好标记和记录，置-80 ℃ 保存或冻干后置-20 ℃ 存放。

【注意事项】

（1）尽量避免皮肤和头发的角蛋白的污染，在操作过程中应戴一次性的 PE 手套（不用乳胶手套）和帽子。

（2）不要将胶长期存放于乙酸溶液中。

（3）Ep 管及染胶的容器必须用甲醇和水充分清洗，尤其应与进行 Western blotting 的容器分开，以避免 casein 或 BSA 的污染。

（七）考染 SDS-PAGE 条带酶解，提肽

【实验步骤】

（1）切胶前用 ddH₂O 洗胶 2～3 次，以除去残留的乙酸和乙醇。

（2）用塑料切胶片将胶切成 1 mm³ 大小的胶粒，盛于 0.6 mL EP 管中。

（3）脱色：加入 100 μL（对于小胶的一条带）50%ACN/50%50mmol/L NH_4HCO_3（即 1/2 的 ACN 与 1/2 的 100 mmol/L NH_4HCO_3 的混合液），漩涡混合仪上混旋 10～30 min（根据脱色情况，可延长时间至 30～45 min），去掉上清，重复 1～2 次，直到完全脱色（实在脱不掉，有时也不影响下游的酶解和质谱）。

（4）干胶：加 100 μL ACN 混匀，室温下放置 5～10 min，可见胶粒变白，吸去 ACN；重复 1～2 次，于 37 ℃ 置 10～20 min，残留的 ACN 挥发尽。

（5）加酶：胰酶用 0.1%的乙酸配成 100 ng/μL 的储存液。使用时，用 40 mmol/L NH_4HCO_3/10%ACN 稀释成 12.5 ng/μL 的使用液。每管加 12.5 ng/μL 的胰酶 10～15 μL（根据情况定量，酶液没过胶粒即可），将胶粒没过。4℃ 放 15min，取出，吸去多余的胰酶，加入 15 μL 的 40 mmol/L NH_4HCO_3/10%ACN（也可用 ddH₂O）覆盖，防止蒸发。

（6）酶解：37 ℃，酶解过夜（一般 16 h，3～6 h 即可）。

（7）提肽：将酶液转移到新的 0.6 mL EP 管中，胶粒中加入 50～80 μL 50%ACN/5%TFA，超声（放冰袋）10～15 min，离心，上清合并；再加入 20～50 μL 50%ACN/5%TFA，重复 1～2

次，上清合并。

（8）封上 parafilm 膜，扎孔，-80 ℃冷冻上清，进行冻干。

（9）冻干后的样品如不立即用，于-80℃保存。

（10）若做 MALDI-MS，溶于 1～3 μL 样品准备液（50%ACN/0.1%甲酸），做靶鉴定；若做 LC-MS，溶于 15～25 μL 样品准备液（50%ACN），质谱鉴定

第四节　蛋白质组数据处理

数据库的检索是利用计算机程序算法将实验测得的肽质量数据与蛋白质序列数据库中的蛋白质的肽质量计算值进行相关性比较分析，从而得出可能蛋白质的概率并将相关性最好的结果排序，这是凝胶分离蛋白质鉴定的最常用手段。

这种检索途径有一个明显的限制，就是被鉴定的蛋白质必须在序列数据库（蛋白质数据库和核酸序列翻译数据库）中存在。PMF 检索鉴定蛋白质是依据实验中获得的蛋白质的多个肽段质量数据与同一蛋白质肽段质量理论计算值之间的相关性比较。因此，这一技术不适用于检索 EST 翻译序列，也不适用于鉴定蛋白质的混合物。而肽序列标签分析（Sequence tag analysis）可适用于检索 EST 数据库。

主要搜索 Swiss Prot（速度快但不全面）和 NCBI（速度虽慢但包含更多的信息）数据库。如果认为蛋白质可能为新的蛋白质，选择 NCBI 数据库，标准搜索选择 Swiss Prot 数据为好。也可搜索 EST 数据库（用 MS/MS 数据按搜索更有效）。

检索条件的设置与结果判断：

（1）肽片段质量选择在 800～4 000 Da 范围。

（2）氨基酸残基的修饰（Modifications）：半胱氨酸为脲甲基半胱氨酸（Cardamidomethyl-Cys），蛋氨酸选择可变修饰——氧化。

（3）最大允许的肽质量误差（Mass Tolerances），与仪器性能和数据质量有关，一般设为±0.1Da，最大为±0.5Da，质量误差越小，搜索的特异性越高。

（4）不完全酶解位点数目（Missed cleavages）：每个肽允许有 2 个不完全裂解位点，一般选 1（如果蛋白充分变性且酶解完全）。

（5）参考蛋白质表观分子量和等电点，表观 pI 误差范围为±0.5pH，表观 Mr 误差为范围为±20%。一般情况下不选此项，在判读结果时参考。

（6）物种选择：限定物种。

（7）离子选择：M⁺、H⁺，单同位素最少匹配肽片段规定为 4。

第五节　蛋白组实验数据库

一、蛋白组学主要数据库——PDB

蛋白质数据库（Protein databank，PDB）要由 X-射线晶体衍射和核磁共振（NMR）测得

的生物大分子三维结构组成，用户可直接查询、调用和观察库中所收录的任何大分子三维结构。该数据库同时提供蛋白质序列及其三维空间晶体学原子坐标，其中受体-配体、抗原-抗体、底物-酶复合物等相互作用分子的共结晶图谱是基于同源比较的分子设计所需的最佳模型，因此PDB数据库为初步的蛋白质合理设计提供了重要的知识来源。由于PDB主要由生物大分子三维结构所组成，它具有以下几种功能：

（1）能够查找目的蛋白质的结构。

（2）可进行一级或高级结构的简单分析。

（3）与互联网上的其他一些数据库，如 GDB、GenBank、SWISS-PROT、PIR 等链接，从而可查询蛋白质的其他信息。

（4）可下载有关结构信息以供进一步使用，可通过关键词、PDB 标识符等进行查询。

在序列分析中，PDB 主要可应用于蛋白质结构预测和结构同源性比较。其中 NRL-3D 数据库则是 PDB 数据库中所有蛋白质序列的信息。该数据库网址为：http://www.rcsb.org/pdb/。

二、蛋白质的序列分析流程

（一）蛋白质序列的检索

（1）从 NCBI 检索蛋白质序（http://www.ncbi.nlm.nih.gov:80/entrez/query.fcgi?db= Protein）。

（2）利用 SRS 系统从 EMBL 检索蛋白质序列（http://srs.ebi.ac.uk/）。

（二）蛋白质序列的基本性质分析

（1）蛋白质序列的信号肽分析（http://genome.cbs.dtu.dk/services/SignalP-2.0/）。

（2）蛋白质序列的跨膜区分析（http://genome.cbs.dtu.dk/services/TMHMM-1.0/；http://www.ch.embnet.org/software/TMPRED_form.html）。

（3）蛋白质序列的亚细胞定位分析（http://predict.sanger.ac.uk/nnpsl/nnpsl_mult.cgi）。

（三）蛋白质序列的同源性分析

（1）基于 Blast 软件的蛋白质序列同源性分析（http://www.ncbi.nlm.nih.gov/blast/blast.cgi）。

（2）基于 FASTA 软件进行蛋白质序列同源性分析（http://www2.ebi.ac.uk/fasta3）。

（3）两条蛋白质序列之间的同源性分析（http://www.ncbi.nlm.nih.gov/gorf/bl2.html）。

（4）蛋白质序列的批量联网同源性分析。

（四）蛋白质序列的结构功能域分析

（1）蛋白序列的 motif 分析（http://www.isrec.isb-sib.ch/software/PFSCAN_form.html）。

（2）蛋白质的结构功能域分析（http://smart.embl-heidelberg.de/；http://www.ebi.ac.uk/interpro/interproscan/ipsearch.html）。

（五）蛋白质家族分析及其进化树的构建方案

详细可参见 http://www.faseb.org/protein/docs/WWWResources.html。

【小结】

蛋白组学的发展离不开其相关实验技术的突飞猛进，这些技术不仅可以进行蛋白质的分离和鉴定，还可以进行目的蛋白的筛选和样品的分析，为生命科学领域相关研究提供了新的思路和解决办法。本章主要介绍了包括免疫印迹杂交、双向电泳等蛋白质组学实验技术的原理、特点，以及这些技术的基本步骤。

【巩固练习】

（1）双向电泳第一向进行胶条水化时的两种方式是什么？各有什么特点？

（2）双向凝胶电泳的基本原理是什么？

（3）western blot 有什么优点？

（4）western blot 中抗体的可以重复应用吗？

（5）western blot 电泳结果条带形状不好的原因可能有哪些？

【实验小故事】

1979 年工作于西雅图弗雷德·哈钦森癌症研究中心的 Burnette 发明蛋白杂交技术，并定义为"Western Blot"以区别于 Southern blot，因为他们实验室正好也处于美国西海岸。Burnette 把这个技术方案复印了很多份传给朋友们，很快就开了一个关于 blotting 技术的电话研讨会，他需要向每一个人解释这个技术，因为很多人拿到复印件之后可能根本读不懂；那段时间 Burnette 几乎用所有的时间都在打电话解释他的"Western blotting"技术。通过民间传播这个技术声名远扬，他的文章终于也在 1981 年被公开发表。

科学的故事总是充满趣味的。

第十一章

基因芯片实验

生物芯片（Biochip）是指采用光导原位合成或微量点样等方法，将大量生物大分子比如核酸片段、多肽分子甚至组织切片、细胞等等生物样品有序地固化于支持物（如玻片、硅片、聚丙烯酰胺凝胶、尼龙膜等载体）的表面，组成密集二维分子排列，然后与已标记的待测生物样品中靶分子杂交，通过特定的仪器比如激光共聚焦扫描或电荷偶联摄影像机（CCD）对杂交信号的强度进行快速、并行、高效地检测分析，从而判断样品中靶分子的数量。由于常用玻片/硅片作为固相支持物，且在制备过程模拟计算机芯片的制备技术，所以称之为生物芯片技术。根据芯片上的固定的探针不同，生物芯片包括基因芯片、蛋白质芯片、细胞芯片、组织芯片，另外根据原理还有元件型微阵列芯片、通道型微阵列芯片、生物传感芯片等新型生物芯片。如果芯片上固定的是肽或蛋白，则称为肽芯片或蛋白芯片；如果芯片上固定的分子是寡核苷酸探针或 DNA，就是 DNA 芯片。

由于基因芯片（Genechip）这一专有名词已经被业界的领头羊 Affymetrix 公司注册专利，因而其他厂家的同类产品通常称为 DNA 微阵列（DNA Microarray）。这类产品是目前最重要的一种，有寡核苷酸芯片、cDNA 芯片和 Genomic 芯片之分，有两种模式：一是将靶 DNA 固定于支持物上，适合于大量不同靶 DNA 的分析；二是将大量探针分子固定于支持物上，适合于对同一靶 DNA 进行不同探针序列的分析。

生物芯片技术是 20 世纪 90 年代中期以来影响最深远的重大科技进展之一，是融微电子学、生物学、物理学、化学、计算机科学为一体的高度交叉的新技术，具有重大的基础研究价值，又具有明显的产业化前景。由于用该技术可以将大量的探针同时固定于支持物上，一次可以对大量的生物分子进行检测分析，从而解决了传统核酸印迹杂交（Southern Blotting 和 Northern Blotting 等）技术复杂、自动化程度低、检测目的分子数量少、低通量（low through-put）等不足。而且，通过设计不同的探针阵列、使用特定的分析方法可使该技术具有多种不同的应用价值，如基因表达谱测定、突变检测、多态性分析、基因组文库作图及杂交测序（Sequencing by hybridization，SBH）等，为"后基因组计划"时期基因功能的研究及现代医学科学及医学诊断学的发展提供了强有力的工具，将会使新基因的发现、基因诊断、药物筛选、给药个性化等方面取得重大突破，为整个人类社会带来深刻广泛的变革。

第一节　基因芯片实验原理

按照预定位置固定在固相载体上很小面积内的千万个核酸分子所组成的微点阵阵列。在一定条件下，载体上的核酸分子可以与来自样品的序列互补的核酸片段杂交。如果把样品中的核酸片段进行标记，在专用的芯片阅读仪上就可以检测到杂交信号。

一、基因芯片技术的主要步骤

（一）芯片制备

目前制备芯片主要以玻璃片或硅片为载体，采用原位合成和微矩阵的方法将寡核苷酸片段或 cDNA 作为探针按顺序排列在载体上。芯片的制备除了用到微加工工艺外，还需要使用机器人技术。以便能快速、准确地将探针放置到芯片上的指定位置。

（二）样品制备

生物样品往往是复杂的生物分子混合体，除少数特殊样品外，一般不能直接与芯片反应，有时样品的量很小。所以，必须将样品进行提取、扩增，获取其中的蛋白质或 DNA、RNA，然后用荧光标记，以提高检测的灵敏度和使用者的安全性。

（三）杂交反应

杂交反应是荧光标记的样品与芯片上的探针进行的反应产生一系列信息的过程。选择合适的反应条件能使生物分子间反应处于最佳状况，减少生物分子之间的错配率。

（四）信号检测和结果分析

杂交反应后的芯片上各个反应点的荧光位置、荧光强弱经过芯片扫描仪和相关软件可以分析图像，将荧光转换成数据，即可以获得有关生物信息。

二、寡核苷酸芯片和 cDNA 芯片两大类的基本原理和特点

（一）寡核苷酸芯片（Oligonucleotides Chip）

1. 概　念

寡核苷酸芯片是指固相载体上的寡核苷酸微阵列。其制备方法以直接在基片上进行原位合成为主、有时也可以预先合成，再按照制备 cDNA 芯片的方法固定在基片上。原位合成(In situ synthesis ）是目前制造高密度寡核苷酸芯片最为成功的方法，有几种不同的工艺，其中最著名的是美国 Affymetrix 公司（http://www.affymetrix.com）的专利技术——光引导化学合成法（ Light-directed chemical synthesis process ）。产品名为 GeneChip。

2. 寡核苷酸芯片的制备

Affymetrix 公司已公开的光引导化学合成主要过程为：首先根据杂交目的确定寡核苷酸探针的长度和序列。再由计算机设计出合成寡核苷酸时用到的所有光掩膜（Masks）。最后做探针合成。光导原位合成技术的优点是可以用很少的步骤合成极其大量的探针阵列，探针阵列密度可高达到每平方厘米一百万个。

3. 寡核苷酸芯片的杂交和检测分析

样品处理和杂交检测方法与 cDNA 芯片是一致的。由于寡核苷酸阵列多需要区分单碱基突变，因此严格控制杂交液盐离子浓度、杂交温度和冲洗时间是杂交实验成败的关键。

（二）cDNA 芯片（cDNA Chip）

1. 概　念

在玻璃片、硅片、聚丙烯膜、硝酸纤维素膜、尼龙膜等固相载体上固定的成千上万个 cDNA 分子组成 cD4A 微阵列。制作 cDNA 芯片最常用的固相载体是显微镜载玻片，载玻片在使用前需要进行表面处理，目的是抑制玻璃片表面对核酸分子的非特异性吸附作用。常用的表面处理方法有氨基化法、醛基化法和多聚赖氨酸包被法。

2. cDNA 芯片的制备

制备 cDNA 芯片多用合成后点样法（Spotting after synthesis），简称点样法。合成后点样法使用的专用设备称为点样仪（Arrayer），目前有多家国外公司（如 Bopdiscovery，Biorobotics，Vartesian Technologies，Genetic Microsystems，Genomicssolutions 等）生产点样仪。点样仪的主要部件是由计算机系统控制的电脑机械手。点样时电脑机械手利用点样针头（Pin）从 96 或 384 橄孔板上蘸取 cDNA 样品，按照设计好的位置点在载玻片表面。针头的数目、机械手的移动时间、针头清洗和干燥时间、样品总数和载玻片数目共同决定了点样所需时间；针头的直径和形状、样品溶液的黏滞程度以及固相载体的表面特性决定了芯片上液滴的量和扩散面积。

除点样法以外，cDNA 芯片也可以用电子定位法（Electronic addressing）制备。美国 Nanogen 公司最早使用这项技术，他们对空白片上的持定位点进行电活化，使相应活化点的表面带有电荷，成为"微电极"，能够吸附 cDNA 分子。带有微电极的片子与样品溶液共同孵育，溶液中的 cDNA 分子被吸附在微电极上，并与片子表面发生化学结合从而固定。用这种工艺制备的芯片的优点是：微电极的电吸附作用可以提高与靶核酸的杂交效率。缺点是制备复杂，成本较高。这种带有微电极的芯片也称为主动式芯片。许多公司出售商品化的 cDNA 芯片，可以根据需要从公司定制。

3. cDNA 芯片的使用方法——样品制备和杂交

（1）样品制备包括分离和标记两个方面，有些样品还经过核酸扩增放大这一步骤。样品制备的一般过程是：提取待检样品中的 mRNA，反转录成 cDNA，同时标记上荧光，荧光标记为最常用的方法，优点是无放射性且有多种颜色可供使用；研究者可以根据需要选用其他标记方法，例如同位素标记法、化学发光法或酶标法；如果目的是研究两种来源的组织细胞基因的差异表达，则分别提取两种组织细胞的 mRNA，反转录成 cDNA，分别标记两种不同颜色的荧光（如 Cy3 和 Cy5），等量混合后与芯片进行杂交反应。

（2）杂交反应可以在专用的杂交仪（Hybridization station）或杂交盒（Hybridization chamber）内进行。杂交仪能够容纳多张芯片，有利于杂交过程的自动化和杂交条件的标准化。单个反应可以在杂交盒里进行，斯坦福大学 Patrick O.Brown 教授领导的实验室将制作杂交盒的详细说明提供在互联网，同时还提供了 cDNA 芯片设备、样品处理与杂交的完整的实验手册和有关软件的下载、网址是：http://cmgm.stanford.edu/pbrowri/index.html。

图 11-1 所示为芯片实验原理及基本步骤。

图 11-1　芯片实验原理及基本步骤

4. 杂交信号检测和分析

通常检测芯片上的杂交信号需要高灵敏度的检测系统——阅读仪（Reader），阅读仪的成像原理分为激光共焦扫描和 CCD 成像两种。前者分辨率和灵敏度较高，但是扫描速度较慢且价格昂贵。后者的特点与之相反。一次标准的 cDNA 芯片杂交实验产生的成千上万个点的杂交信息，需要生物信息学手段的支持。已经有多种读取和分析杂交信号的应用软件以及能够与网络公共数据库连接进行数据分析的应用软件、在 NHGRI 的网站可以下载用于图像分析的软件，还可以找到能够与 Genbank、Unigene 等数据库联机工作的软件包。

基因芯片的主要类型及其简要特点见表 11-1。

表 11-1　基因芯片的主要类型及其简要特点

主要类型	片基	探针固定方式	探针密度	显色及检测方式
寡核苷酸芯片	刚性片基如玻片、半导体硅片等	原位合成（In situ synthesis）	高	荧光，激光共聚焦扫描、定量分析；生物传感器等
cDNA 芯片	玻片、薄膜片基如 NC、Nylon 膜等	预先合成后点样（Off-chip synthesis）	低	荧光

第二节　生物芯片实验方法

一、样品制备

样品主要来源为 RNA 以及通过 PCR 方法获得。

（一）总 RNA 制备

1. 组织（或细胞）碾磨粉碎

将超低温保存的组织（或细胞）材料迅速转移至盛有液氮的碾钵中，用杵子不断碾磨至粉状。

称取 1.5 g 粉状样品，放入盛有液氮的碾钵中，并加入 50 mL 溶液 D，用杵子不断碾磨至细粉状。

2. 组织匀浆

（1）将碾好的细粉末倒入匀浆管中，在组织匀浆粉碎机上匀浆。

（2）将匀浆液分装在离心管中，冰浴 20 min。

（3）11 000 r/min 离心 5 min，将上清转移入另一离心管。

3. 分离和沉淀

（1）分别加入 1/10 体积 3 mol/L NaAc（pH4.5）和等体积 5：1 酸性酚氯仿溶液，冰浴 20 min 4 ℃，以 11 000 r/min 离心 20 min。

（2）吸取上清至一 50 mL 离心管，加入等体积异丙醇，混匀后-20 ℃放 1 h。

（3）4 ℃，1 100 r/min，离心 20 min，弃上清。

（4）每管加入 3 mL 的溶液 D，溶解沉淀，再用等体积的酚氯仿各抽提 1 次。

（5）加等体积的异丙醇，-20 ℃沉淀 2 h。4 ℃，10 000 r/min 离心 20 min，弃上清。

（6）加入 10 mL 冰预冷的 75%乙醇，洗涤沉淀 2 次，晾干沉淀。

4. 溶解和比色

（1）按照 0.5 mL/g 组织的比例加入 Milli-Q 水 200 mL，彻底溶解沉淀。

（2）取适量的样品用 10 mol/mL 的 Tris 稀释一定倍数，测分光光度值。一般来说 ratio（260 与 280 的比值加 320 系数）值在 1.80 ~ 2.00 比较好。

（3）配 1.0%的胶，取 500 ng 样品通过电泳鉴定。

（二）mRNA 的分离与纯化

（1）称取一定量的 oligo（dT）-纤维素，悬浮于 1×上样缓冲液中。

（2）将悬浮液装入填有经 DEPC 处理并高压灭菌的玻璃棉 1 mL 玻璃注射器中，柱床体积为 0.5 ~ 1 mL，用 10 mL DEPC 处理的水冲洗。柱床体积为 1 mL 的 oligo（dT）-纤维最大载样量为 10mg 总 RNA，如总 RNA 的量较少，则应减少柱床体积。

（3）用 5 倍体积的 0.1mol/L 的 NaOH 洗柱，然后再用 5 倍体积的 ddH$_2$O 冲洗柱子。

（4）用 10 倍床体积的洗脱缓冲液平衡柱子。

（5）用 10 倍床体积的上样缓冲液平衡柱子，备用。

（6）用 ddH$_2$O 溶解 RNA 样品，68 ℃ 水浴 3 min 后迅速插入冰浴中，加等体积的 2×上样缓冲液，上样，然后收集流出液。

（7）当全部溶液快流干时，将流出液置于 68 ℃ 水浴 3 min 后，迅速冷至室温后重新上样，并收集流出液。

（8）用大量的 1×上样缓冲液洗柱，直至 *OD*$_{260}$ 值很低或为零。

（9）待上样缓冲液快流干时，加洗脱缓冲液洗柱，用 1.5 mL 离心管分管收集，每管约 400 μL，共收集 6 管，通常 mRNA 洗脱峰集中在第 2 管中，第 3 管次之，第 4 管后就很少，而第 1 管中几乎没有 RNA 洗脱下来。

（10）用分光光度计测 *OD*$_{260}$ 值，合并 mRNA 的洗脱组分。加入 1/10 的 3mol/L NaAc（pH5.2）和 3 倍体积无水乙醇，混合后-80 °C 保存备用。

（11）用时取出，4 °C，12 000 r/min 离心 20 min，弃上清，70%乙醇洗涤 2 次，沉淀中温烘干，备用。

（三）PCR 方法获得样品

一个 100 μL 的 PCR 反应所提供的 DNA 足够点 1 000 张芯片。扩增的实验参数取决于所用的模板和引物的类型，然而限定 PCR 的模板、引物、dNTP、镁离子、标准缓冲液和酶是十分重要的。一般附加剂如甘油或明胶因改变表面张力或竞争玻片表面的附着位点而影响点片过程，应避免使用。

1. 点样 DNA 的制备

为了纯化 PCR 产物以制备点样 DNA，一般用异丙醇沉淀 PCR 产物，然后在 3× SSC 中以大约 100 ng/μL 的浓度重新悬浮 DNA。沉淀既能在 PCR 孔板中又能在 V 形底 96 孔组织培养板中进行。首先在每孔中加入 10 μL 醋酸铵（3 mol/L，pH5.2）；再加 110 μL 异丙醇；置孔板于-20 °C，1 h（如果时间不允许，这一步可省略）；4 °C 下，3 500 r/min 离心沉淀 1 h；在孔板下放 2～3 层纸巾以防破碎。在一个离心机转头接头上可以叠放 4 块 V 底孔板一起旋转，在每块孔板之间放一个纸垫，然后把孔板小心地捆在一起，以防滑落。沉淀后，吸出或颠倒孔板来弃去液体。用 100 μL 70%乙醇（用 95%乙醇配制，因为 100%乙醇中可能含有荧光杂质）洗沉淀，再离心 30 min，吸去或轻轻倒出液体，在体积适合 96 孔板的抽干机中浓缩干燥沉淀。在 10～15 μL 3×SSC（pH7.0）中重悬沉淀，4 °C 下至少放置 12 h，小心封好孔板，以免蒸发。因为过多的盐及 DNA 的浓缩会影响点片。重新悬浮后，把溶液转移到软板中（Fisher3911Micro Test Ⅲ Fexible Assay Plates）备用点片。封严孔板，储存于 4 °C 或-20 °C 直到使用。在点片前，将孔板轻轻地离心一下，以保证所有物质都集中于孔底。

2. PCR 产物纯化

纯化 100 μL PCR 反应物，准备聚丙烯酰胺葡聚糖 S400 树脂（Sigma S400 HR）并以 2∶1 的比例用 ddH$_2$O 稀释。以 100 μL 每等份分装到 96 孔滤板中。向板中加 400 μL ddH$_2$O 洗 4 次，用真空排枪吸出液体，把这个滤板套入聚丙烯 96 孔板中，4 °C，2 000 r/min 离心 5 min，弃去所有残留液体。加 100 μL 双蒸水（ddH$_2$O）如上方法离心。加 100 μLPCR 产物混匀，倒入一个干净孔板中，在抽干机中干燥。最终用 3×SSC 重新溶解 PCR 纯化产物。

二、探针标记与纯化

（1）将表 11-2 中试剂混合。

表 11-2

17 µL	25 µg 总 RNA 或 1～5 µg mRNA
1 µL	RNasinRNasin 核酸酶抑制剂
2 µL	Oligo dT（2 µg/µL）

加热到 70 ℃ 保持 10 min，再冰浴 1 min。

（2）将表 11-3 中试剂混合。

表 11-3

8 µL	5×RT buffer
4 µL	DTT
1 µL	dATP，dCTP，dGTP（各 25mmol/L）
2 µL	dTTP（2.5mmol/L）
2 µL	Cy3（对照组样本）1mmol/L 或 Cy3-dUTP（实验组样本）1mmol/L

（3）将上述混合液与 RNA + oligo dT 液混合，振荡后冰浴，加入 1.5 µL SuperscriptⅡ，反转录酶，60 ℃ 孵育 60 min。

加入 1 µL 的 SuperscriptⅡ反转录酶，孵育 30 min 后，冰浴 1 min 停止反应。

加入 1 µL 的 0.5 mol/L EDTA 和 2 µL 的 2 mol/L NaOH，65 ℃ 加热 10 min，水解除去 RNA。

加入 4 µL 的 1 mol/L HCl 和 4 µL 1 mol/L Tris pH 8。

加入 17 µL 的 100 mmol/L 醋酸钠至各反应管。

使用 Qiaquick PCR purification kit 纯化。

三、玻片制备

作为载体必须是固体片状或者膜、表面带有活性基因，以便于连接并有效固定各种生物分子。目前制备芯片的固相材料有玻片、硅片、金属片、尼龙膜等。目前较为常用的支持材料是玻片，因为玻片适合多种合成方法，而且在制备芯片前对玻片的预处理也相对简单易行。

左旋多聚赖氨酸预处理方法：把准备的载玻片放在金属或玻璃架上，使玻片垂直固定，把架子放在一个合适型号的玻璃缸内。一定要使用玻片架，架子要放在低速离心机中，到此步结束时它们要被旋转干燥。最好避免把玻片从一种类型的架子上转移到另一上。用 50 g NaOH 溶解于 200 mL ddH$_2$O，再加 300 mL 95%的乙醇制备 500 mL 碱性洗液，把玻片完全浸没在洗液中至少 2 h，洗完用 ddH$_2$O 全面冲洗 5 次，摇 5 min 冲洗。保持玻片浸没在 ddH$_2$O 中，一旦洗净玻片，它们暴露于空气中的时间越短越好，因为灰尘会影响修饰和点片的过程。准备修饰溶液（350 mL），包含 35 mL poly-L-lysine（0.1% W/ V溶于水，Sigma P8920），35 mL 灭菌过滤 PBS 和 280 mL ddH$_2$O，把该溶液倒入一个干净的玻璃缸中快速把玻片从最后一次洗液中移到修饰溶液中。轻轻摇动溶液 1 h，把修饰处理过的玻片插进一个装有干净 ddH$_2$O 的缸中，上下抽动 5 次，把这个玻片架转移到一个低速离心机中（在架下放纸巾吸液体），旋转使玻片干燥（5 min，室温下，1 000 r/min）。用铝箔包裹干燥的玻片，防止灰尘。

把包好的玻片架放进一个真空干燥炉中，45 ℃，10 min，真空干燥。把玻片从铝箔中取出放进一个干净的塑料玻片架上，用封紧的玻片盒室温储存。这些玻片不能马上用于点片，必须被固化至少数周，使其表面充分疏水干燥，修饰处理后的玻片表面的疏水性对于保证 DNA 样点足够小以形成高密度阵列是十分重要的。

抽样质检，方法是取出一张玻片，在其表面放 150 μL H$_2$O，把玻片与水平呈 45°角，观察水滴在玻片表面滑落，如果留下明显的滑落轨迹，就说明该玻片已经可以使用。

四、点样及玻片后处理

图 11-2 所示为微阵列打印机，在标准点片操作中，一大批载玻片被固定在一个平台上，溶于 3 ×SSC 的 DNA 样本放置于 96 或 384 孔板中，此板放在一个支持物上，机械手上有一束专用的弹性载样点片针，机械手将这些点片针伸入相邻的装有 DNA 样品的孔中，大约每根针吸装 1 μL DNA 样品溶液。然后这些点样针在多个 Poly-lysine 处理过的玻片上特定位置点一小滴 DNA（<0.5 nL），在每张玻片上点完 DNA 后，要清洗和烘干点样针，然后吸取下一批 DNA 样本，并在距上一次点片点很小距离的新位置重复此过程，从而形成高密度的点阵（阵列）。点间距取决于所点 DNA 液滴的大小，而液滴的大小又取决于点片针的特点和锐利程度以及 poly-L-lysine 表面的疏水程度。样点圆心间距约 200 μm 的距离来点片，也可以将此距离缩小到近 100 μm。在 200 μm 的距离下，整个酵母基因组能点于一张 1.8 cm^2 的玻片上，而在 100 μm 的距离下，大约 75 000 个人的基因能点于一个标准的 1 × 3 显微镜玻片上。

图 11-2　微阵列打印机

玻片的后处理：点样后微阵列用于杂交前需要再次水合化、快速干燥、UV 交联、封闭、变性等几个步骤的处理。

1. 再次水合化

点样过程一般不会将样点的 DNA 在该点均匀分布，为了使 DNA 在样点的各处均匀分布，需将在点样过程中很快干燥的各点再次水合化并快速干燥。将标准台式加热装置的金属板翻转过来，这样可以产生一个平整的金属表面。将加热板升温至 80 ℃，在一个用塑料制成的玻片水合舱的水池中装入热水（50~60 ℃），将每张玻片的点样面接近水面，让水蒸气水合各基因点，直至可以看到所有点出现折射光，立即将玻片放在加热板上，点样面朝上，直至干燥 5 s。尽管每批水合所需时间不同，甚至同张玻片上各点所需时间变化很大，但用温控水浴装置进行水合，会得到一致性更好的结果。

2. UV 交联

玻片经再次水合化和快速干燥后，可用紫外线照射使 DNA 交联到玻片上。虽然不是关键步骤，这一处理可增加各点上稳定固定、可杂交 DNA 的量，尤其是点样液中 DNA 浓度较低时。将玻片以点样面朝上放在交联仪的塑面上，将时间模式转换至总能量模式，照射能量为 60 mJ。

3. 封　闭

封闭是后处理中最关键步骤。剩余自由赖氨酸经修饰后可以降低和标记探针 DNA 结合力。如果这些基团不被封闭，标记探针就会非特异地结合到玻片表面，并产生极高的背景信号。用 succinic anhydride 进行酰化封闭。赖氨酸带电氨基对一个羧基碳原子进行亲核攻击，从而形成一个胺键并在分子链的另一端暴露一个自由羧基负电基团。除了将赖氨酸氨基基团转换成胺，这一新生物还有一个带负电的表面，从而可以进一步降低非特异结合 DNA。

因为液相中封闭试剂的稳定性有限，封闭过程应快速是重要的。使用一个玻璃缸，一个带柄的玻片槽，该槽应容易放进缸中。将玻片放入槽中，再将槽放入通风橱中，紧邻着玻璃缸。缸中盛有 350 mL 溶液。将烧杯放在通风橱里的磁力搅拌器上。取 15 mL Sodium Borate（1 mol/L，pH8.0）放在烧杯边上待用。称 6 g Succinic Anhydride 放入烧杯，迅速倒入 1,2-methyl pyrrolidinone 至 335 mL，高速搅拌。Succinic Anhydride 溶解后，立即加入 Sodium Borate 搅拌至溶液混匀，将溶液倒入玻璃缸中，迅速将玻片槽浸入液面下，并上下晃动玻片 5 次。将玻片槽封口，轻柔摇晃玻片槽 15 min。

4. 变　性

在封闭反应进行时或在这之前，准备一个大烧杯或玻璃缸，装入一些沸水，体积应至少是封闭液的两倍。封闭反应即将结束前，停止加热，待水不再沸腾时，迅速将玻片放入水中，上下提拉晃动 3~5 次并让玻片坐浴 2 min。将玻片立即放入装有 95%乙醇的玻璃缸。上下提拉玻片槽 3~5 次，将玻片放入离心机，甩干。经过以上处理的玻片就可以用于杂交。

五、杂交及杂交后处理

用台式离心机将探针样品高速离心 1 min，以沉淀任何可能的杂质。用移液枪将样品吸加到阵列中央，注意不要碰到离心管中任何沉淀并避免形成气泡。封盖玻片（要足够大以覆盖整个阵列杂交区表面），注意不要形成气泡。在该玻片的另一区域滴加 5 μL 3×SSC，以提供杂交舱内湿度，由此可以确保杂交过程中探针混合物不会蒸干。将玻片放入封口的杂交舱中，并浸入 65 ℃ 水浴，4~6 h。

杂交后，小心擦干杂交舱并移出玻片，浸入盛有洗液 1（2×SSC，0.1%SDS）的玻片槽中，玻片点样面朝下，这样当盖玻片掉落时不会划伤阵列表面。剥落盖玻片后，将玻片在洗液中晃动 2 ~ 3 次后移入盛有洗液 2（1×SSC）的玻片槽中，小心操作，尽可能减少洗液 1 混入玻片槽 2 中，因为 SDS 会干扰玻片图像质量。轻柔摇晃玻片槽 2 min，将玻片移入盛有洗液 3（0.2×SSC）2 min，然后离心甩干玻片。所有洗液温度均应为室温。

具体实验步骤如下：

（1）将表 11-4 中试剂混合。

表 11-4

Cy$_5$+Cy$_3$ probe	30 μL
Poly d（A）（8 mg/mL）	1 μL
Yeast tRNA（4 mg/mL）	1 μL
Human C0t-1 DNA（10 mg/mL）	1 μL
20×SSC	6 μL
50×Denhardt′液	1 μL

用 microcon 30 filter 浓缩探针混合物，使终体积为 12 μL 或略少

（2）芯片先经含有 0.5mg/mL 鱼精 DNA 的杂交液在 42 °C 预杂交 6 h。

（3）杂交探针在 95 °C 水浴中变性 5 min，14 000 r/min 离心 10 min。

（4）探针加在基因芯片的点样区域上，用盖玻片封片，置于 42°C 杂交 15 ~ 17 h，

（5）用洗涤 2×SSC+0.2%SDS 冲洗玻片，去除盖玻片。

（6）准备两个染色缸，分别装有 2×SSC+0.2%SDS，0.1×SSC+0.2%SDS 放入 60 °C 水浴锅中。

（7）将玻片依次浸入以上两个染色缸中洗涤 10 min。

（8）再将玻片浸入装有 0.1×SSC 的烧杯中洗涤 5 min，晾干后扫描。

注意事项：每点的 DNA 的数量=样本的浓度×每点的量。

斑点的容量少意味着用于杂交的探针的数量也很少，即使样本的浓度很高。一些因素必须考虑到，除了探针 DNA 的数量外，还有与目标分子相互补的探针 DNA 的比例、长短，目标分子的活性，就像用于检测信号方法的灵敏度影响着信号的强度。

杂交信号的浓度是与目标分子活性成比例的，与它的长度成反比，因此目标分子的特殊活性是十分重要的。每次实验的杂交时间也应该精确测量。

第三节　芯片扫描及数据处理

杂交后应获取针对实验所用 2 种荧光染料的微阵列荧光图像，分别为红色及绿色，然后叠加图像获得芯片杂交综合图像数据，如图 11-3 所示。

图 11-3　芯片扫描荧光叠加结果图

使用的装置是激光扫描共聚焦扫描仪，如图 11-4 所示。扫描仪有一个激光管或一组激光管，可以产生与所用荧光染料激发光谱相应的某一波长激光。激光穿过一标准物镜照亮玻片上的一个点，激发荧光被物镜聚集后又穿过一系列滤镜、一个校准透镜和一个极小孔眼以降低噪音，这使得它成为一个共聚焦装置，并在一个光电倍增管中进行计量。激光束快速扫描玻片后获得微阵列的一幅光栅图像。用一对 galvanometer 将光束定位于固定玻片上的各个点，或用泛光照射源和 CCD 镜头，也可获得相似图像。

图 11-4　芯片扫描仪

为了避免信号值过低带来误差，只有那些 Cy_3 或 Cy_5 大于 800 的点被选出进行后续分析，并根据软件提供的校正系数对整张芯片的荧光信号值进行校正。对于芯片上各点都采用 Cy_5/Cy_3 的比值作为 ratio 值，ratio 值大于 2.0 或者小于 0.5 的点被认为是有表达差异的基因，利用芯片上点的管家基因的信号强度值校正芯片之间的差异。使用各种统计软件进行聚类分析等。

图 11-5 所示为芯片扫描点阵分析图，图 11-6 所示为芯片扫描点状分析图。

图 11-5　芯片扫描点阵分析图

图 11-6　芯片扫描点状分析图

【小结】

DNA 芯片技术不断完善，使科学家可以从基因组水平对全体基因的表达谱进行分析，并进而探索转录因子的结合位点、研究基因组层面的 DNA 甲基化、组蛋白修饰等表观遗传学为新兴的表达调控方式提供了可能。本章介绍了基因芯片实验原理，步骤和方法，便于同学们了解较为前沿的芯片技术，也为芯片技术的应用奠定基础。

【巩固练习】

（1）基因芯片的原理是基于什么？

（2）基因芯片的种类及主要功能有哪些？

（3）举例说明基因芯片在临床诊断中得应用。

（4）芯片实验中存在的假阳性、假阴性的原因是什么？

（5）芯片实验中杂交温度和 PCR 实验中的退火温度有什么异同点？

【实验小故事】

程京教授从事医学生物物理研究30余年。1994年进入生物芯片这一工程、技术和生命科学交叉的新领域。1999 年 3 月回国后在芯片设计原理、制作工艺、芯片实验室系统集成和配套仪器方面做了系统和深入的创新性研究，回国前，发明 2 项核酸萃取技术并参与开发出 3 个产品，由 GE Healthcare 等全球销售 20 余年。首次在国际上研究完成集血液中细菌分离、胞解及杂交检测为一体的芯片实验室系统，1998 年该成果以 "Lab on a Chip" 为封面文章发表在 *Nature* 上，并被 *Science* 当年世界十大科技突破所引用。

程京教授建立了 5 类共性创新技术：① 基于标签技术的突变检测芯片技术。② 基于寡核苷酸芯片的蛋白活性检测技术。③ 检测小分子药物的蛋白芯片竞争免疫分析技术。④ 提高芯片检测精度和重复性的杂交盖片和特殊点样液技术。⑤ 无标记、实时、定量、高通量细胞芯片监测技术。基于这五类技术研制出面向临床和科研两大类生物芯片如下：建立了用于疾病预防、诊断及预后的快速、高通量分子分型芯片技术体系；研制出多项具有无标记、高通量检测特点的细胞芯片实验室系统。

第十二章

探索性实验与实验设计

探索性实验是指针对某项与分子医学有关的未知或未全知的问题（即研究目标或问题），采用科学的思维方法，进行大胆设计、探索研究的一种开放式教学实验。实验实施的基本程序与科研过程是一致的。通过探索性实验，可使学生初步掌握分子医学科学研究的基本程序和方法，培养学生的自学能力、科学的创造性思维能力及综合素质。

实验设计是科学研究计划内关于研究方法与步骤的一项内容。在分子医学科研工作中，无论实验室研究、临床疗效观察或现场调查，在制订研究计划时，都应根据实验的目的和条例，结合统计学的要求，针对实验的全过程，认真考虑实验设计问题。一个周密而完善的实验设计，能合理地安排各种实验因素，严格地控制实验误差，从而用较少的人力、物力和时间，最大限度地获得丰富而可靠的资料。反之，如果实验设计存在着缺点，就可能造成不应有的浪费，降低研究结果的价值。总之，实验设计是实验过程的依据，是实验数据处理的前提，也是提高科研成果质量的一个重要保证。

第一节　实验设计的选题

一、选题的基本原则

探索性实验设计应着重于学生综合运用知识与技能的培养，培养学生独立分析与解决问题的能力。探索性实验设计的选题过小或过于简单都会失去设计性实验的意义，难以达到培养学生综合能力的目的；反之，题目选择的过大或实验指标过高，又会使学生无从下手、望而生畏，从而丧失信心和勇气，也不能达到探索性实验的目的。选题的一般原则是根据教学大纲要求，结合理论教学内容，兼顾学科发展现状与趋势，选择适当的题目，具体讲要考虑以下几个方面的原则。

1. 难易适中性原则

设计性实验题目的难易程度要适中，大多数学生运用所学知识和实验技能，通过查阅资料和教师的启发性指导能在规定的时间内完成，同时要考虑实验题目的层次性，使不同水平的学生在实验题目的选择上有一定的余地。

2. 可行性原则

确定实验题目不仅要考虑理论上的可行性，还要考虑实验条件的可行性，尽量选用实验室已有的仪器设备和通用性的仪器设备。

3. 探索性原则

选题应具有一定的探索性，进一步为学生提供思考和创造的空间，调动学生学习的主观能动性，通过查阅资料和动手、动脑而有所创新。

4. 综合性原则

题目的选择要注重学生已有的基础知识和基本技能的综合应用，达到进一步巩固和掌握的目的，同时要理论联系实际，提高学生分析和解决问题的综合能力。

5. 安全性原则

不仅要考虑实验人员人身的安全，还要考虑仪器设备的安全，同时要尽量减少对周围环境的污染和破坏。

二、选题的一般过程

选题的步骤一般包括：原始想法或问题的提出，查阅相关文献和批判性的文献综述，形成假说，选题的陈述四个过程。

1. 原始想法或问题的提出

在实际工作中，常常很难准确地解释一个详细的研究计划是如何产生的。通常，原始想法或问题的形成有三种情况。

（1）对一特定课题的现有知识做出评价之后提出的某个或某些问题，而这些问题只有经过仔细的、有计划的科学研究才能回答。

（2）观察到一种现象，这些现象不能用当代已有的知识去解释，但可以提出一种假说去解释。这样常常要设计一个实验以验证这种假说正确与否，从而提出间接的证据去支持或否定这个假说。

（3）进行实验是为了检验别人的假说，这就需要重复别人的实验。这一工作之所以必要，是因为原来的工作只不过是启发性，而不是结论性的，或者是因为所得结果具有重要的实际意义需要进一步的证明或扩展。因此，新的更好的分析方法的出现，常常用来重复过去的研究过程。

2. 查阅文献和批判性的文献综述

有了原始的想法或问题，并没有构成一个科研题目，为了形成一个好的科研题目必须查阅文献。与主题相关的文献可以帮助读者了解有关此问题的背景，并在此基础上对有关主题的文献资料作批判性的评价，以寻求选题的依据和价值，同时获得当今所能够采用的最佳研究方法及可靠性的细节，形成一个新的、更高水平的研究题目。获得文献综述的一个好方法是阅读与主题有关、内容丰富的教科书、专著和杂志。

3. 假说形成的过程及其内容

所谓假说就是对科学上某一领域提出的某一新问题，预先提出未被证实的、或未被完全证实的答案和解释。一个假说的形成，应当以公认的和已证明的知识为基础，它为实际上已经证明的事实提出一个合乎逻辑的发展。此外，它必须是一种明确的，而不是含糊不清的叙述，同时必须能用适当的实验技术加以可能的解释。

假说的提出是基于过去的研究结果和对文献材料的熟悉，是建立在原始的想法或对问题批判性的文献综述基础上的。

假说形成以后再对其内容进行高度概括便是研究题目。研究题目一般应体现受试对象（或调查对象）、处理因素（施加的因素）和实验效应（观察指标）三者之间的关系。

4.选题的陈述

研究题目确定以后，要对自己所选的题目进行必要的、全面的陈述。陈述的内容应包括：

（1）选题依据，包括该选题的历史概况及现代进展，本题目与前人不同之处以及创新之处。

（2）假说形成的过程及其内容。

（3）准备采取的实验技术路线和水平。

（4）研究的工作程序。

（5）预期结果和学术价值及应用前景。

陈述的水平反映研究者的科学思维、理论认识、实践能力和工作的科学性、可靠性及预期结果的可信程度。一个好的选题陈述，可以说是没有实验的论文雏形，这一程序是科研选题过程必不可少的，而且相当重要，也是评价科研课题价值的重要内容之一。

5.选题报告书写内容

（1）摘要。

（2）选题依据（国内外研究进展）。

（3）内容、目标、拟解决的关键问题。

（4）研究方案及可行性分析（方法、路线、手段和技术等）。

（5）预期结果。

（6）研究基础与工作条件。

第二节　医学分子实验设计的原理与方法

一、实验设计的方法

一个比较完整的实验设计方案，一般包括这样几方面的内容：

（1）实验题目的确定。

（2）提出假说。

（3）设计实验方法和步骤。

（4）提出实验的预期结果。

（5）要观察和搜集的数据及方法。

因此在实验设计中可以从以下几个方面去考虑：

（1）明确实验目的，即需要验证的分子生物学事实。

（2）严格遵守实验原理，实验所依据的科学原理，涉及的分子生物学及相关学科的方法和原理。

（3）恰当选择实验对象，选择最能体现此生物学事实的具体对象，如细胞、组织、器官或生物个体。

（4）注意对实验条件、材料用具和装置的理化条件和生物学方法处理后，认真研究实验装置设计的严密性和合理性。

（5）合理设计实验步骤，要注意实验步骤的关联性和延续性，实验操作的程序性。

（6）精心设置对照组实验，控制和消除无关变量对实验结果的影响。

（7）提出假设条件，预测结果，假设是对可见现象作出可以检测的解释，假设的成立与否依赖证据（预测结果符合事实或实现则假设成立；反之则假设不成立）。

（8）仔细观察实验现象，详细记录实验结果，只考虑单一实验变量对结果的影响。

（9）认真分析原因，全面讨论结果，无论实验成功与否都要分析原因，对实验要进行多角度、全方位的分析讨论。

二、实验设计的实施

一般为设计性实验项目安排 16 学时，由教师提出任务和要求，让学生以 6 人为一小组共同探讨选题内容。接着学生们通过查阅资料共同探讨自行设计实验方法、操作步骤，并写成初稿。然后在老师指导、点评与讨论中共同完成实验设计方案。待实验方案通过后，学生自行准备实验所用的试剂、耗材及仪器设备等，最后在教师指导下利用本实验室的条件完成设计性实验。

学生根据自己的实验方案进行实验时，教师要给予必要的指导和帮助。实验结束后学生在两周内上交实验报告，教师批改学生的实验报告，给出成绩。待所有实验完成后组织学生进行探索性设计实验后的经验总结和心得交流，教师指导其撰写实验论文。

三、探索性实验可选内容

在本部分实验中，由教师确定题目，提出要求并给予必要的提示，然后由学生利用手头的实验资料及查阅文献资料自行设计实验方案，经教师审阅后实施。实验中所需的试剂全部或部分由学生动手配制。

【实验设计一】

题目：黄豆中蛋白质含量测定。

要求：确定黄豆中蛋白质的百分含量。

提示：黄豆中蛋白质含量极为丰富。

【实验设计二】

题目：清蛋白、球蛋白的制备。

要求：从卵清蛋白中分离提纯清蛋白、球蛋白，并分别计算得率（g 蛋白质/mL 卵清）。

提示：球蛋白和清蛋白分别可在 50% 和 100% 饱和硫酸铵中沉淀。球蛋白不溶于纯水。

【实验设计三】

题目：脲酶的动力学研究

要求：提取脲酶，对脲酶进行动力学研究。

提示：黄豆中可提取脲酶。

酶促反应动力学研究酶促反应的速度以及底物浓度、酶浓度、pH、温度、激活剂、抑制剂等各种因素改变对酶促反应速度的影响。

第三节　数据的记录与处理

一、实验误差

在进行定量分析实验的测定过程中，由于受分析方法、测量仪器、所用试剂和其他人为因素的影响，不可能使测出的数据与客观存在的真实值完全相同。真实值与测试值之间的差别就叫作误差。通常用准确度和精密度来评价测量误差的大小。

准确度是实验分析结果与真实值相接近的程度，通常以绝对误差 ΔN 的大小来表示，ΔN 值越小，准确度越高。误差还可以用相对误差来表示，其表示式为：

$$绝对误差\ \Delta N = N - N'$$

$$相对误差（\%）= \frac{\Delta N}{\Delta N'} \times 100\%$$

式中：N——测定值；

N'——真实值。

从以上两式可以看出，用相对误差来表示分析结果的准确度是比较合理的，因为它反映了误差值在整个结果的真实值中所占的比例。

然而在实际工作中，真实值是不可能知道的，因此分析的准确度就无法求出，而只能用精确度来评价分析结果。精确度是指在相同条件下，进行多次测定后所得数据相近的程度。精确度一般用偏差来表示，偏差也分绝对偏差和相对偏差：

$$绝对偏差=个别测定值-算术平均值（不计正负）$$

$$相对偏差 = \frac{绝对偏差}{算术平均值} \times 100\%$$

当然，和误差的表示方法一样，用相对偏差来表示实验的精确度比用绝对偏差更有意义。在实验中，对某一样品常进行多次平行测定，求得其算术平均值作为该样品的分析结果。而该结果的精确度则用平均绝对偏差和平均相对偏差来表示。

$$平均绝对偏差 = \frac{个别测定的绝对偏差之和}{测量次数} \times 100\%$$

$$平均相对偏差 = \frac{平均绝对偏差}{算术平均值}$$

在分析实验中，有时只作两次平行测定，此时结果的精确度表示方法如下：

$$相对偏差 = \frac{二次分析结果的差值}{二次分析结果的平均值} \times 100\%$$

应该指出，误差和偏差具有不同的含义。前者以真实值为标准，后者以平均值为标准。由于物质的真实值不能知道，我们在实际工作中得到的结果只能是多次分析后得到的相对正确的平均值，而其精确度则只能以偏差来表示。分析结果可表示为：

$$分析结果 = 算术平均值 \pm 平均绝对偏差$$

还应指出，用精确度来评价分析的结果是有一定的局限性的。分析结果的精确度很高（即平均相对偏差很小），并不一定说明实验的准确度也很高。如果分析过程中存在系统误差，可能并不影响每次测得数值之间的重合程度，即不影响精确度；但此分析结果必然偏离真实值，也就是分析的准确度不高。

二、产生误差的原因及其校正

产生误差的原因很多。一般根据误差的性质和来源，可将误差分为系统误差与偶然误差两类。

1. 系统误差

系统误差与分析结果的准确度有关，由分析过程中某些经常发生的原因所造成，对分析的结果影响比较稳定，在重复测定时常常重复出现。这种误差的大小与正负往往可以估计出来，因而可以设法减少或校正。系统误差的来源主要有：

（1）方法误差：由于分析方法本身所造成，如重量分析中沉淀物少量溶解或吸附杂质；滴定分析中，等摩尔反应终点与滴定终点不完全符合等。

（2）仪器误差：因仪器本身不够精密所造成，如天平、量器、比色杯不符合要求。

（3）试剂误差：来源于试剂或蒸馏水的不纯。

（4）操作误差：由于每个人掌握的操作规程与控制条件常有出入而造成，如不同的操作者对滴定终点颜色变化的判断常会有差别等。

为了减少系统误差常采取下列措施：

（1）空白实验：为了消除由试剂等原因引起的误差，可在不加样品的情况下，按与样品测定完全相同的操作手续，在完全相同的条件下进行分析，所得的结果为空白值。将样品分析的结果扣除空白值，可以得到比较准确的结果。

（2）回收率测定：取一标准物质（其中组分含量都已精确地知道）与待测的未知样品同时做平行测定。测得的标准物质量与所取之量之比的百分率就为回收率，可以用来表达某些分析过程的系统误差（系统误差越大，回收率就越低）。通过下式则可对样品测量值进行校正：

$$被测样品的实际含量 = \frac{样品的分析结果}{回收率}$$

（3）仪器校正：对测量仪器校正以减少误差。

2. 偶然误差

偶然误差与分析结果的精确度有关，来源于难以预料的因素，或是由于取样不均匀，或是由于测定过程中某些不易控制的外界因素的影响。

为了减少偶然误差，一般采取的措施是：

（1）平均取样：动植物新鲜组织制成匀浆；细菌制成悬液并打散摇匀后量取一定体积菌液；极不均匀的固体样品，则在取样以前先粉碎、混匀。

（2）多次测定：根据偶然误差的规律，多次取样平行测定，然后取其算术平均值，就可以减少偶然误差。

除以上两大类误差外，还有因操作事故引起的"过失误差"，如读错刻度，溶液溅出，加错试剂等。这时可能出现一个很大的"误差值"，在计算算术平均值时，此数值应予弃去。

三、有效数字

在生化定量分析中应在记录数据和进行计算时注意有效数字的取舍。

有效数字应是实际可能测量到的数字；应该取几位有效数字，取决于实验方法与所用的仪器的精确度。所谓有效数字，即在一个数值中，除最后一位是可疑数外，其他各数都是确定的。

数字 1~9 都可作为有效数字，而 0 特殊，它在数值中间或后面是一般有效数字，但在数字前面时，它只是定位数字，用以表示小数点的位置。

在加减乘除等运算中，要特别注意有效数字的取舍，否则会使计算结果不准确。运算规则大致可归结如下：

1. 加减法

几个数值相加之和或者相减之差，只保留一位可疑数。在弃去过多的可疑数时，按"四舍五入"的规则取舍。因此，几个数相加或相减时，有效数字的保留应以小数量少的数字为准。

2. 乘除法

几个数值相乘除时，其积或商的相对误差接近于这几个数之中相对误差最大值。因此积或商保留有效数位数与各运算数字中有效数位最少的相同。还应指出，有效数字最后一位是可疑数，若一个数值没有可疑数，则可视为无限有效。

四、数据处理

对实验中所取得的一系列数值，采取适当的处理方法进行整理、分析，才能准确地反映出被研究对象的数量关系。在生化实验中通常采用列表法或者作图法表示实验结果，可使结果表达得清晰、明了，而且还可以减少和弥补某些测定的误差。根据对标准样品的一系列测定，可以列出表格或绘制标准曲线，然后由测定数值直接查出结果。

1. 列表法

将实验所得的各项数据用适当的表格列出，并表示出它们之间的关系。通常数据的名称与单位写在标题栏中，表内只填写数字。数据应正确反映测定的有效数字，必要时应计算出误差值。

2. 作图法

实验所得的一系列数据之间关系及其变化情况，可用图线直观地表现出来。作图时通常先在坐标纸上确定坐标轴，标明轴的名称和单位，然后将各数值点用"+"或"×"等标记标注在图纸上，再用直线或曲线把各点连接起来。图形必须平滑，可不通过所有的点，但要求线两旁偏离的点分布较均匀。画线时，对于个别偏离较大的点应当舍去，或重复试验校正。采用作图法时至少要有 5 个点，否则就没有实际意义。

第四节　设计性实验的指导与考核

科学、公正、客观地全面评价学习效果，对于调动学生学习的积极性起到相当重要的作用。因此，探索性实验注重全面考查学生的素质，而不是仅仅考查学生所掌握的知识。考察的内容不仅有所学的知识和技能，还有运用知识的能力及实验中表现出的合作精神、认真与实事求是的科学态度等。

考核包括以下几方面：

（1）平时成绩（50 分）：包括实验技能、实验态度、实验室常识等的掌握。

（2）实验设计和实施（100 分）：

① 实验报告：包括选题报告及实验报告。

② 实验设计：考核学生的独立实验设计和实践过程，注重考查学生的创新性思维及独立分析问题、解决问题能力。

③ 实验论文：让学生整理最满意的实验报告为课程小论文的方式，着重考查学生的再获取知识的能力和书面表达的能力，考查学生如何检索、收集知识，如何总结实验结果并撰写科研论文。

设计性实验考核参考标准见表 12-1。

表 12-1　设计性实验考核参考标准

项　目	要　求	分　值
查阅文献	完整、全面	10
方案设计	合理、有创新点	15
基本操作	规范	15
实验能力	观察仔细、分析和解决问题	15
实验结果	数据记录及时、结果准确	10
书面报告	格式规范、条理清晰、表达准确	15
总结讨论	结合实际、抓住要点、总结经验	20

一、实验记录

实验课前应认真预习，将实验名称、目的和要求、实验原理、实验内容、操作方法与步骤等简单扼要地写在记录本上。实验记录本应标上页数，不要撕去任何一页。

实验记录不能用铅笔书写，须用钢笔或圆珠笔书写。记录不要擦抹及涂改，写错时可划去重写。

实验中观察到的现象、结果和数据，应及时直接记录在记录本上，绝对不可用单片纸做记录或草稿。原始记录必须准确、简练、详尽和清楚。

记录时，应做到正确记录实验结果，切忌夹杂主观因素。在实验条件下观察到的现象，应如实仔细地记录下来。在定量实验中观测的数据，都应设计一定的表格（简易形式）准确记录下正确的数据，并根据仪器的精确度准确记录有效数字。每一结果至少重复观察两次，当符合实验要求并确定仪器正常工作后再写在记录本上。实验记录上的每一个数字，都反映每一次的测量结果。所以，重复观测时即使数据完全与前一次相同也应如实记录下来。数据做好记录。

实验中使用仪器的类型、编号以及试剂的规格、化学式、相对分子质量、准确的浓度等，都应该记录清楚，以便总结实验时进行核对和作为查找成败原因的参考依据。

如发现实验记录的结果存疑、遗漏、丢失等，都必须重做实验。因为将不可靠的结果当作正确的记录，在实际工作中可能造成难于估计的损失。

二、实验报告

实验结束时，应及时整理和总结实验结果，写出实验报告。按照实验内容可将实验分为定性实验和定量实验两大类，下面分别列举这两类实验报告的参考格式：

1. 定性实验报告

实验（编号）（实验名称）

（1）目的要求。

（2）内容。

（3）原理。

（4）试剂和器材。

（5）操作方法。

（6）结果和讨论。

（7）参考文献。

一般一次实验课做数个有关的定性实验，报告中的实验名称及目的要求应是针对整个实验课的全部内容。原理、操作方法与步骤，结果与讨论则按实验各自的内容而不同。原理部分应简述基本原理；操作方法与步骤可采用工艺流程图方式或自行设计的表格来表示。某些实验的操作部分可以与结果和讨论部分结合并成自行设计的综合表格。结果与讨论包括实验结果及观察现象的小结，对实验课遇到的问题和思考题进行探讨以及对实验的改进意见等等。

2. 定量实验报告

实验（编号）（实验名称）

（1）目的要求。

（2）内容。

（3）原理。

（4）试剂和器材。

（5）操作方法。

（6）结果和讨论。

（7）参考文献。

通常定量实验每次只能做一个。在实验报告中，目的和要求、原理及操作部分应简单扼要地叙述，但是对于实验条件即试剂配制及仪器部分或操作的关键环节必须表达清楚。实验结果部分应将一定实验条件下获得的实验结果和数据进行整理、归纳、分析和对比，并尽量总结成各种图表，如原始数据及其处理的表格，标准曲线图以及比较实验组与对照组实验结果的图表等。另外，还应针对实验结果进行必要的说明和分析，讨论部分则包括关于实验方法，操作技术及其他有关实验的一些问题，如实验的正常结果和异常结果以及思考题等等。另外，也包括对于实验设计的认识、体会和建议，对实验课的改进意见等等。

三、科学研究论文的格式与写法

研究论文的结构可分为三部分：前置部分，主体部分（正文）及附录部分。

（一）前置部分

1. 文题（Title）

文题是全文的高度概括与总结。读者检索文献的第一步就是浏览文题以决定是否进一步查阅（精读或泛读）。好的文题如"一句话新闻"，精炼的文字鲜明而醒目，能吸引读者的阅读兴趣及显示全文关键信息。

2. 作者与作者单位（Authors and institute）

作者是完成该项研究工作并对论文负责的主要参加者。医学刊物编辑国际委员会规定，作者必须同时具备以下三个条件：① 课题的构思与设计，资料的分析与解释；② 起草文稿或对论文主要内容做了认真严格的修改；③ 最终审定、完成发表重要的文本。具备以上条件视为对该项研究有实质性贡献，有资格署名。作者姓名排序通常意味着实际贡献大小，第一作者通常为主要完成人及论文起草人，第二作者往往是与第一作者起同样重要作用的人。贡献大小首推课题设计而非参与具体工作（执行人），欧美期刊所列最后一位作者一般为该课题负责人，并标以星号，注释为通讯联系人。论文中一般不宜另列"指导者"。

作者单位与地址（包括邮政编码）应署论文研究工作完成期间的学术单位，通常指课题负责人所在单位。合作单位或第一作者现任工作单位可加注星号并在注释中说明。

3. 摘要与关键词（Abstract and key word）

为了帮助读者浏览杂志文献时迅速了解全文大意，并决定到此为止，还是进一步全文阅读或选择性阅读某一部分（如背景、方法与思路、主要发现或观点等），一篇完整的论文均应在正文前附一篇全文内容的摘要（Abstract）。

研究论文的摘要可分为信息性摘要及结构式摘要两种。① 摘要的重点是结果与结论，主要数据应附以统计学显著性检测值。目的与方法要简洁明快，摘要不应包括讨论内容，尽可能删去解释、补充、自我评价等虚话。② 摘要一定要反映论文的特色，即新方法、新发现和新观点，切忌"摘而不要"甚至"摘而无要"。③ 摘要应独立成文并能独立应用。不宜用图表、公式，众所周知的专业术语尽量用缩写。

4. 关键词和主题词（Keywords and subject heading）

关键词是能表达论文主题的最关键、最重要的词或短语，而主题词是规范化的关键词，即"医学主题词表"中的词。关键词可直接从文题和正文中抽取，但应尽可能使用规范化形式（主题词）。一般在摘要之后另起一段，注明关键词，其后列出 3 ~ 10 个关键词，其间以分号隔开。

5. 注释

论文首页的最下方一般可对需要说明的内容加以注释，例如：① 课题经费资助者（如基金）；② 合作者或第一作者（变动后）所在单位。

国外期刊通常将作者单位置于首页最下方（以左下角居多）；国外期刊通常注以论文的通讯联系人地址或负责索取单行本的作者姓名和地址。

（二）正文（Text）

论著正文一般按国际医学（IMJE）倡导的 IMRAD 形式撰写。IMRAD 即引言（Introduction）、方法（Methods）、结果（Results）和讨论（Discusstion）。

1. 引言（导言或前言）

引言是正文最前面一段纲领性、序幕性及引导性的短文。目的是概述本文的缘起并给读者提供预备（背景）知识。主要回答"拟研究解决什么问题"和"为什么要研究这个课题"，以点出本文主题，体现在思路上的创新，引起读者继续阅读下去的兴趣。

2. 材料与方法

这一部分是体现论文实验设计科学性及创新性的基础部分，主要回答"本研究是如何进行的"，以便让读者了解论文的结果是在何种观察（实验）对象、用什么研究（实验）方法得出的。

3. 统计学处理

说明统计设计方法（如荟萃分析、队列研究、双盲临床随机试验、析因设计等）；数据分析所选择的统计方法（如两样本 t 检验、x2 检验、配对秩和检验、双因素方差分析等）或统计软件；数据的统计学表达（如 xs）；统计学差异的选择标准。以上内容可分段叙述或加用阿拉伯数字标注标题层次。

4. 结　果

作为全文的中心内容，结果部分要求以三种形式（文字、统计图表、插图）如实、具体、准确地表达经过处理、剪裁与筛选过的实验数据和图像资料。结果必须是作者自己的实验或观察所得，不宜引用文献，也不必展开分析与议论，而是有针对性与逻辑性地为后面的讨论部分提供翔实的材料和充分的依据。如内容较少或受杂志篇幅所限，结果和讨论可以合并。

5. 讨　论

讨论是对实验结果做出理论性分析、综合、推理及概括，从而回答引言中所提出的问题，将论文推向"高峰"的部分，是论文中内容组织与写作方式最为灵活多样，也是较难写好的部分。正因如此，讨论是充分展示作者科学素养、学术思想与才华以及文字功底的部分。遵循和体现科学研究的五个基本特点（探索性、创造性、继承性、连续性、集体性与个人独立思考），写好讨论部分应着重解决好"讨论什么"和"如何讨论"两个主题。

讨论的主要内容有以下几类：① 本研究有哪些新的、重要的或非预期的发现（结果）。② 研究结果之间（中）有何内在联系；与其他作者的结果或作者以往的研究有哪些异同；不同或非预期（与多数人认同的理论有悖）结果如何解释；可以得出哪些结论。③ 对本研究工作的评价、推广与引申：包括本研究结果有何缺点、教训及局限性，本研究未能解决或有待解决的问题；本研究对医学实践有何指导、应用或推广价值；在理论上有何意义，能否证实有关假说（包括作者自己提出的新假说）；对今后研究方向有何启示或能否提出一个待解决并有生命力的新课题。

6. 结论（Conclusion）或小结（Summary）

多数期刊规定的格式中结论部分已不单独列在正文中。但在讨论末尾可以回归主题对全文作高度概括与抽象，并得出一判断。结论必须严谨恰当、前提明确且留有余地，一般多用：看来、可能、提示、建议等词代替证明、发现之类的字眼。

（三）附录部分

1. 致　谢

在正文后、参考文献之前，可单列一段，由作者对在本研究工作和论文写作中给予指导和帮助的单位和个人表示感谢。国内期刊此部分用括号括起来，这与国外不同。应致谢的对象主要是：① 不符合署名作者条件的参与者，包括完成部分实验技术工作、参加数据收集及临床试验的人员；② 提供物质支持（基金、试剂、药品、实验动物、质粒或细胞株等）的单位或个人；③ 在基金申请、研究工作、论文撰写中提供过帮助与支持的其他人员，如科室主任、秘书、其他学者等。

2. 参考文献

论文的最后部分是本科研工作参考过的主要文献的目录，反映作者对前人科研工作的尊重及科研工作的继承性，同时也为读者提供更详细的资料来源。许多期刊对参考文献的数量有限定，因此必须精选与本研究关系密切，且学术思想、理论、研究方法或结果在文中明确引用了的文献。

（1）参考文献的引用。

① 公开性。即所引用的文献应为在国内外公开发行的报刊或正式出版的图书发表了的。内部资料、不宜公开的资料以及在学术会议上交流而尚未正式发表的论文，不要引用。已被采用但尚未出版的文献，要指明拟出版的期刊名，出版年代，注明印刷中（in press）。② 权威性。应注重引用各研究领域中有一定权威的论文或资料。③ 时效性。除研究历史中里程碑式的文献外，一般应注重引用最新的文献。④ 规范性。采用规范化标注及著录格式。

（2）标注方法。

参考文献标注法及著录格式大致有两种，即顺序编码体系（温哥华制）及著者出版年体系（哈佛制）。目前国内生物医学期刊多要求用温哥华制。

（3）著录格式。

顺序编码制和著者出版年制两大类。顺序编码制举例如下：

[1] 芮耀诚，曾国钱. 细胞因子与心血管病. 见：陈修，陈洲，曾贵云主编. 心血管药理. 北京：人民卫生出版社，1997.

[2] 罗志军，杜传书. 中国广州人备解素因子 B 的遗传多态性检测. 上海免疫学杂志. 1986 6（4）：241.

论文的末尾要写上投稿日期，以便判明发表论文的先后。

以上是科研论文的一般格式与写法，不同的期刊对格式还有具体规定（如标题层次等），可参阅拟投稿的杂志的"稿约"。此外还要注意法定计量单位、数字用法、标点符号及使用规范化词等。

第六节　实验内容（综合性、探索性实验）

实验 12-1　酵母蔗糖酶的提取及其性质的研究

蔗糖酶（Sucrase）（β-D-呋喃果糖苷果糖水解酶，Fructofuranoside fructohydrolase）（EC.3.2.1.26）特异地催化非还原糖中的α-呋喃果糖苷键水解，将蔗糖水解成 D-果糖和 D-葡萄糖的 β-D-果糖苷酶的一种，又称为转化酶（Invertase），具有相对专一性，不仅能催化蔗糖水解生成葡萄糖和果糖，也能催化棉子糖水解，生成密二糖和果糖。蔗糖酶主要存在于酵母中，如啤酒酵母、面包酵母，也存在于曲霉、青霉和毛霉等霉菌和细菌、植物中，但工业上通常从酵母中制取。酵母蔗糖酶系胞内酶，提取时细胞破碎或菌体自溶。常用的提纯方法有盐析、有机溶剂沉淀、离子交换和凝胶柱层析。

本实验为学生提供一个较全面的实践机会，学习如何提取纯化、分析鉴定一种酶，并对这种酶的性质，尤其是动力学性质做初步的研究。

本实验提取啤酒酵母中的蔗糖酶。该酶以两种形式存在于酵母细胞膜的外侧和内侧，在细胞膜外细胞壁中的称之为外蔗糖酶（External yeast invertase），其活力占蔗糖酶活力的大部分，是含有 50%糖成分的糖蛋白。在细胞膜内侧细胞质中的称之为内蔗糖酶（Internal yeast invertase），含有少量的糖。两种酶的蛋白质部分均为双亚基，二聚体，两种形式的酶的氨基酸组成不同，外酶每个亚基比内酶多两个氨基酸，Ser 和 Met，它们的分子量也不同，外酶约为 27 万（或 22 万，与酵母的来源有关），内酶约为 13.5 万，见表 12-2。尽管这两种酶在组成上有较大的差别，但其底物专一性和动力学性质仍十分相似，因此，本实验未区分内酶与外酶，而且由于内酶含量很少，极难提取，本实验提取纯化的主要是外酶。

表 12-2　两种酶的性质对照表

名称	MW	糖含量	亚基	底物为蔗糖 K_m	底物为棉子糖 K_m	等电点 pI	最适 pH	稳定 pH 范围	最适温度
外酶	27 万	50%	双	26 mmol/L	150 mmol/L	5.0	4.9（3.5～5.5）	3.0～7.5	60 °C
内酶	13.5 万	<3%	双	25 mmol/L	150 mmol/L	4.5	4.5（3.5～5.5）	6.0～9.0	

实验中，用测定生成还原糖（葡萄糖和果糖）的量来测定蔗糖水解的速度，在给定的实验条件下，每分钟水解底物的量定为蔗糖酶的活力单位。比活力为每毫克蛋白质的活力单位数。

本实验共有七个分实验：

（1）蔗糖酶的提取与部分纯化。

（2）离子交换柱层析纯化蔗糖酶。

（3）蔗糖酶各级分活性及蛋白质含量的测定。

（4）反应时间对产物形成的影响。

（5）pH 对酶活性的影响和最适 pH 的测定。

（6）温度对酶活性的影响和反应活化能的测定。

（7）米氏常数 K_m 和最大反应速度 Vmax 的测定。

一、蔗糖酶的提取与部分纯化

【实验目的】

学习酶的纯化方法，并为动力学实验提供一定量的蔗糖酶。

【实验试剂与器材】

啤酒酵母；二氧化硅；甲苯（使用前预冷到 0 °C 以下）；去离子水（使用前冷至 4 °C 左右）；冰块、食盐；1N 乙酸；7.95%乙醇。

【实验步骤】

1. 提　取

（1）准备一个冰浴，将研钵稳妥放入冰浴中。

（2）称取 5 g 干啤酒酵母和 20 g 湿啤酒酵母，称 20 mg 蜗牛酶及适量（约 10 g）二氧化硅，放入研钵中。二氧化硅要先研细。

（3）量取预冷的甲苯 30 mL 缓慢加入酵母中，边加边研磨成糊状，约需 60 min。研磨时用显微镜检查研磨的效果，研至酵母细胞大部分研碎。

（4）缓慢加入预冷的 40 mL 去离子水，每次加 2 mL 左右，边加边研磨，至少用 30 min。以便将蔗糖酶充分转入水相。

（5）将混合物转入两个离心管中，平衡后，用高速冷离心机离心，4 ℃，10 000 r/min，10 min。如果中间白色的脂肪层厚，说明研磨效果良好。用滴管吸出上层有机相。

（6）用滴管小心地取出脂肪层下面的水相，转入另一个清洁的离心管中，4 ℃，10 000 r/min，离心 10 min。

（7）将清液转入量筒，量出体积，留出 1.5 mL 测定酶活力及蛋白含量。剩余部分转入清洁离心管中。

（8）用广范 pH 试纸检查清液 pH，用 1N 乙酸将 pH 调至 5.0，称为"粗级分Ⅰ"。

2. 热处理

（1）预先将恒温水浴调到 50 ℃，将盛有粗级分Ⅰ的离心管稳妥地放入水浴中，50 ℃下保温 30 min，在保温过程中不断轻摇离心管。

（2）取出离心管，于冰浴中迅速冷却，用 4 ℃ 中以 10 000 r/min 离心 10 min。

（3）将上清液转入量筒，量出体积，留出 1.5 mL 测定酶活力及蛋白质含量（称为"热级分Ⅱ"）。

3. 乙醇沉淀

将热级分Ⅱ转入小烧杯中，放入冰盐浴（没有水的碎冰撒入少量食盐），逐滴加入等体积预冷至 -20 ℃ 的 95% 乙醇，同时轻轻搅拌，共需 30 min，再在冰盐浴中放置 10 min，以沉淀完全。于 4 ℃ 中以 10 000 r/min 离心 10 min，倾去上清，并滴干，沉淀保存于离心管中，盖上盖子或薄膜封口，然后将其放入冰箱中冷冻保存（称为"醇级分Ⅲ"）。

废弃上清液之前，要用尿糖试纸检查其酶活性（与下一个实验一起做）。

二、离子交换柱层析纯化蔗糖酶

【实验试剂与器材】

（1）DEAE 纤维素：DE-23 取 1.5 g。

（2）0.5 N NaOH 100 mL。

（3）0.5 N HCl 50 mL。

（4）0.02 mol/L pH 7.3 Tris-HCl 缓冲液 250 mL。

（5）0.02 mol/L pH7.3（含 0.2 mol/L 浓度 NaCl）的 Tris-HCl 缓冲液 50 mL。

【实验步骤】

1. 离子交换剂的处理

称取 1.5 gDEAE 纤维素（DE-23）干粉，加入 0.5 mol/L NaOH 溶液（约 50 mL），轻轻搅

拌，浸泡至少 0.5 h（不超过 1 h），用玻璃砂漏斗抽滤，并用去离子水洗至近中性，抽干后，放入小烧杯中，加 50 mL 0.5 mol/L HCl，搅匀，浸泡 0.5 h，同上，用去离子水洗至近中性，再用 0.5 mol/L NaOH 重复处理一次，用去离子水洗至近中性后，抽干备用。（因 DEAE 纤维素昂贵，用后务必回收）。实际操作时，通常纤维素是已浸泡过回收的，按"碱→酸"的顺序洗即可，因为酸洗后较容易用水洗至中性。碱洗时因过滤困难，可以先浮选除去细颗粒，抽干后用 0.5 mol/L NaOH-0.5 mol/L NaCl 溶液处理，然后水洗至中性。

2. 装柱与平衡

先将层析柱垂直装好，在烧杯内用 0.02 mol/L pH 7.3 Tris-HCl 缓冲液洗纤维素几次，用滴管吸取烧杯底部大颗粒的纤维素装柱，然后用此缓冲液洗柱至流出液的电导率与缓冲液相同或接近时即可上样。

3. 上样与洗脱

上样前先准备好梯度洗脱液，本实验采用 20 mL 0.02 mol/L pH7.3 的 Tris-HCl 缓冲液和 20 mL 含 0.2 mol/L 浓度 NaCl 的 0.02mol/L pH7.3 的 Tris-HCl 缓冲液，进行线性梯度洗脱。取两个相同直径的 50 mL 小烧杯，一个装 20 mL 含 NaCl 的高离子强度溶液，另一个装入 20 mL 低离子强度溶液，放在磁力搅拌器上，在低离子强度溶液的烧杯内放入一个小搅拌子（在细塑料管内放入一小段铁丝，两端用酒精灯加热封口），将此烧杯置于搅拌器旋转磁铁的上方。将玻璃三通插入两个烧杯中，上端接一段乳胶管，夹上止水夹，用吸耳球小心地将溶液吸入三通（轻轻松一下止水夹），立即夹紧乳胶管，使两烧杯溶液形成连通，注意两个烧杯要放妥善，切勿使一杯高、一杯低。

用 5 mL 0.02 mol/L pH7.3 的 Tris-HCl 缓冲液充分溶解醇级分Ⅲ，（注意玻璃搅棒头必须烧圆、搅拌溶解时不可将离心管划伤），若溶液混浊，则用小试管，以 4 000 r/min 离心除去不溶物。取 1.5 mL 上清液（即醇级分Ⅲ样品，留待下一个实验测酶活力及蛋白含量），将剩余的 3.5 mL 清液小心地加到层析柱上，不要扰动柱床，注意要从上样开始使用部分收集器收集，每管 2.5 ~ 3.0 mL/10 min。上样后用缓冲液洗两次，然后再用约 20 mL 缓冲液洗去柱中未吸附的蛋白质，至 A_{280} 降到 0.1 以下，夹住层析柱出口，将恒流泵入口的细塑料导管放入不含 NaCl 的低离子强度溶液的小烧杯中，用胶布固定塑料管，接好层析柱，打开磁力搅拌器，放开层析柱出口，开始梯度洗脱，连续收集洗脱液，两个小烧杯中的洗脱液用尽后，为洗脱充分，也可将所配制的剩余 30 mL 高离子强度洗脱液倒入小烧杯继续洗脱，控制流速 2.5 ~ 3.0 mL/10 min。

测定每管洗脱液的 A_{280} 光吸收值和电导率（使用 DJS-10 电导电极）。

测定不含 NaCl 的 0.02 mol/L pH7.3 Tris-HCl 缓冲液和含 0.2 mol/L 浓度 NaCl 的 0.02 mol/L pH7.3 Tris-HCl 缓冲液的电导率，用电导率与 NaCl 浓度作图，利用此图将每管所测电导率换算成 NaCl 浓度，并利用此曲线估计出蔗糖酶活性峰洗出时的 NaCl 浓度。

4. 各管洗脱液酶活力的定性测定

在点滴板上每一孔内，加一滴 0.2 mol/L pH4.9 的乙酸缓冲液，一滴 0.5 mol/L 蔗糖和一滴洗脱液，反应 5 min，在每一孔内同时插入一小条尿糖试纸，10 ~ 20 min 后观察试纸颜色的变化。用"+"号的数目，表示颜色的深浅，即各管酶活力的大小。合并活性最高的 2 ~ 3 管，量出总体积，并将其分成 10 份，分别倒入 10 个小试管，用保鲜膜封口，冰冻保存，使用时取出一管。此即"柱级分 IV"。

注：从上样开始收集，可能有两个活性峰，梯度洗脱开始前的第一个峰是未吸附物，本实验取用梯度洗脱开始后洗下来的活性峰。

在同一张图上画出所有管的酶活力，NaCl 浓度（可用电导率代替）和光吸收值 A_{280} 的曲线和洗脱梯度线。

三、蔗糖酶各级分活性及蛋白质含量的测定

【实验目的】

掌握蔗糖酶活性测定方法，了解各级分酶的纯化情况。

【实验原理】

为了评价酶的纯化步骤和方法，必须测定各级分酶活性和比活。

测定蔗糖酶活性的方法有许多种，如费林试剂法、Nelson's 试剂法、水杨酸试剂法等，本实验先使用费林试剂法，以后测米氏常数 Km 和最大反应速度 $Vmax$ 时再用 Nelson's 试剂法。

费林试剂法灵敏度较高，但数据波动较大，因为反应后溶液的颜色随时间会有变化，因此加样和测定光吸收值时最好能计时。其原理是在酸性条件下，蔗糖酶催化蔗糖水解，生成一分子葡萄糖和一分子果糖。这些具有还原性的糖与碱性铜试剂混合加热后被氧化，二价铜被还原成棕红色氧化亚铜沉淀，氧化亚铜与磷钼酸作用，生成蓝色溶液，其蓝色深度与还原糖的量成正比，于 650 nm 测定光吸收值。

【实验试剂与材料】

（1）碱性铜试剂（用毕回收）。

称 10 g 无水 $NaCO_3$，加入 100 mL 去离子水溶解，另称 1.88 g 酒石酸，用 100 mL 去离子水溶解，混合两溶液，再加入 1.13 g 结晶 $CuSO_4$，溶解后定容到 250 mL。

（2）磷钼酸试剂（用毕回收）。

在烧杯内加入钼酸 17.5 g，钨酸钠 2.5 g，10% NaOH 100 mL，去离子水 100 mL，混合后煮沸约 30 min（小心不要蒸干），驱去钼酸中存在的氨，直到无氨味为止，冷却后加 85%磷酸 63 mL，混合并稀释到 250 mL。

（3）0.25%苯甲酸 200 mL，配葡萄糖用，防止时间长溶液长菌，也可以用去离子水代替。

（4）葡萄糖标准溶液。

① 储液：精确称取无水葡萄糖（应在 105 ℃ 恒重过）0.1802 g，以 0.25%苯甲酸溶液溶解后，定容到 100 mL 容量瓶中（浓度 10 mmol/L）。

② 操作溶液：用移液管取储液 10 mL，置于 50 mL 容量瓶中，以用 0.25%苯甲酸或去离子水稀释至刻度（浓度为 2 mmol/L）。

（5）0.2 mol/L 蔗糖溶液 50 mL，分装于小试管中冰冻保存，因蔗糖极易水解，用时取出一管化冻后摇匀。

（6）0.2 mol/L 乙酸缓冲液，pH4.9，200 mL。

（7）牛血清清蛋白标准蛋白质溶液（浓度范围：200～500 μg/mL，精确配制 50 mL）。

（8）考马斯亮蓝 G-250 染料试剂，100 mg 考马斯亮蓝 G-250 全溶于 50 mL 95%乙醇后，加入 120ml 85%磷酸，用去离子水稀释到 1L（公用）。

【实验步骤】

1. 各级分蛋白质含量的测定

采用考马斯亮蓝染料法（Bradford 法）的微量法测定蛋白质含量，参见"蛋白质含量的测定法"（因 Tris 会干扰 Lowry 法的测定）。标准蛋白的取样量为 0.1、0.2、0.3、0.4、0.5、0.6、0.8、1.0 mL，用去离子水补足到 1.0 mL。

各级分先要仔细寻找和试测出合适的稀释倍数，并详细记录稀释倍数的计算（使用移液管和量筒稀释）。下列稀释倍数仅供参考：

粗级分Ⅰ：10～50 倍

热级分Ⅱ：10～50 倍

醇级分Ⅲ：10～50 倍

柱级分Ⅳ：不稀释

确定了稀释倍数后，每个级分取 3 个不同体积的样进行测定，然后取平均值，计算出各级分蛋白质浓度。

2. 级分Ⅰ、Ⅱ、Ⅲ蔗糖酶活性测定

用 0.02mol/L pH4.9 乙酸缓冲液（也可以用 pH5～6 的去离子水代替）稀释各级分酶液，试测出测酶活合适的稀释倍数：

Ⅰ：1000～10000 倍

Ⅱ：1000～10000 倍

Ⅲ：1000～10000 倍

以上稀释倍数仅供参考。

按"表 1"的顺序在试管中加入各试剂，进行测定，为简化操作可取消保鲜膜封口，沸水浴加热改为用 90～95 ℃水浴加热 8～10 min。

3. 柱级分Ⅳ酶活力的测定

（1）酶活力的测定参照"表 1"设计一个表格，反应混合物仍为 1 mL。

（2）第 1 管仍为蔗糖对照，9、10 管为葡萄糖的空白与标准，与"表 1"中的 11、12 管相同。

（3）2～7 管加入柱级分Ⅳ（取样前先试测出合适的稀释倍数），分别为 0.02 mL、0.05 mL、0.1 mL、0.2 mL、0.4 mL 和 0.6mL，然后各加 0.2 mL 乙酸缓冲液（0.2 mol/L pH4.9），每管用去离子水补充到 0.8 mL。

（4）1～7 管各加入 0.2 mL 0.2 mol/L 的蔗糖，每管由加入蔗糖开始计时，室温下准确反应 10 min，立即加入 1 mL 碱性铜试剂中止反应，然后按"表 1"中的步骤进行测定。

（5）第 8 管为 0 时间对照，与第 7 管相同，只是在加入 0.2 mL 蔗糖之前，先加入碱性铜

试剂，防止酶解作用。此管只用于观察，不进行计算。

（6）计算柱级分Ⅳ的酶活力：Units / mL 原始溶液。

（7）以每分钟生成的还原糖的μmol 数为纵坐标，以试管中 1 mL 反应混合物中的酶浓度（mg 蛋白/mL）为横坐标，绘制出反应速度与酶浓度的关系曲线。

级分Ⅰ、Ⅱ、Ⅲ的酶活力测定见表 12-3。

表 12-3　级分Ⅰ、Ⅱ、Ⅲ的酶活力测定

各管名称	对照	粗级分Ⅰ			热级分Ⅱ			醇级分Ⅲ			葡萄糖	
管数	1	2	3	4	5	6	7	8	9	10	11	12
酶液/mL	0.0	0.05	0.20	0.50	0.05	0.20	0.50	0.05	0.20	0.50	—	—
H₂O/mL	0.6	0.55	0.40	0.10	0.05	0.20	0.10	0.55	0.40	0.10	1.0	0.8
乙酸缓冲液（0.2 mol/L pH4.9）	0.2	0.2	0.2	0.2	0.2	0.2	0.2	0.2	0.2	0.2	—	—
葡萄糖 2 mmol/L	—	—	—	—	—	—	—	—	—	—	—	0.2
蔗糖 0.2 mol/L	0.2	0.2	0.2	0.2	0.2	0.2	0.2	0.2	0.2	0.2		
	加入蔗糖，立即摇匀开始计时，室温准确反应 10 min 后，立即加碱性铜试剂中止反应											
碱性铜试剂	1.0	1.0	1.0	1.0	1.0	1.0	1.0	1.0	1.0	1.0	1.0	1.0
	用保鲜膜封口，扎眼，沸水浴加热 8 min，立即用自来水冷却											
磷钼酸试剂	1.0	1.0	1.0	1.0	1.0	1.0	1.0	1.0	1.0	1.0	1.0	1.0
H₂O	5.0	5.0	5.0	5.0	5.0	5.0	5.0	5.0	5.0	5.0	5.0	5.0
A_{650} nm												
$E'=$μmol/min·mL												
平均 $E'=$μmol/min·mL												
Units/mL 原始组分												

稀释后酶液的活力（按还原糖计算）：

$$E' = \frac{A_{650} \times 0.2 \times 2}{A'_{650} \times 10 \times B}\left(\frac{\mu mol}{min \times mL}\right)$$

式中：A_{650}——第 2 ~ 10 管所测 A_{650}

A'_{650}——第 12 管所测 A_{650}

0.2——第 12 管葡萄糖取样量

2——标准葡萄糖浓度 2 mmol/L = 2 μmol/mL

10——反应 10 min

B——每管加入酶液毫升数

原始酶液的酶活力 $E =$（平均 $E'/2$）×稀释倍数（Units / mL 原始组分）

计算各级分的比活力，纯化倍数及回收率，并将数据列于表 12-4。

为了测定和计算下面酶的纯化表中的各项数据，对各个级分都必须取样，每取一次样，对于下一级分来说会损失一部分量，因而要对下一个级分的体积进行校正，以使回收率的计

算不致受到不利的影响，见表 12-5。

表 12-4　酶的纯化表

级分	记录体积 /mL	校正体积 /mL	蛋白质 （mg/mL）	总蛋白 /mg	Units/mL	总 Units	比活 Units/mg	纯化 倍数	回收率 %
I								1.0	100
II									
III									
IV									

注：一个酶活力单位 Units，是在给定的实验条件下，每分钟能催化 1μmol 蔗糖水解所需的酶量，而水解 1 μmol 蔗糖则生成 2 μmol 还原糖，计算时请注意。

表 12-5　对假定的各级分记录体积进行校正计算的方法和结果

级分	记录体积 mL	核正体积计算	取样体积 mL	校正后体积 mL
I	15	15	1.5	15.00
II	13.5	13.5×（15/13.5）	1.5	15.00
III	5	5×（15/13.5）×（13.5/12）	1.5	6.25
IV	6	6×（15/13.5）×（13.5/12）×（5/3.5）	—	10.71

四、反应时间对产物形成的影响

【实验原理】

酶的动力学性质分析，是酶学研究的重要方面。下面将通过一系列实验，研究 pH、温度和不同的抑制剂对蔗糖酶活性的影响，测定蔗糖酶的最适 pH、最适温度、蔗糖酶催化反应的活化能，测定米氏常数 K_m、最大反应速度 V_{max} 和各种抑制剂常数 KI，由此掌握酶动力学性质分析的一般实验方法。

本实验是以蔗糖为底物，测定蔗糖酶与底物反应的时间进程曲线，即在酶反应的最适条件下，每间隔一定的时间测定产物的生成量，然后以酶反应时间为横坐标，产物生成量为纵坐标，画出酶反应的时间进程曲线，由该曲线可以看出，曲线的起始部分在某一段时间范围内呈直线，其斜率代表酶反应的初速度。随着反应时间的延长，曲线斜率不断减小，说明反应速度逐渐降低，这可能是因为底物浓度降低和产物浓度增高而使逆反应加强等原因所致，因此测定准确的酶活力，必须在进程曲线的初速度时间范围内进行，测定这一曲线和初速度的时间范围，是酶动力学性质分析中的组成部分和实验基础。

【实验步骤】

（1）准备 12 支试管，按表 12-6 进行测定。用反应时间为 0 的第一管作空白对照，此试管要先加碱性铜试剂后加酶。第 10 支试管是校正蔗糖的酸水解。用第 11 管作为对照,测定第 12 管葡萄糖标准的光吸收值,用以计算第 2～9 各测定管所生成还原糖的 μmol 数。

（2）表 12-6 中底物蔗糖的量为每管 0.25 μmol,全部反应后可产生 0.5 μmol 的还原糖,所有的蔗糖和酶浓度应使底物在 20 min 内基本反应完。

（3）绘制出生成的还原糖的 μmol 数（即产物浓度 μmol/mL）与反应时间的关系曲线,即反应的时间进程曲线,求出反应的初速度。

表 12-6　反应时间对产物浓度的影响

管数	1	2	3	4	5	6	7	8	9	10	11	12
2.5mmol/L 蔗糖	0.1	0.1	0.1	0.1	0.1	0.1	0.1	0.1	0.1	0.1	—	—
乙酸缓冲液	0.2	0.2	0.2	0.2	0.2	0.2	0.2	0.2	0.2	0.2	—	—
H_2O	0.4	0.4	0.4	0.4	0.4	0.4	0.4	0.4	0.4	0.7	1.0	0.8
葡萄糖 2mmol/L	—	—	—	—	—	—	—	—	—	—	—	0.2
碱性铜试剂	1.0											
由加酶开始计时												
蔗糖酶（～1∶5）	0.3	0.3	0.3	0.3	0.3	0.3	0.3	0.3	0.3	—	—	—
反应时间/min	0	1	3	4	8	12	20	30	40			
反应到时后立即向"2～12"管加入 1 mL 碱性铜试剂中止反应												
碱性铜试剂	—	1.0	1.0	1.0	1.0	1.0	1.0	1.0	1.0	1.0	1.0	1.0
盖薄膜,扎孔,沸水浴上煮 8 min 后速冷												
磷钼酸试剂	1.0	1.0	1.0	1.0	1.0	1.0	1.0	1.0	1.0	1.0	1.0	1.0
H_2O	5.0	5.0	5.0	5.0	5.0	5.0	5.0	5.0	5.0	5.0	5.0	5.0
测定 A_{650}												
生成还原糖的 μmol 数												

五、pH 对蔗糖酶活动性的影响

【实验原理】

酶的生物学特性之一是它对酸碱度的敏感性,这表现在酶的活性和稳定性易受环境 pH 的影响。

pH 对酶的活性的影响极为显著,通常各种酶只在一定的 pH 范围内才表现出活性,同一种酶在不同的 pH 下所表现的活性不同,其表现活性最高时的 pH 称为酶的最适 pH。各种酶在特定条件下都有它各自的最适 pH。在进行酶学研究时一般都要制作一条 pH 与酶活性的关系曲线,即保持其他条件恒定,在不同 pH 条件下测定酶促反应速度,以 pH 为横坐标,反应速度为纵坐标作图。由此曲线,不仅可以了解反应速度随 pH 变化的情况,而且可以求得酶的最适 PH。

酶溶液 pH 之所以会影响酶的活性,很可能是因为它改变了酶活性部位有关基团的解离状态,而酶只有处于一种特殊的解离形式时才具有活性,例如:

$$EH^{2+} + \underset{\text{pKa1 (有活性)}}{\overset{H^+}{\rightleftharpoons}} EH \underset{\text{pKa2}}{\overset{H^+}{\rightleftharpoons}} E^-$$

酶的活性部位有关基团的解离形式如果发生变化，都将使酶转入"无活性"状态。在最适 pH 时，酶分子上活性基团的解离状态最适合于酶与底物的作用。此外，缓冲系统的离子性质和离子强度也会对酶的催化反应产生影响。

蔗糖酶有两组离子化活性基团，它们均影响酶水解蔗糖的能力。其解离常数分别是 pKa=7 和 pKa=3。

【实验步骤】

按表 12-7 配制 12 种缓冲溶液（公用）。

（1）将两种缓冲试剂混合后总体积均为 10 mL，其溶液 pH 以酸度计测量值为准。

表 12-7　缓冲溶液

溶液 pH	缓冲试剂	体积/mL	缓冲试剂	体积/mL
2.5	0.2 mol/L 磷酸氢二钠	2.00	0.2 mol/L 柠檬酸	8.00
3.0	0.2 mol/L 磷酸氢二钠	3.65	0.2 mol/L 柠檬酸	6.35
3.5	0.2 mol/L 磷酸氢二钠	4.85	0.2 mol/L 柠檬酸	5.15
3.5	0.2 mol/L 乙酸钠	0.60	0.2 mol/L 乙酸	9.40
4.0	0.2 mol/L 乙酸钠	1.80	0.2 mol/L 乙酸	8.20
4.5	0.2 mol/L 乙酸钠	4.30	0.2 mol/L 乙酸	5.70
5.0	0.2 mol/L 乙酸钠	7.00	0.2 mol/L 乙酸	3.00
5.5	0.2 mol/L 乙酸钠	8.80	0.2 mol/L 乙酸	1.20
6.0	0.2 mol/L 乙酸钠	9.50	0.2 mol/L 乙酸	0.50
6.0	0.2 mol/L 磷酸氢二钠	1.23	0.2 mol/L 磷酸二氢钠	8.77
6.5	0.2 mol/L 磷酸氢二钠	3.15	0.2 mol/L 磷酸二氢钠	6.85
7.0	0.2 mol/L 磷酸氢二钠	6.10	0.2 mol/L 磷酸二氢钠	3.90

（2）准备二组各 12 支试管，第一组 12 支试管每支都加入 0.2 mL 上表中相应的缓冲液，然后加入一定量的蔗糖酶，此时的蔗糖酶只能用 H_2O 稀释，酶的稀释倍数和加入量要选择适当，以便在当时的实验条件下能得到 0.6～1.0 的光吸收值（A_{650}）。另一组 12 支试管也是每支都加入 0.2 mL 上表中相应的缓冲液，但不再加酶而加入等量的去离子水，分别作为测定时的空白对照管。所有的试管都用水补足到 0.8 mL。

（3）所有的试管按一定时间间隔加入 0.2 mL 蔗糖（0.2 mol/L）开始反应，反应 10 min 后分别加入 1.0 mL 碱性铜试剂，用保鲜膜包住试管口并刺一小孔，在沸水浴中煮 8 min，取出速冷，分别加入 1.0 mL 磷钼酸试剂，反应完毕后加入 5.0 mL 水，摇匀测定 A_{650}。

（4）本实验再准备两支试管，一支用水作空白对照；另一支作葡萄糖标准管。

（5）画出不同 pH 下蔗糖酶活性（μmol/min）与 pH 的关系曲线，注意画出 pH 相同，而离子不同的两点，观察不同离子对酶活性的影响。

六、温度对酶活性的影响和反应活化能的测定

【实验原理】

对温度的敏感性是酶的又一个重要特性。温度对酶的作用具有双重影响，一方面温度升高会加速酶反应速度；另一方面又会加速酶蛋白的变性速度，因此，在较低的温度范围内，酶反应速度随温度升高而增大，但是超过一定温度后，反应速度反而下降。酶反应速度达到最大时的温度称为酶反应的最适温度。如果保持其他反应条件恒定，在一系列不同的温度下测定酶活力，即可得到温度-酶活性曲线，并得到酶反应的最适温度。最适温度不是一个恒定的数值，它与反应条件有关。例如反应时间延长，最适温度将降低。大多数酶在 60 ℃ 以上变性失活，个别的酶可以耐 100 ℃ 左右的高温。

【实验步骤】

本实验要测定 0 ~ 100 ℃ 间 16 个不同温度下蔗糖酶催化和酸催化的反应速度。这 16 个温度是冰水浴的 0 ℃，室温（约 20 ℃），沸水浴的 100 ℃ 和 13 个水浴温度（10 ℃、30 ℃、40 ℃、50 ℃、55 ℃、60 ℃、65 ℃、70 ℃、75 ℃、80 ℃、85 ℃、90 ℃、95 ℃）。

每个温度准备两支试管，一支加酶，测酶催化，另一支不加，以乙酸缓冲液作为酸，测酸催化。

（1）确定酶的稀释倍数，试管中加入 0.2 mL 0.2 mol/L pH4.9 的乙酸缓冲液，0.2 mL 稀释的酶，加水至 0.8 mL 加入 0.2 mL 0.2mol/L 的蔗糖开始计时，在室温下反应 10 min，仍用费林试剂法进行测定，须得到 0.2 ~ 0.3 A 的吸光度，准备一个水的空白对照管（0.8 mL 去离子水加 0.2 mL 0.2 mol/L 的蔗糖），用于测定所有的样品管。

（2）测定上列各个温度下的反应速度，每次用 2 支试管，均加入 0.2 mL 乙酸缓冲液，一支加 0.2 mL 酶，另一支不加酶，均用水调至 0.8 mL，放入水浴温度下使反应物平衡 30 s，加入 0.2 mol/L 蔗糖 0.2 mL，准确反应 10 min，立即加入 1.0 mL 碱性铜试剂中止反应，按规定进行操作，测定各管 A_{650} 值，记录每个水浴的准确温度。

（3）酶催化的各管 A_{650} 值均进行酸催化的校正。画出酶催化和酸催化的反应速度对温度的关系曲线。

七、米氏常数 K_m 和最大反应速度 V_{max} 的测定

根据 Michaelis-Menten 方程：

$$V = \frac{V_{max}[S]}{K_m + [S]}$$

可以得到 Lineweaver-Burk 双倒数值线方程：

$$\frac{1}{V} = \frac{K_m}{V_{max}} \times \frac{1}{[S]} + \frac{1}{V_{max}}$$

在 $1/V$ 纵轴上的截距是 $1/V_{max}$，在 $1/[S]$ 横轴上的截距是 $-1/K_m$，如图 12-1 所示。

图 12-1　Lineweaver-Burk 双倒数作图法

　　测定 K_m 和 V_{max}，特别是测定 K_m，是酶学研究的基本内容之一，K_m 是酶的一个基本的特性常数，它包含着酶与底物结合和解离的性质，特别是同一种酶能够作用于几种不同的底物时，米氏常数 K_m 往往可以反映出酶与各种底物的亲和力强弱，K_m 值越大，说明酶与底物的亲和力越弱，反之，K_m 值越小，酶与底物的亲和力越强。

　　双倒数作图法应用最广泛，其优点是：① 可以精确地测定 K_m 和 V_{max}；② 根据是否偏离线性很容易看出反应是否违反 Michaelis-Menten 动力学；③ 可以较容易地分析各种抑制剂的影响。此做法的缺点是实验点不均匀，V 小时误差很大。为此，建议采用一种新的 Eisenthal 直线作图法，即将 Michaelis-Menten 方程改变为：

$$V_{max} = V + \frac{V}{[S]} K_m$$

　　如图 12-2 所示作图时，在纵轴和横轴上截取每对实验值：$V_1 \sim [S]_1$；$V_2 \sim [S]_2$；$V_3 \sim [S]_3$；连接诸二截点，得多条直线相交于一点，由此点即可得 K_m 和 V_{max}。

图 12-2　Eisenthal 直线作图法

此作图法的优点是：① 不用作双倒数计算；② 很容易识别出那些不正确的测定结果。

【实验步骤】

（1）本实验和下一个实验均采用 Nelson's 法分析反应产物还原糖，Nelson's 法的试剂配制见本实验最后的"试剂配制方法"。因为使用了剧毒药品，操作必须十分仔细小心。为了掌握 Nelson's 法测定的范围，可先作一条标准曲线，按表 12-8 进行实验操作。

表 12-8　Nelson's 法测定葡萄糖的标准曲线

	1	2	3	4	5	6	7	8	9	10
葡萄糖（4 mmol/L）	—	0.02	0.05	0.10	0.15	0.20	0.25	0.30	—	—
果糖（4 mmol/L）	—	—	—	—	—	—	—	—	0.20	—
蔗糖（4 mmol/L）	—	—	—	—	—	—	—	—	—	0.20
H_2O	1.0	0.98	0.95	0.90	0.85	0.80	0.75	0.70	0.80	0.80
Nelson's 试剂	1.0									
				盖薄膜，扎孔，沸水浴中煮 20 min 后速冷						
砷试剂	1.0									
				充分混合，除气泡，放置 5 min						
H_2O	7.0									
				旋涡混合器上充分混合						
每管中糖的 μmol 数										

用第 1 管作空白对照，测定其余各管 510 nm 的吸光度 A_{510}。用 A_{510} 值对还原糖的 μmol 数作图。

（2）测定不同底物浓度对催化速度的影响。

为使 K_m 测准，必须先加蔗糖，精确移液，准确计时，每隔 30 s 或 1 min 加酶一次，加酶后要摇动一下试管，每支试管都要保证准确反应 10 min，然后加 1.0 mL Nelson's 试剂，立即用保鲜膜盖住管口，绕上橡皮筋，用针刺一小孔，几根试管用一根橡皮筋套住放入沸水浴，煮 20 min 后取出放入冷水中速冷。加砷试剂时移液管身不要接触试管壁。最后加 7.0 mL H_2O 以后，要充分摇匀，必要时可用一小块保鲜膜盖住管口，反复倒转试管，混匀。用塑料比色杯测定时，空白对照管溶液必须充分摇匀，彻底除去气泡，测 A_{510} 值时要检查参比杯内壁上是否有气泡，若有，须倒回原试管，再摇动除去残余气泡。

实验中不允许用嘴吸砷试剂。实验完毕后要注意洗手。

（3）第 9、10 二管是先加中止反应的 Nelson's 试剂，后加酶，以保证加酶后不再产生任何还原糖，用以校正蔗糖试剂本身的水解和酸水解。用第 9、10 二管的数据画一直线，求出其他各管的校正数据，对所测各管的 A_{510} 值进行校正，然后计算每管的 $[S]$，$1/[S]$，V 和 $1/V$。

（4）画出反应速度 V 与底物浓度 $[S]$ 的关系图，（米氏曲线）和 $1/V \sim 1/[S]$ 双倒数关系图，（不要直接用 A_{510} 值作图），计算 K_m 和 V_{max}，并与文献值进行比较，见表 12-9。

表 12-9 K_m 和 V_{max} 测定表

管数	1	2	3	4	5	6	7	8	9	10	11	12
0.5 mol/L 蔗糖	—	0.02	0.03	0.04	0.06	0.08	0.10	0.20	0.10	0.20	—	—
H_2O	0.6	0.58	0.57	0.56	0.54	0.52	0.50	0.40	0.50	0.40	1.0	0.8
乙酸缓冲液	0.2	0.2	0.2	0.2	0.2	0.2	0.2	0.2	0.2	0.2	—	—
Nelson's 试剂	—	—	—	—	—	—	—	—	1.0	1.0	—	—
*蔗糖酶	0.2	0.2	0.2	0.2	0.2	0.2	0.2	0.2	0.2	0.2	—	—
葡萄糖 4 mmol/L												0.2
					由加酶开始准确计时，反应 10 min。							
Nelson's 试剂	1.0	1.0	1.0	1.0	1.0	1.0	1.0	1.0	—	—	1.0	1.0
					盖薄膜，扎孔，沸水浴中煮 20 min 后速冷							
砷试剂	1.0	1.0	1.0	1.0	1.0	1.0	1.0	1.0	1.0	1.0	1.0	1.0
					充分混合，除气泡，放置 5 min							
H_2O	7.0	7.0	7.0	7.0	7.0	7.0	7.0	7.0	7.0	7.0	7.0	7.0
					旋涡混合器上充分混合							
A_{510}												
校正值												
校正后 A_{510}												
$[S]$												
$1/[S]$												
V												
$1/V$												

注：*：表 4 中酶的稀释倍数需仔细试测，使第 2 管的 A_{510} 值达到 0.2～0.3。

催化反应速度的计算：

$$V = \frac{A_{510(校正)} \times 0.2 \times 4}{A'_{510} \times 10 \times 2}$$

式中：V——每毫升反应液，每分钟消耗掉的蔗糖底物的 μmol 数；

A'_{510}——第 12 管的吸光度值，以 11 管为参比；

0.2×4——4 μmol/mL 葡萄糖取 0.2mL；

10——反应 10 min；

2——每 μmol 蔗糖水解成 2μmol 还原糖。

【试剂配制】

（1）1 mol/L 乙酸：取 5.8 mL 冰乙酸（17 mol/L）加 H_2O 稀释至 100 mL。

（2）0.5 mol/L NaOH：称 2g NaOH 溶于 100 mL H_2O。

（3）0.5 mol/L HCl：取 4.2 mL 浓 HCl（12 mol/L）加入 H_2O 中，稀释到 100 mL（注意必须是酸缓慢倒入水中，决不可反之）。

（4）0.02 mol/L pH7.3 Tris-HCl 缓冲液：

先配 0.1 mol/L Tris Buffer 储液：称 1.21 g Tris（三羟甲基氨基甲烷 MW 121.1）加 70 mL H_2O 溶解，再滴加 4 mol/L HCl 约 21 mL，调 pH=7.3，再加 H_2O 至 100 mL。取此储液 50 mL，加 H_2O 至 250 mL。

（5）4 mol/L HCl：取 166.7 mL 浓 HCl（12 mol/L），加 H_2O 至 500 mL。

（6）0.02 mol/L pH7.3 Tris-HCl 缓冲液（含 0.2 mol/L 浓度 NaCl）：

称 0.584 g NaCl（MW 58.4）用 0.02 mol/L pH7.3 的 Tris-HCl 缓冲溶液溶解，并定容到 50 mL。

（7）0.2 mol/L Sucrose：称 3.423 g Sucrose（MW 342.3）加 H_2O 溶解，定容到 50 mL，分装在 10 个小试管中冰冻保存。

（8）0.2 mol/L pH4.9 乙酸缓冲液。

称 2.461 g 无水乙酸钠（MW 82.03）溶于 150 mL H_2O，加 40～50 mL 0.2 mol/L 乙酸，调 pH=4.9，瓶口用薄膜封口，存于 4 ℃ 冰箱。

（9）0.5 mol/L Sucrose：称 8.558 g Sucrose，加 H_2O 溶解，定容到 50 mL，分装于小试管中，冰冻保存。

（10）5 mmol/L Sucrose：取 0.5 mol/L Sucrose，稀释 100 倍。

（11）4 mmol/L Glucose：取 40 mL 10 mmol/L Glucose，加 H_2O 稀释至 100 mL，或称 0.072 g Glucose（MW 180.2），加 H_2O 溶解定容至 100 mL。

（12）4 mmol/L Fructose：称 0.072 g Fructose（MW 180.2）加 H_2O 溶解，定容至 100 mL。

（13）4 mmol/L Sucrose：称 0.137 g Sucrose，加 H_2O 溶解定容到 100 mL，现用现配。

（14）0.2 mol/L 柠檬酸 $C_6H_8O_7 \cdot H_2O$（MW 210.14）：称 4.203 g 溶于 100 mL H_2O。

（15）0.2 mol/L 乙酸：取 1.18 mL 冰乙酸（17 mol/L）或 3.33 mL 36% 乙酸（6 mol/L）加 H_2O 至 100 mL。

（16）0.2 mol/L 乙酸钠：称 1.641 g 无水乙酸钠溶于 100 mL H_2O。

（17）0.2 mol/L 磷酸二氢钠 $NaH_2PO_4 \cdot 2H_2O$（MW 156.01）：称 3.120 g 溶于 100 mL H_2O。

（18）0.2 mol/L 磷酸氢二钠 $Na_2HPO_4 \cdot 12H_2O$（MW 358.14）：称 7.163 g 溶于 100 mL H_2O。

（19）Nelson's 试剂：

① Nelson's A：称 25.0 g 无水 Na_2CO_3，25.0 g 酒石酸钾钠，20.0 g $NaHCO_3$，200.0 g 无水 Na_2SO_4，缓慢溶于 H_2O，稀释至 1 000 mL。

② Nelson's B：称 15.0 g $CuSO_4 \cdot 5H_2O$ 溶于 H_2O，加两滴浓 H_2SO_4，用 H_2O 稀释至 100 mL，使用时，取 50 mL Nelson's A，加入 2 mL Nelson's B，此溶液易出结晶，可保存在高于 20 ℃ 处，若出现结晶，可用温热水浴溶化之。

（20）砷试剂（偶氮砷钼酸盐试剂）（教师配）：

称 50.0 g 钼酸铵，溶于 900 mL H_2O，搅拌下缓慢加入 42 mL 浓 H_2SO_4，再称 6.0 g 砷酸钠或砷酸氢二钠，溶于 50 mL H_2O，混合这两份溶液，加 H_2O 至 1 000 mL，37 ℃ 保温 24～48 h，室温暗处存于棕色塑料瓶。

（21）0.1 mol/L 磷酸钠缓冲液：称 15.6 g $NaH_2PO_4 \cdot 2H_2O$ 溶于 800 mL H_2O，用 10% NaOH 调 pH=7.0，加 H_2O 至 1 000 mL，配 G-O 试剂用。

【小结】

本章介绍了探索性设计性实验的方法和原则，探索性实验设计的教学过程分为三个阶段：第一阶段由相关任课教师介绍探索性实验设计的一般原则；第二阶段由学生汇报实验设计并分组讨论；第三阶段对修改后可行性较强的实验设计由学校提供条件，学生进行实际操作实施。在这个过程中学生的动手实践能力和创新能力得到了锻炼。

【巩固练习】

（1）设计性实验的原则什么？
（2）设计性实验要注意哪些环节？
（3）如何评判探索性、设计性实验的质量？

【实验小故事】

达尔文说过："没有假说，也就没有有用的观察"；巴斯德也说过："在实验的领域里，运气只光顾有准备的思想"。

第五篇
生物信息与数据库的使用

第一节　中文文献数据库

一、中国生物医学文献数据库

（一）数据库简介

中国生物医学文献数据库收录 1978 年以来 1 600 多种中国生物医学期刊，以及汇编、会议论文的文献题录，年增长量约 40 万条。学科覆盖范围涉及基础医学、临床医学、预防医学、药学、中医学及中药学等生物医学的各个领域，如图 13-1 所示。

中国生物医学文献数据库注重数据的规范化处理和知识管理，全部题录均根据美国国立医学图书馆最新版"医学主题词表"、中国中医研究院中医药信息研究所"中国中医药学主题词表"，以及"中国图书馆分类法·医学专业分类表"进行主题标引和分类标引。

图 13-1

（二）数据库特点如下

1. 兼容性好

CbmWeb 与 PubMed 检索系统具有良好兼容性。

2. 词表辅助检索功能

检索系统具有多种词表辅助检索功能，建有主题词表、中英文主题词轮排表、分类表、期刊表、索引词表、作者表等多种词表，且有丰富的注释信息。

3. 检索入口多

除 30 多个检索入口外，更提供特色的主题词检索、分类检索、第一著者检索、文献类型、资助项目和参考文献等检索方式。尤其是主题和副主题词检索功能将有效提。

4. 高查准和查全率

检索功能完备：定题检索、限定检索、截词检索、通配符检索，各种逻辑组配检索功能会大大提高检索效率。

（三）数据库的应用

全文获取：目前 CBM 已经实现了与维普全文数据库的链接功能，对于 1989 年以来的全文，可以直接链接维普全文数据库。维普公司 http://www.juhe.com.cn。

联机帮助：提供丰富的联机帮助信息，通过文字、图像和 FLASH 展示 CbmWeb/ CbmWin 的主要用法。

二、中国期刊全文数据库

（一）数据库简介

"中国期刊全文数据库（CJFD）"是目前世界上最大的连续动态更新的中国期刊全文数据库，积累全文文献 800 万篇，题录 1500 余万条，分九大专辑，126 个专题文献数据库，如图 13-2 所示。

知识来源：国内公开出版的 6100 种核心期刊与专业特色期刊的全文。

覆盖范围：理工 A（数理化天地生）、理工 B（化学化工能源与材料）、理工 C（工业技术）、农业、医药卫生、文史哲、经济政治与法律、教育与社会科学、电子技术与信息科学。

收录年限：1994 年至今，6100 种全文期刊的数据完整性达到 98%。

产品形式："中国期刊全文数据库（WEB 版）""中国学术期刊（光盘版）"（CAJ-CD）、"中国期刊专题全文数据库（光盘版）"。1994—2000 年的专题全文数据库已出版"合订本"，每个专题库 1~2 张 DVD 光盘。

更新频率：CNKI 中心网站及数据库交换服务中心每日更新，各镜像站点通过互联网或卫星传送数据可实现每日更新，专辑光盘每月更新（文史哲专辑为双月更新），专题光盘年度更新。

图 13-2

（二）数据库特点

（1）海量数据的高度整合，集题录、文摘、全文文献信息于一体，实现一站式文献信息检索（One-stop Access）。

（2）参照国内外通行的知识分类体系组织知识内容，数据库具有知识分类导航功能。

（3）设有包括全文检索在内的众多检索入口，用户可以通过某个检索入口进行初级检索，也可以运用布尔算符等灵活组织检索提问式进行高级检索。

（4）具有引文连接功能，除了可以构建成相关的知识网络外，还可用于个人、机构、论文、期刊等方面的计量与评价。

（5）全文信息完全的数字化，通过免费下载的最先进的浏览器，可实现期刊论文原始版面结构与样式不失真的显示与打印。

（6）数据库内的每篇论文都获得清晰的电子出版授权。

（7）多样化的产品形式，及时的数据更新，可满足不同类型、不同行业、不同规模用户个性化的信息需求。

（三）数据库的应用

CJFD 除了可用于信息检索、信息咨询、原文传递等常规服务外，还可以用于以下一些专项服务：

（1）引文服务，生成引文检索报告。

（2）查新服务，生成查新检索报告。

（3）期刊评价，生成期刊评价检索报告。

（4）科研能力评价，生成科研能力评价检索报告。

（5）项目背景分析，生成项目背景分析检索报告。

（6）定题服务，生成CNKI快讯。

三、维普中文期刊数据库/中文科技期刊数据库

（一）数据库简介

"中文科技期刊数据库"全文版包含1989年以来的自然科学、工程技术、农业、医药卫生、经济、教育和图书情报等学科8 000余种期刊刊载的500余万篇文献，并以每100万篇的速度递增，如图13-3所示。

图 13-3

（二）数据库内容

收录范围：收录1989—1999年出版期刊7 000种，2000年后出版期刊12 000余种。学科范围覆盖理、工、农、医以及社会科学各专业。

数据容量：1989—1999年累积文献量400万篇。2000年以后每年出版文献90～100万篇。

著录标准：《中国图书资料分类法》《检索期刊条目著录规则》（GB3793—83）《文献主题

标引规则》（GB3860—83）。

全文服务：用户可以下载维普浏览器以后直接阅读全文，也可以下载到本机上使用。

（三）数据库使用

《中文科技期刊数据库》提供两种检索方式："分类检索"及"高级检索"。

（1）分类检索："分类检索"入口位于首页的正中央，可点击"分类检索"下列的任何一个类别即可进行。接着显示的所点击类别的下属子类；在点击其中一个子类以后，将显示出该子类包含的全部文献标题、作者、刊物名称和出版年供浏览；同时该页面的上方会出现一个"请输入检索词"的提示框，可让进一步缩小在该类下的文献搜索范围。系统默认在关键词和题名字段搜索您输入的检索词。如想通过点击标题得到更详细的信息，则必须注册、登录。

（2）高级检索："高级检索"位于首页的左侧，点击"高级检索"下列的各数据库或在其他页面导航条上点击"数据库检索"进入相应的检索界面，就可以进行功能更强、灵活度更大的检索。该界面布局紧凑、功能集中。分为检索区域、导航系统、概览区、细阅区和功能限定下载区域。窗口大小可根据具体使用情况通过鼠标拖动边框调节。

四、万方数据资源系统

（一）数据库简介

万方数据资源系统是建立在因特网上的大型中文科技、商务信息平台及庞大的数据库群，内容涉及自然科学和社会科学各个领域，汇聚 12 大类 100 多个数据库，2 300 万数据资源，提供多种的检索方式，让用户能快捷查询到所需资料，如图 13-4 所示。它能为国内外企业、金融投资机构、咨询机构、信息服务部门以及有关政府部门提供信息与咨询服务，帮助了解产业、技术和市场动态，确定企业技术、管理创新和投资方向。万方数据资源系统分为五大子系统：学位论文全文子系统、会议论文全文子系统、数字化期刊子系统、科技信息子系统和直务信息子系统。

图 13-4

（二）数据库内容

（1）中国学位论文全文子系统：该系统资源由国家法定学位论文收藏机构——中国科技信息研究所提供，并委托万方数据加工建库，收录了自 1977 年以来我国各学科领域博士、博士后及硕士研究所论文，涵盖自然科学、数理化、天文、地球、生物、医药、卫生、工业技术、航空、环境、社会科学、人文地理等各学科领域，充分展示了中国研究生教育的庞大阵容。

（2）会议论文子系统：该系统的数据库是国内收集学科最全面、数量最多的会议论文数据库，属国家重点数据库。收录了国家级学会、协会、研究会组织召开的全国性学术会议论文。每年涉及 600 余个重要的学术会议，每年增补论文 15 000 余篇。

（3）数字化期刊子系统：集纳了理、工、农、医、哲学、人文、社会科学、经济管理和科教文艺等 8 大类的 100 多个类目 5 000 多种以中国数字化期刊为基础，整合了中国科技论文与引文数据库及其他相关数据库中的期刊条目部分内容，基本包括了我国文献计量单位中科技类核心源刊和社科类统计源期刊，是建设核心期刊测评和论文统计分析的数据源基础。

（4）科技信息子系统：中国唯一完整科技信息群。它汇集科研机构、科技成果、科技名人、中外标准、政策法规等近百种数据库资源，信息总量达上千万条，每年数据更新几十万条以上，为广大教学科研单位、图书情报机构及企业研发部门提供最丰富、最权威的科技信息。

（5）商务信息子系统："中国企业、公司及产品数据库（CECDB）"是其主要数据库，至今已收录 96 个行业 20 万家企业的详尽信息，成为中国最具权威性的企业综合信息库。目前，CECDB 的用户已经遍及北美、西欧、东南亚等 50 多个国家与地区，主要客户类型包括：公司企业、信息机构、驻华商社、大学图书馆等。

五、其他数据库

（1）中文生物医学期刊文献数据库（简称 CMCC）是由解放军医学图书馆数据库研究部开发的中文生物医学文献目录型数据库，面向医院、医学院校、医学研究所、医药工业、医药信息机构、图书馆和医学出版社提供长期稳定的最新医学文献信息检索服务，如图 13-5 所示。内容涵盖医药卫生各个领域，收刊全、更新快是该数据库的主要特点。CMCC 自 1994 年创建以来在中国内地和港澳拥有广泛的用户，是国家卫生部门认可的重要检索工具之一，同时也是信息资源共享、检索查新的必备工具。经过不断系统更新和数据扩容，目前已成为获取中国内地生物医学文献信息的重要信息来源，并得到广大用户的认可和支持，享誉甚佳。CMCC 数据库依托解放军医学图书馆丰富的馆藏资源，并可提供优质原文获取服务。

（2）中国医学学术会议论文数据库（DATABASE ON CHINA MEDICAL ACADEMIC CONFERENCE PAPERS，CMAC）多年来，解放军医学图书馆在中华医学会和各地分会的支持下，搜集了大量的医学学术会议论文集并建立了较好的收集渠道。为了不断满足用户的需求，增加医学信息量，建立了"中国医学学术会议论文数据库"，该数据库为目录型数据库，收录了中华医学会所属各专业分会及各省分会等组织 1994 年以来的全国医学学术会议论文集中的医学文献约 15 万余篇。该数据库与 CMCC 共享同一检索软件，分为单机版和网络版，数据库半年更新一次。

图 13-5

第二节　外文文献数据库

一、NCBI 分子数据库

（一）数据库页面

NCBI 分子数据库如图 13-6 所示。

（二）数据库分类简介

（1）Assembly：一个提供有关基因组组装结构，装配名称和其他元数据，统计报告以及基因组序列数据链接等信息的数据库。

（2）BioCollections：一个有关培养物、动植物样本和其他自然样本的精选元数据集。记录显示样本状态，有关馆藏的机构的信息，以及 NCBI 中相关数据链接。

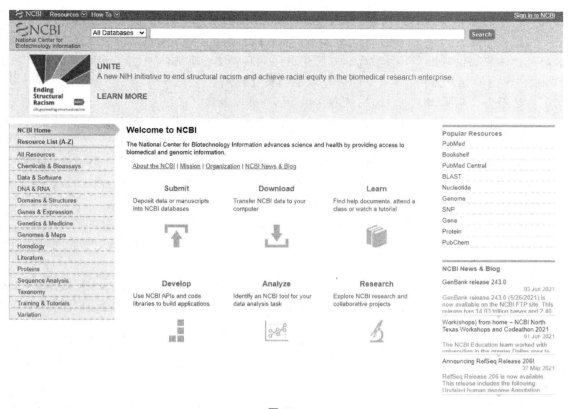

图 13-6

（3）BioProject（formerly Genome Project）：基因组学，功能基因组学和遗传学研究的集合以及其结果数据集的链接。此资源描述项目范围，材料和目标，并提供一种机制来检索由于注释不一致，多个独立提交以及通常存储在不同数据库中的各种数据类型的不同性质而经常难以找到的数据集。

（4）BioSample：BioSample 数据库包含实验测定中使用的生物来源材料的描述。

（5）ClincialTrials.gov：世界各地公开和私人支持的临床研究的登记和结果数据库。

（6）Consensus CDS（CCDS）：人类和小鼠一致注释和高质量的核心蛋白质编码区域。

（7）Database of Genomic Structural Variation（dbVar）：dbVar 数据库储存了大规模基因组变异相关的信息，包括大插入，缺失，易位和倒位。除了分类突变之外，dbVar 还存储已定义突变与表型信息的关联。

（8）Database of Genotypes and Phenotypes（dbGaP）：储存基因型和表型相互作用研究结果和描述的数据库，这些研究包括全基因组关联（GWAS）、医学重测序、分子诊断，以及基因型与非临床性状之间的关联。

（9）Database of Short Genetic Variations（dbSNP）：数据库包含单核苷酸突变、微卫星和小规模插入和缺失信息。

（10）GenBank：NIH 基因序列数据库，是所有公开可用 DNA 序列的注释集合。NCBI 的 GenBank 数据库和日本 DNA 数据库（DDBJ），欧洲分子生物学实验室（EMBL）每天交换数据，保证数据实时跟新。GenBank 由几个部分组成，大部分序列可以通过 Nucleotide 数据库访问。例外的是 EST 和 GSS 分区，分别通过 Nucleotide EST 和 Nucleotide GSS 数据库访问。

（11）Gene：一个可搜索的基因数据库，专注于已经完全测序的基因组，并且有一个活跃的研究团体来提供基因特异性数据。基因信息包括命名法、染色体定位、基因产物及其属性（例如，蛋白质相互作用）、相关标记、表型、相互作用、引文链接、序列、突变详情、图谱、表达报告、同源物、蛋白结构域内容和外部数据库链接。

（12）Genes and Disease：选定遗传疾病的信息摘要，讨论潜在的突变和临床特征，以及相关数据库和组织的链接。

（13）Genome：包含来自 1000 多种生物的全基因组的序列和比对数据。基因组代表完全测序的生物和正在进行测序的生物，三个主要领域（细菌，古细菌和真核生物），以及许多病毒，噬菌体，类病毒，质粒和细胞器。

（14）HIV-1，Human Protein Interaction Database：已知 HIV-1 蛋白与人宿主蛋白相互作用的数据库。它提供了已发表的蛋白质相互作用报告的注释书目，并附有相应 PubMed 记录和序列数据的链接。

（15）Journals in NCBI Databases：NLM 目录数据库的子数据库，提供 NCBI 数据库记录中引用的期刊信息，包括 PubMed 摘要。支持期刊标题，MEDLINE 或 ISO 缩写，ISSN 或 NLM 目录 ID 搜索此数据库。

（16）MeSH Database：MeSH（医学主题词）是美国国家医学图书馆用于索引 MEDLINE / PubMed 文章的受控词汇表。MeSH 术语提供了一种一致的方法来检索可能对相同概念使用不同术语的信息。

（17）MedGen：医学遗传学信息门户，MedGen 包含来自多个来源的术语列表，并将它们组织成概念分组和层次分组。还提供了 NIH Genetic Testing Registry（GTR），ClinVar，Gene，OMIM，PubMed 和其他来源中的相关链接信息。

（18）National Library of Medicine（NLM）Catalog：图书馆馆藏中所有期刊，书籍，视听，计算机软件，电子资源和其他资料的书目数据。

（19）Nucleotide Database：来自多个来源的核苷酸序列的集合，包括 GenBank，RefSeq，第三方注释（TPA）数据库和 PDB。

（20）Online Mendelian Inheritance in Man（OMIM）：人类基因和遗传疾病的数据库。NCBI 维护当前内容并继续支持其与其他 NCBI 数据库的搜索和集成。但是，OMIM 现在在 omim.org 上有一个新主页，用户可以直接访问该站点进行全面显示。

（21）PopSet：来自比较研究的相关 DNA 序列的数据库：系统发育，种群，环境以及在较小程度上的突变。数据库中的每个记录都是一组 DNA 序列。例如，群体集提供有关生物体内遗传变异的信息，而系统发育集可以包含从几个相关生物获得的单个基因的序列及其比对。

（22）Probe：用于各种生物医学研究应用的核酸试剂数据库，有关试剂比例、探针有效性和序列相似性等信息。

（23）Protein Clusters：相关蛋白质序列（簇）的集合，由完整的原核和细胞器质粒和基因组编码的参考序列蛋白组成。该数据库提供对注释信息，出版物，域，结构，外部链接和分析工具的轻松访问。

（24）Protein Database：包含来自各种来源的蛋白质序列记录的数据库，包括 GenPept，RefSeq，Swiss-Prot，PIR，PRF 和 PDB。

（25）PubMed：MEDLINE 和其他生命科学期刊的生物医学文献引文和摘要数据库。

（26）PubMed Central（PMC）：全文生物医学和生命科学期刊文献，包括临床医学和公共卫生。

（27）RefSeqGene：人类基因特异性参考基因组序列的集合。

（28）Reference Sequence（RefSeq）：由 NCBI 产生的主持的，非冗余的基因组 DNA，转录物（RNA）和蛋白质序列的集合。

（三）常用数据库工具

（1）BLAST Microbial Genomes：对选定的完整真核和原核基因组中的相似序列进行 BLAST 搜索。

（2）BLAST RefSeqGene：对 RefSeqGene/LRG 集中的基因组序列进行 BLAST 搜索。

（3）BLAST Tutorials and Guides：此页面链接到许多与 BLAST 相关的教程和指南，包括 BLAST 算法的选择指南，BLAST 输出格式的说明，独立 BLAST 参数的说明，在本地机器上设置独立 BLAST 的说明以及 使用 BLAST URL API。

（4）Basic Local Alignment Search Tool（BLAST）：找到生物序列之间的局部相似性区域，该程序将核苷酸或蛋白质序列与序列数据库进行比较，并计算匹配的统计显著性。BLAST 可用于推断序列之间的功能和进化关系，以及帮助鉴定基因家族的成员。

（5）COBALT：COBALT 是一种蛋白质多序列比对工具，使用 RPS-BLAST，BLASTP 和 PHI-BLAST 找到从保守结构域数据库，蛋白质基序数据库和序列相似性衍生的成对约束的集合。

（6）Cn3D：用于从 NCBI 的 Entrez 检索服务查看三维结构的独立应用程序。

（7）Conserved Domain Architecture Retrieval Tool（CDART）：显示构成给定蛋白质序列的功能域。它列出了具有相似结构域结构的蛋白质，并且可以检索含有特定结构域组合的蛋白质。

（8）Conserved Domain Search Service（CD Search）：鉴定蛋白质序列中存在的保守结构域。

（9）Gene Expression Omnibus（GEO）BLAST：用于将查询序列（核苷酸或蛋白质）与包含在 GEO 数据库中的微阵列或 SAGE 平台上的 GenBank 序列对齐的工具。

（10）Genome BLAST：该工具将核苷酸或蛋白质序列与基因组序列数据库进行比较，并使用基本局部比对搜索工具（BLAST）算法计算匹配的统计显著性。

（11）Primer-BLAST：Primer-BLAST 工具使用 Primer3 设计序列模板的 PCR 引物。然后通过针对用户指定数据库的 BLAST 搜索自动分析潜在产品，以检查对目标的特异性。

（12）ProSplign：用于计算蛋白质与基因组核苷酸序列的比对的实用程序。

（13）Related Structures：相关结构工具允许用户从分子建模数据库（MMDB）中查找与查询蛋白质序列相似的 3D 结构。

（14）SNP Database Specialized Search Tools：有多种工具可用于搜索 SNP 数据库，允许使用 BLAST 通过基因型，方法，群体，提交者，标记和序列相似性进行搜索。

（15）VecScreen：一种用于快速鉴定可能是载体来源的核酸序列区段的系统。

（16）Vector Alignment Search Tool（VAST）：一种识别相似蛋白质三维结构的计算机算法。

（17）Viral Genotyping Tool：该工具有助于识别病毒序列的基因型。

二、Pubmed 数据库

（一）数据库简介

PubMed 是美国医学图书馆（NLM）所属的国家生物技术信息中心（NCBI）开发的生物医学文献检索系统，位于美国国立卫生研究院（NIH）的检索平台上。PubMed 是 NCBI Entrez 数个数据库查询系统下中的一个。

PubMed 是提供免费的 MEDLINE、PREMEDLINE 与其他相关数据库接入服务，MEDLINE 是一个拥有 1 亿字条的巨大数据库。PubMed 也包含着与提供期刊全文的出版商网址的链接，来自第三方的生物学数据，序列中心的数据等等。该系统通过网络途径免费检索包括 MEDLINE 在内的自 1950 年以来全世界 70 多个国家 4 300 多种主要生物医学文献的书目索引摘要数据库，并提供部分免费和付费全文链接服务。

访问地址：http://www.ncbi.nlm.nih.gov/entrez/query.fcgi。

（二）数据库内容

如图 13-7 所示，PubMed 提供与综合分子生物学数据库的链接与接入服务，这个数据库归 NCBI 所有，其内容包括：DNA 与蛋白质序列，基因图数据、3D 蛋白构象，人类孟德尔遗传在线。

图 13-7

（1）MeSh Browser 用它来分层流览 MesH 表。

（2）Single Citation Matcher 通过填表的形式输入期刊的信息可以找到某单篇的文献或整个期刊的内容。

（3）Batch Citution Matcher 用一种特定的形式输入期刊的信息一次搜索多篇文献。

（4）Clinical Queries 这一部分为临床医生设置，通过过滤的方式将搜索的文献固定在 4 个范围：治疗、诊断、病原学与预后。

（5）Order Documents 提供一种收费性质服务，可以使用户在当地得到文献的全文拷贝（费用与发送方式各不相同）。

（6）Grateful Med 是对另一个 NLM 基于网络的查询系统的链接。Grateful Med 也提供 MEDLINE 的接入，并且还有一些其他的数据库如 Aidsline、Histline 等等。

（7）Consumer Health 提供与 MEDLINEplus 的链接，MEDLINEplus 是与消费者健康信息相关的国家医学图书馆的网络节点。

（8）Clinical Alerts 此部分的目的是加快 NIH 资助的临床研究成果的发布。

三、Ovid 数据库

（一）数据库简介

Ovid 数据库系统是由美国 Ovid 公司开发，其期刊全文数据库（Journals@Ovid Full Text）收录了 1 200 多种由 60 多个出版商出版的科学、科技及医学期刊，收录年限由 1993 年至今，其中临床医学 889 种，行为科学与社会科学 414 种，生命科学 327 种，护理学 88 种，物理科学与工程学 286 种，心理与精神医学 53 种，如图 13-8 所示。

Online 版可供选择的数据库有 Lippincott's Clinical Choice; MEDLINE; EMBASE Drugs & Pharmacology; BIOSIS Previews; Evidence Based Medical Reviews; Clinical Evidence; Journals@Ovid Fulltext; Your Journals@Ovid; Cochrane Database of Systematic Reviews; Cochrane Central Register of Controlled Trials 等。

图 13-8

镜像版可供选择的数据库有：Medline、Best Evidence、Cochrane Database of Systematic Reviews、Database of Abstracts of Reviews of Effectiveness、Core Biomedical Collection、Biomedical Collection Ⅲ、Biomedical Collection Ⅱ、Biomedical Collection Ⅳ、Mental Health Collection 等，最早可回溯至 1993 年。

（二）常用数据库

（1）全科性医药学文献检索数据库 MEDLINE<1966 to present>美国国家医学图书馆 NLM 于 1964 年建立了全国性医学文献网络 MEDLARS，目前拥有多个数据库，其中最重要且发展最早的为 MEDLINE（MEDLARS ONLINE）生物医学数据库。该数据库包含 3 600 多种生命科学期刊文献资料，目前约有 1100 万笔纪录，且每个月以 20 000～15 000 笔纪录增加中，75%为英文文献，25%为非英文文献。自 1975 年以后，才将文献摘要收录。

（2）循证医学数据库 Evidence-Based Medicine Reviews 这是一套医药界人士及医学相关研究人员研发的一套数据库，收录了医学研发中具有临床实证基础的资料。循证医学数据库乃汇整重要循证医学（或称实证医学）文献，提供临床医生、研究者使用，作为临床决策、研究之基础之用，可节省阅读大量医学文献报告的时间。

（3）医药学文献数据库 Embase-drug&pharmacology 收录自 Elsevier Science Publishers 的资料，以题录方式出版，收录内容重点在于已上市的药品及未上市的药品可能产生的副作用、临床经验以及其药理学、药效学等文献。

（4）生物医学文献数据库 BIOSIS Previews<1990-present> BIOSIS Previews 是生命科学中最详尽的参考性数据库，它提供了其他医学数据库所没有的重要生物学资料。它收录生物学摘要 BA 的期刊文献，BA/RRM 的会议、评论、书刊、书之章节、专论等资料；以及 BioResearch Index 的期刊文献。

（5）Ovid 医学电子全文期刊数据库 Journals@Ovid 收录 60 多个出版商所出版的超过 1 000 种科技及医学期刊的全文。其中 Lippincott，Williams & Wilkins（LWW）乃世界第二大医学出版社，其临床医学及护理学尤其特出，共计收录 239 种医学相关之核心期刊（另有 7 本过刊，总数 246 种全文期刊）；BMA & OUP 系列全文数据库共 76 种，BMA 即英国医学学会系列电子全文资料（BMA Journals fulltext），OUP 即牛津大学出版社医学电子全文数据库（OUP Journals fulltext）。

四、MEDLINE 数据库

MEDLINE 是 NLM 建立的一个书目型数据库，是世界上著名的生物医学文献数据库，是查找生物医学文献的重要来源，如图 13-9 所示。收录 1966 年至今 70 多个国家地区的 4 800 种期刊上的文章及参考文献 1 300 万篇，涉及 40 个语种。目前收录的文献以英文文献为主，多数文献有英文摘要。

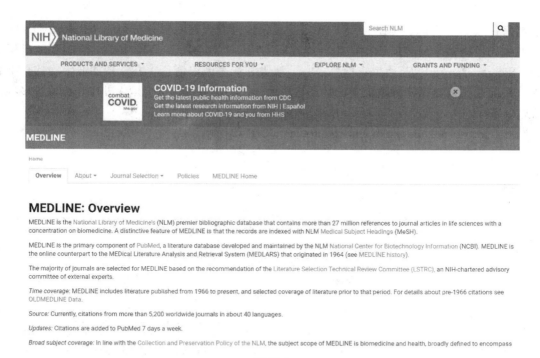

图 13-9

内容范围：MEDLINE 数据库合并了美国《医学索引》《牙科文献索引》《国际护理索引》三种印刷型检索工具的内容，具体包括护理学、牙科学、兽医学、药学、卫生保健、营养卫生和卫生管理等。

MEDLINE 数据库有多种版本形式，光盘版如 SliverPlatter（银盘版）、网络版如 PubMed、Ovid 版等。

五、WSN 电子期刊

WSN 数据库是 WorldSciNet 的简称，系新加坡世界科技出版公司产品，该公司是一家国际级的出版机构，出版内容涵盖基础科学、工程技术、医学、生命科学、商业与管理等领域，同时还是多个学科诺贝尔奖得主之著作的主要出版机构。该公司出版的书刊以高学术水准见称，在出版的 84 种专业刊物中，60 种刊物被 SCI 和 SSCI 收录；出版的书籍被世界顶尖学府（包括麻省理工、哈佛、斯坦福、普林斯顿、耶鲁、剑桥、牛津、康奈尔和加州理工学院等）作为教材。

第三节　部分常用专业网站

一、北京大学生物信息中心（CBI）

北京大学生物信息中心（CBI）成立于 1997 年，是欧洲分子生物学网络组织 EMBnet 的中国国家节点，如图 13-10 所示。几年来，已经与多个国家的生物信息中心建立了合作关系，其中包括：欧洲生物信息学研究所（EBI）、国际蛋白质数据库和分析中心（ExPASy）、国际遗传工程和生物技术研究所、德国生物工程研究所、英国基因组资源中心、英国基因组研究中心（Sanger Centre）、荷兰生物信息中心、澳大利亚基因组信息中心、新加坡生物信息中心等等。目前是国内数据库种类最多，数据量最大的生物信息站点，为国内外用户提供了多项生物信息服务。

网址：https://opendata.pku.edu.cn/dataverse/CBI。

图 13-10

二、中国医学生物信息网

中国医学生物信息网（CMBI）是由北京大学心血管研究所、北京大学人类疾病基因研究中心和北京大学医学部信息中心协作、赞助和开发的，综合性、非商业化、非营利性医学生物信息网。

中国医学生物信息网的信息部分主要由医学新闻、最新文献、特别报道、Insight、专题网页、今日临床、数据库等八部分内容组成，每一页下又有若干细类。如专题网页里包括了近期热点如非典型性肺炎、干细胞、基因治疗等网页，内容丰富新颖；数据库里包括了心血管病、生物活性多肽等多个医学数据库。

中国医学生物信息网主页的左侧有多个网络工具的链接，如导航系统、网络资源及友情链接等，不仅为用户提供了许多通用和生物医学专用的搜索引擎，还提供了 MEDLINE、中国生物医学文献数据库（CBMdisc）等多个生物医学文献数据库的链接。

网址：www.cmbi.bjmu.edu.cn/。

三、丁香园生物医药科技网

丁香园生物医药科技网（http://www.dxy.cn）成立于 2000 年 7 月 23 日，自创办以来一直致力于为广大医药生命科学专业人士提供专业交流平台，如图 13-11 所示。凭借着专业精神和深厚积累，专业交流不断深入和发展，丁香园已从最初每天只有数人查看的留言板逐步发展壮大成为国内规模最大、最受专业人士喜爱的医药行业网络传媒平台。

丁香园生物医药科技网目前汇聚超过 140 万医学、药学和生命科学的专业工作者，每月新增会员 3 万名，大部分集中在全国大中型城市、省会城市的三甲医院，超过 70% 的会员拥有硕士或博士学位。

图 13-11

丁香园论坛（http://www.dxy.cn/bbs）：含 100 多个医药生物专业栏目，采取互动式交流，提供实验技术讨论、专业知识交流、文献检索服务、科研课题申报、考硕考博信息等服务；

丁香人才（http://www.jobmd.cn）：专业的医药生物人才招聘平台，提供医药行业人才招聘、职场快讯、求职指导、猎头服务等。

丁香通（http://tong.dxy.cn）：专业生物医药商业信息平台。

四、生物谷网站

生物谷创建于 2001 年，隶属于上海北岸信息技术有限公司，如图 13-12 所示。经过不断的发展，目前已成为国内第一的生物医药门户网站。在注重科学性、实用性和权威性的前提下，生物谷网站 BIOON.com 及时、全面、快速的把生物医药有关方面的信息和资料在网站中发布，内容包括生物学，医学，药学，实验，产业，培训，会议，企业采专题采访等。采用先进的科学分类方法，有方便的网上查询，还有独特的关键词搜索等等，这些都为用户提供了一种全新的、方便、快捷的专业信息服务。

图 13-12

生物谷网站（www.BIOON.com）：生物医药相关信息和资料在线发布、搜索和企业服务。

中国生命科学论坛（www.BIOON.net）：科研人员学术社区。

生物谷博客（www.blog.BIOON.com）：免费综合媒体平台。

企业平台（www.show.BIOON.com）：企业产品信息发布、展示平台。

五、冷泉港实验室网站

美国冷泉港实验室（CSHL）是国际生命科学的会议中心与培训基地。CSHL 科学家沃森先生是 DNA 双螺旋结构图的发现者之一，诺贝尔奖得主，也是"国际人类基因组计划"的倡导者和实施者。如图 13-13 所示，CSHL 出版的五种期刊具有很高的影响因子，是生物领域的研究人员不可或缺的研究参考资料。

期刊内容：

（1）Genes & Development。

（2）Genome Research。

（3）Learning & Memory。

（4）Protein Science。

（5）RNA。

访问网址：http://www.cshl.edu/。

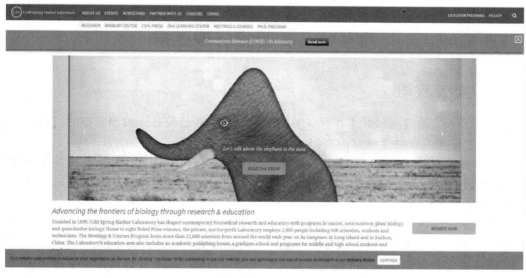

图 13-13

【小结】

随着互联网技术的不断发展，现在是处在数字图书馆时代。越来越多的信息资源已不再单纯地表现为实体的纸质图书和报刊，而是更多表现为虚拟的电子信息资源，如电子期刊、电子图书、电子报纸、电子索引，等等。这些电子信息资源利用完全超越了传统纸质资源的阅读方式，个人的阅读行为和阅读习惯也随之发生了很大的变化，在海量信息面前，如何检索、获取、评价及有效利用这些信息成为当今信息需求者面临的新问题。因此，本章对当前国内外常用的生物医学数据库和综合性数据库进行了简要的介绍。

附 录

附录 A 实验室管理要求

一、实验室规则

1. 学生进入实验室必须穿工作服，关闭个人娱乐、通信设备，按照安排的实验台就座。遵守实验课堂纪律，保持实验室内安静。

2. 实验开始前要认真听取教师讲解；实验操作必须严格操作规程并按教师的指导进行，合理安排实验时间，做到科学有序，有条不紊；需要改变实验操作程序或试剂用量时，必须征求教师同意后方可进行。

3. 在整个实验操作过程中要注意节约，不得浪费或随意增减试剂或样品的用量；试剂瓶的排列要整齐有序，用完后要立即放回原处，以防被污染或打翻造成浪费。

4. 要爱护实验仪器设备，严格按照操作规程进行操作。精密仪器按照规定放在固定的位置，未经许可，不得随意搬动；发现仪器和设备有问题或出现故障，要立即停止使用，并及时报告指导教师；仪器使用结束后要擦净盖好，进行登记；损坏仪器要及时报告，填写损物登记并按学院规定的赔偿制度进行赔偿。

5. 实验过程中经常用到易燃、易爆、有毒和强腐蚀性等造成对人身伤害的化学试剂，并经常要使用水、电、燃气等，稍有不慎会造成损伤或发生事故，因此必须小心谨慎，加强安全防范意识，杜绝伤害和事故的发生。

6. 每个班的科代表协助教师负责实验室的工作，并安排值日人员；实验结束后，每个学生要把自己所用过的器皿清洗干净后放回原处，值日人员要认真整理、清点器材，打扫室内卫生、擦净实验台、试剂架、倒净垃圾、检查水、电、燃气的开关，关好门窗，经教师同意后方可离开实验室。

二、实验要求

1. 要积极主动做好每次实验，自觉地进行基本技术和技能训练，有意识地培养自己的动手能力、分析综合能力以及严谨的实事求是的工作作风。

2. 课前要预习。在实验课前必须进行预习，明确本次实验的目的，清楚实验原理，了解操作步骤以及实验中的注意事项等，做到对整个实验心中有数。

3. 认真观察，做好记录。实验中应认真观察实验现象和结果，完整、准确、如实地做好实验记录；每位学生必须有实验记录本，不准用碎纸做实验记录，更不准将原始的实验数据写在手上，这样容易把实验数据丢失，也不利于培养良好的工作习惯；在实验中发现问题要认真思考，查找原因，找到妥善解决的办法。

4. 认真书写实验报告。实验报告是每次实验情况的真实记录和总结，是学生独立工作能力和素质培养的重要环节，每个学生都要独立完成；报告要用自己的语言，实事求是地去写，要求字迹端正、书写整洁，内容简明扼要；实验报告主要包括实验日期、实验名称、实验目的、实验原理、主要操作步骤、结果与讨论等内容；实验报告写好后由科代表收齐，然后交给带教教师，教师将认真批改，并登记入册，作为本学期实验成绩的一部分。

三、实验室的安全防护

在实验室中经常用到一些毒性很强、腐蚀性很高、易燃、易爆的化学药品，使用玻璃、瓷质等易碎的器皿，在有水、电、燃气等设备的环境中操作，因此必须十分重视安全防护。

1. 开始实验前，必须了解室内的水闸、电闸的总开关及室内的安全防护设施，离开实验室务必将水、电闸门关闭。

2. 使用电热干燥箱、恒温水浴、离心机、电磁炉等电气设备时，要小心操作，严防触电，绝不可湿手或者在眼睛旁视的情况下，开启电闸或电器开关；凡是发现漏电的仪器未经检修一律不准使用；使用加热的电器如电炉、电磁炉或燃气时要做到"火着人在，人走火灭"。

3. 易燃试剂如乙醚、乙醇、甲醇、丙酮和氯仿等极易燃烧，它们与空气的混合物都有不同程度的爆炸性，因此在使用时要特别远离火源，加强空气流通。严禁在有火源的地方倾倒试剂，严禁把这些试剂放在烧杯等广口器皿内直接在火上加热，只能在水浴上使用回流、冷凝或蒸馏。在水浴上加热时切勿将容器密闭，以防容器爆炸。

4. 实验中使用的化学试剂中有许多具有剧毒、致癌、强腐蚀性，它们可通过皮肤、消化道和呼吸道等途径侵入人体，对人体造成伤害。因此在操作过程中必须特别注意：

（1）实验操作过程中凡能产生烟雾或腐蚀性气体试剂应放在通风橱内，如实验室无此设备，则必须开窗通风。

（2）若需要用吸量管量取试剂时，必须使用橡皮球或定量加液器吸取，严禁用嘴直接吸取。

（3）使用剧毒药品时，应严格按照实验室规定的审批手续领取，使用时要严格操作，用后要妥善处理。

5. 实验的废液中有的含有强酸、强碱等腐蚀性试剂，有的含有毒物质，有的含有易燃、易爆性物质，若处理不当，会给人体造成严重的伤害。因此，实验废液的处理也是实验安全防护中必不可少的重要环节。强酸、强碱性废液不能直接倒入下水槽中，而应先将废液稀释后再倒入水槽，并用大量自来水冲洗，以防废液滞留而损坏下水道。含有氰化物的废液应先加入氢氧化钠调 pH>7 后再加入次氯酸过夜，使氰根被氧化分解后方可倒入下水道流水冲走。

四、玻璃仪器的洗涤及各种洗液的配制

实验中所使用的玻璃器皿清洁与否，直接影响实验结果，往往由于器皿的不清洁或被污染而造成较大的实验误差，甚至相反的实验结果。因此，玻璃器皿的洗涤清洁工作是非常重要的。

（一）初用玻璃器皿的清洗

新购买的玻璃器皿表面常附着有游离的碱性物质，可先用肥皂水（或去污粉）洗刷，再用自来水洗净，然后浸泡在盐酸 1%~2%溶液中过夜（不少于 4 h），再用自来水冲洗，最后用蒸馏水冲洗 2~3 次，在 100~130 ℃烘箱内烘干备用。

（二）使用过的玻璃器皿的清洗

1. 一般玻璃器皿：如试管、烧杯、锥形瓶等（包括量筒）。先用自来水洗刷至无污物，再选用大小合适的毛刷蘸取去污粉，将器皿内外，特别是内壁，用自来水冲洗干净后再用蒸馏水洗 2~3 次，烘干或倒置在清洁处，干后备用。凡洗净的玻璃器皿，不应在器壁上带有水珠，否则表示尚未洗干净，应再按上述方法重新洗涤。若发现内壁有难以去掉的污迹，应分别使用下述的各种洗涤剂予以清除，再重新冲洗。

2. 量器：如吸管、滴定管、量瓶等，使用后应立即浸泡于凉水中，勿使物质干涸。工作完毕后用流水冲洗，以除去附着的试剂、蛋白质等物质，晾干后浸泡在铬酸洗液中 4~6 h（或过夜），再用自来水充分冲洗，最后用蒸馏水冲洗 2~4 次，风干备用。

3. 其他：具有传染性样品的容器，如分子克隆、病毒沾污过的容器，常规先进行高压灭菌或其他形式的消毒，再进行清洗。盛过各种毒品，特别是剧毒药品和放射性物质的容器，必须经过专门处理，确知没有残余毒物时方可进行清洗，否则使用一次性容器。

（三）洗涤液的种类和配制方法

1. 铬酸洗液（重铬酸钾-硫酸洗液，简称洗液或清洁液）：广泛用于玻璃器皿的洗涤，常用的配制方法有以下 4 种：

（1）取 100 mL 硫酸置于烧杯内，小心加热，然后慢慢地加入 5 g 重铬酸钾，边加边搅拌，冷却后储存于带玻璃塞的细口瓶内。

（2）称取 5 g 重铬酸钾粉末置于 250 mL 烧杯中，加水 5 mL，尽量使其溶解，慢慢加入 100 mL 浓硫酸，边加边搅拌，冷却后储存备用。

（3）称取 80 g 重铬酸钾，溶于 1 000 mL 自来水中，慢慢地加入浓硫酸 1 000 mL，边加边搅拌。

（4）称取 200 g 重铬酸钾，溶于 500 mL 水中，慢慢加入浓硫酸 500 mL，边加边搅拌。

2. 浓盐酸：可洗去水垢或某些无机盐沉淀。

3. 5%草酸溶液：可洗去高锰酸钾的痕迹。

4. 5%~10%磷酸三钠溶液：可洗涤油污物。

5. 5%~10%乙二胺四乙酸二钠（EDTA）溶液：加热煮沸可洗去玻璃器皿内壁的白色沉淀物。

6. 30%硝酸溶液：洗涤 CO_2 测定仪器及微量滴管。

7. 尿素洗涤液：为蛋白质的良好溶剂，适用于盛蛋白质制剂及血样的溶液。

8. 酒精与浓硝酸混合液：最适合于洗涤滴定管。在滴定管中加入 3 mL 酒精，然后沿管壁慢慢加入 4 mL 浓硝酸（相对密度 1.4），盖住滴定管管口，利用所产生的氧化氮洗净滴定管。

上述洗涤液可多次使用，但使用前必须将待洗涤的玻璃器皿先用水冲洗多次，除去肥皂液、去污粉或各种废液。若容器上有凡士林或羊毛脂时，应先用软纸擦去，然后再用乙醇或乙醚擦净，否则会使洗涤液迅速失效。例如肥皂水、有机溶剂（乙醇甲醛等）及少量油污物均会使重铬酸钾-硫酸液变绿，降低洗涤能力。

（四）细胞培养玻璃器皿的洗涤处理

1. 按上述方法对玻璃器皿进行初洗，晾干。

2. 将玻璃器皿浸泡入洗液中 24～48 h，注意玻璃器皿内应全部充满洗液，操作时小心勿将洗液溅到衣服及身体各部。

3. 取出，沥去多余的洗液。

4. 自来水充分冲洗。

5. 排列 6 桶水，前 3 桶水为去离子水，后 3 桶水为去离子双蒸水。

6. 将玻璃器皿依次洗过 6 桶水，玻璃器皿在每桶水中过 6～8 次。

7. 倒置，60 ℃烘干。

附录 B　常见缓冲液和标准液的配制

一、常用缓冲液的配制

1. 磷酸氢二钠-柠檬酸缓冲溶液（pH 2.6～7.6）

0.1 mol/L 柠檬酸溶液：柠檬酸·H_2O 21.01 g/L；

0.2 mol/L 磷酸氢二钠溶液：Na_2HPO_4·$2H_2O$ 35.61 g/L。

pH	0.1mol/L 柠檬酸溶液/mL	0.2 mol/L Na_2HPO_4 溶液/mL	pH	0.1mol/L 柠檬酸溶液/mL	0.2mol/L Na_2HPO_4 溶液/mL
2.6	89.10	10.90	5.2	46.40	53.60
2.8	84.15	15.85	5.4	44.25	55.75
3.0	79.45	20.55	5.6	42.00	58.00
3.2	75.30	24.70	5.8	39.55	60.45
3.4	71.50	28.50	6.0	36.85	63.15
3.6	67.80	32.20	6.2	33.90	66.10
3.8	64.50	35.50	6.4	30.75	69.25
4.0	61.45	38.55	6.6	27.25	72.75
4.2	58.60	41.40	6.8	22.75	77.25
4.4	55.90	44.10	7.0	17.65	82.35
4.6	53.25	46.75	7.2	13.05	86.95
4.8	50.70	49.30	7.4	9.15	90.85
5.0	48.50	51.50	7.6	6.35	93.65

2. 柠檬酸-柠檬酸三钠缓冲溶液（pH 3.0～6.2）

0.1 mol/L 柠檬酸溶液：柠檬酸·H_2O 21.01 g/L；

0.1 mol/L 柠檬酸三钠溶液：柠檬酸三钠·$2H_2O$ 29.4 g/L。

pH	0.1mol/L 柠檬酸溶液/mL	0.1mol/L 柠檬酸三钠/mL	pH	0.1mol/L 柠檬酸溶液/mL	0.1mol/L 柠檬酸三钠/mL
3.0	82.0	18.0	4.8	40.0	60.0
3.2	77.5	22.5	5.0	35.0	65.0
3.4	73.0	27.0	5.2	30.5	69.5
3.6	68.5	31.5	5.4	25.5	74.5
3.8	63.5	36.5	5.6	21.0	79.0
4.0	59.0	41.0	5.8	16.0	84.0
4.2	54.0	46.0	6.0	11.5	88.5
4.4	49.5	50.5	6.2	8.0	92.0
4.6	44.5	55.5			

3. 乙酸-乙酸钠缓冲溶液（pH3.7～5.8）（18 ℃）

0.2 mol/L 乙酸钠溶液：乙酸钠·3H₂O 27.22 g/L；

0.2 mol/L 乙酸溶液：冰乙酸 11.7 mL/L。

pH	0.2 mol/L 乙酸钠/mL	0.2 mol/L 乙酸/mL	pH	0.2 mol/L 乙酸钠/mL	0.2 mol/L 乙酸/mL
3.7	10.0	90.0	4.8	59.0	41.0
3.8	12.0	88.0	5.0	70.0	30.0
4.0	18.0	82.0	5.2	79.0	21.0
4.2	26.5	73.5	5.4	86.0	14.0
4.4	37.0	63.0	5.6	91.0	9.0
4.6	49.0	51.0	5.8	94.0	6.0

4. 磷酸氢二钠-磷酸二氢钠缓冲溶液（pH 5.8～8.0）（25 ℃）

0.2 mol/L 磷酸氢二钠溶液：Na_2HPO_4·12H_2O 71.64 g/L；

0.2 mol/L 磷酸二氢钠溶液：NaH_2PO_4·2H_2O 31.21 g/L。

pH	0.2 mol/L Na_2HPO_4 溶液/mL	0.2 mol/L NaH_2PO_4 溶液/mL	pH	0.2 mol/L Na_2HPO_4 溶液/mL	0.2 mol/L NaH_2PO_4 溶液/mL
5.8	8.0	92.0	7.0	61.0	39.0
6.0	12.3	87.7	7.2	72.0	28.0
6.2	18.5	81.5	7.4	81.0	19.0
6.4	26.5	73.5	7.6	87.0	13.0
6.6	37.5	62.5	7.8	91.5	8.5
6.8	49.0	51.0	8.0	94.7	5.3

5. 巴比妥-盐酸缓冲溶液（pH6.8～9.6）（18 ℃）

100 mL 0.04 mol/L 巴比妥溶液（8.25 g/L）+X mL 0.2 mol/L HCl 溶液混合。

pH	0.2 mol/L HCl 溶液/mL	pH	0.2 mol/L HCl 溶液/mL	pH	0.2 mol/L HCl 溶液/mL
6.8	18.4	7.8	11.47	8.8	2.52
7.0	17.8	8.0	9.39	9.0	1.65
7.2	16.7	8.2	7.21	9.2	1.13
7.4	15.3	8.4	5.21	9.4	0.70
7.6	13.4	8.6	3.82	9.6	0.35

6. 硼砂-硼酸缓冲溶液（pH 7.4～9.0）

0.05 mol/L 硼砂溶液为 19.07 g/L；

0.2 mol/L 硼酸溶液为 12.37 g/L。

pH	0.05 mol/L 硼砂/mL	0.2 mol/L 硼酸/mL	pH	0.05 mol/L 硼砂/mL	0.2 mol/L 硼酸/mL
7.4	1.0	9.0	8.2	3.5	6.5
7.6	1.5	8.5	8.4	4.5	5.5
7.8	2.0	8.0	8.7	6.0	4.0
8.0	3.0	7.0	9.0	8.0	2.0

7. 硼砂-盐酸缓冲溶液（pH 8.1～9.0）（25 ℃）

0.025 mol/L 硼砂溶液为 9.536 g/L；

0.025 mol/L 硼砂 X mL+0.1 mol/L 盐酸 Y mL，再加蒸馏水稀释到 100 mL。

pH	0.025 mol/L 硼砂 X/mL	0.1 mol/L 盐酸 Y/mL	pH	0.025 mol/L 硼砂 X/mL	0.1 mol/L 盐酸 Y/mL
8.1	50.0	19.7	8.6	50.0	13.5
8.2	50.0	18.8	8.7	50.0	11.6
8.3	50.0	17.7	8.8	50.0	9.4
8.4	50.0	16.6	8.9	50.0	7.1
8.5	50.0	15.2	9.0	50.0	4.6

8. Tris-HCl 缓冲溶液（pH 7.2～8.8）（25 ℃）

0.1 mol/L Tris 溶液为 12.114 g/L；

0.1 mol/L Tris X mL+0.1 mol/L HCl Y mL，再加蒸馏水稀释到 100 mL。

pH	0.1 mol/L Tris X/mL	0.1 mol/L HCl Y/mL	pH	0.1 mol/L Tris X/mL	0.1 mol/L HCl Y/mL
7.2	50.0	44.7	8.2	50.0	22.9
7.4	50.0	42.0	8.4	50.0	17.2
7.6	50.0	38.5	8.6	50.0	12.7
7.8	50.0	34.5	8.8	50.0	8.5
8.0	50.0	29.2			

9. 碳酸钠-碳酸氢钠缓冲溶液（pH 9.2～10.8）（Ca^{2+}、Mg^{2+}存在时不得使用）

0.1 mol/L Na_2CO_3 溶液为 28.62 g/L；

0.1 mol/L Na_2HCO_3 溶液为 8.40 g/L。

pH 20 ℃	pH 37 ℃	0.1 mol/L Na_2CO_3/mL	0.1 mol/L Na_2HCO_3/mL
9.2	8.8	10	90
9.3	9.1	20	80
9.4	9.4	30	70
9.8	9.5	40	60

pH		0.1 mol/L Na₂CO₃/mL	0.1 mol/L Na₂HCO₃/mL
20 °C	37 °C		
9.9	9.7	50	50
10.1	9.9	60	40
10.3	10.1	70	30
10.5	10.3	80	20
10.8	10.6	90	10

10. 邻苯二甲酸氢钾-氢氧化钠缓冲溶液（pH 4.1～5.9）（25 °C）

50 mL 0.1 mol/L 邻苯二甲酸氢钾溶液（20.42 g/L）+X mL 0.1 mol/L NaOH 溶液，加水稀释至 100 mL。

pH	0.1 mol/L NaOH 溶液/mL	水/mL	pH	0.1 mol/L NaOH 溶液/mL	水/mL
4.1	1.2	48.8	5.1	25.5	24.5
4.2	3.0	47.0	5.2	28.8	21.2
4.3	4.7	45.3	5.3	31.6	18.4
4.4	6.6	43.4	5.4	34.1	15.9
4.5	8.7	41.3	5.5	36.6	13.4
4.6	11.1	38.9	5.6	38.8	11.2
4.7	13.6	36.4	5.7	40.6	9.4
4.8	16.5	33.5	5.8	42.3	7.7
4.9	19.4	30.6	5.9	43.7	6.3
5.0	22.6	27.4			

二、电泳缓冲液配制

1. 常用电泳缓冲液

缓冲液	使用液	浓储存液/L
Tris-乙酸（TAE）	1×：0.04 mol/L Tris-乙酸 0.001 mol/L EDTA	50×：242 g Tris 碱 57.1 mL 冰乙酸 100 mL 0.5 mol/L EDTA（pH 8.0）
Tris-磷酸（TPE）	1×：0.09 mol/L Tris-磷酸 0.002 mol/L EDTA	10×：10 g Tris 碱 15.5 mL 85%磷酸（1.679 g/mL） 40 mL 0.5 mol/L EDTA（pH 8.0）
Tris-硼酸（TBE）	0.5×：0.045 mol/L Tris-硼酸 0.001 mol/L EDTA	5×：54 g Tris 碱 27.5 g 硼酸 20 mL 0.5 mol/L EDTA（pH 8.0）

缓冲液	使用液	浓储存液/L
碱性缓冲液	1×：50 mmol/L NaOH 1 mmol/L EDTA	1×：5 mL 10 mol/L NaOH 2 mL 0.5 mmol/L EDTA（pH 8.0）
Tris-甘氨酸	1×：25 mmol/L Tris 250 mmol/L 甘氨酸	5×：15.1 g Tris 94 g 甘氨酸（电泳级）（pH 8.3）

说明：

（1）TBE 溶液长时间存放后会形成沉淀物，为避免这一问题，可在室温下用玻璃瓶保存 5× 溶液，出现沉淀后则予以废弃。

以上都以 1×TBE 作为使用液（即 1∶5 稀释浓储液）进行琼脂糖凝胶电泳。但 0.5× 的使用液已具备足够的缓冲容量。目前几乎所有的琼脂糖胶电泳都以 1∶10 稀释的储存液作为使用液。

（2）Tris-甘氨酸缓冲液用 SDS 聚丙烯酰胺凝胶电泳。

2. 双向电泳常用溶液配制

（1）水化/上样缓冲液。

水化上样缓冲液（Ⅰ）1 mL

	终浓度	加入量
urea	8 mol/L	0.48 g
CHAPS	4%	40 mg
DTT	50～65 mmol/L	7～9.8 mg
TBP	2 mmol/L	10 μL
40% Bio-Lyte	0.2%（W/V）	5 μL
1%溴酚蓝	0.001%	1 μL
MilliQ 水		650 μL

水化上样缓冲液（Ⅱ）1 mL

	终浓度	加入量
urea	7 mol/L	0.42 g
thiurea	2 mol/L	0.152 g
CHAPS	4%	40 mg
DTT	50～65 mmol/L	7～9.8 mg
TBP	2 mmol/L	10 μL
Bio-Lyte	0.2%（W/V）	5 μL
1%溴酚蓝	0.001%	1 μL
MilliQ 水		650 μL

水化上样缓冲液（Ⅰ）中的尿素浓度可以调高到 9 或者 9.8 mol/L，用 7 mol/L Urea 和 2 mol/L Thoiurea 溶解蛋白的能力较单用尿素强。目前常用的去垢剂为 CHAPS，也可用 Triton X-100、NP-40 等代替。可以加蛋白质酶的抑制剂和核酸酶。还原剂可用 DTT 或 TBP，分离

碱性蛋白时最好用 TBP。溴酚蓝作为指示剂，可以监测上样和聚焦过程，如操作熟练，可以不加。

溴酚蓝储液

	Final concentration	Amount
Bromophenol blue	1%	10 mg
Tris-base	50 mmol/L	6 mg
MilliQ H$_2$O		至 1 mL

（2）胶条平衡液储存液。

50 mmol/L Tris-cl pH 8.8，6 mol/L Urea，30% glycerol，2% SDS，bromophenol blue，200 mL。

	Final concentration	Amount
1.5 M Tris-cl，pH 8.8	50 mmol/L	6.7 mL
Urea（Fw 60.06）	6 mol/L	72.07 g
Glycerol（87%）	30%	69 mL
SDS（Fw 288.38）	2%（W/V）	4.0 g
1% Bromophenol blue solution	0.002%（W/V）	400 μL
		至 200 mL

分装后储存于-20 ℃；溴酚蓝可以不加；用之前在加 DTT（20 mg/mL）或者碘乙酰胺（25 mg/mL）。

（3）10%（V/V）SDS 溶液。

SDS（Fw 288.38）　　　　10.0 g

MilliQ H$_2$O　　　　　　至 100 mL

用 0.45 μm 的滤膜过滤室温保存（高纯试剂一般不用过滤）。

（4）聚丙烯酰胺单体储存液。

	Final concentration	Amount
Acrylamide	30%	150 g
N，N'-methylenebisacrylamide	0.8%	4.0 g
or PDA		5.0 g
MilliQ H$_2$O		至 500 mL

用 0.45μm 的滤膜过滤（可不过滤），4 ℃ 避光保存。

（5）4×分离胶溶液（4×Resolving gel buffer，1.5mol/L Tris-Cl pH8.8 ）。

	Final concentration	Amount
Tris-base（Fw 121.1）		181.5 g
MilliQ H$_2$O	1.5 mol/L	750 mL
HCl（Fw 36.46）		Adjust to pH 8.8
MilliQ H$_2$O		至 1 000 mL

用 0.45 μm 的滤纸过滤，4 ℃ 保存。

（6）10%过硫酸铵

	Final concentration	Amount
Ammonium persulphate（APS）	10%	1 g
MilliQ H$_2$O		至 10 mL

当加入水时，新鲜的过硫酸铵会发出"咔嚓"声音。如果没有声音，则需要换新的药品。可少量（10 mL）配制，分装后 4 ℃ 保存。

（7）电泳缓冲液（25mmol/L Tris，192 mmol/L glycine，0.1%SDS）

	Final concentration	Amount	
Tris base	25 mmol/L	15.1 g	7.55 g
Glycine	192mmol/L	72.1 g	36.05 g
SDS	0.1%（W/V）	5.0 g	2.5 g
MilliQ H$_2$O		至 5000 mL	至 2500 mL

该溶液的 pH 不需调整，可直接在大试剂瓶中配制溶液，室温保存。

（8）琼脂糖封胶液

	Final concentration	Amount
TGS electophoresis buffer	—	50 mL
Agrose（NA or mol/L）	0.5%	0.25 g
1% Bromophenol blue	0.002%（W/V）	100 μL

可在锥形瓶配制，微波炉加热熔化。小份分装，室温保存。

3. 凝胶加样缓冲液

缓冲液类型	6× 缓冲液	储存温度
I	0.25%溴酚蓝 0.25%二甲苯青 FF 40%（*W/V*）蔗糖水溶液	4 °C
II	0.25%溴酚蓝 0.25%二甲苯青 FF 15%聚蔗糖（Ficoll400）	室温
III	0.25%溴酚蓝 0.25%二甲苯青 FF 30%甘油水溶液	4 °C
IV	0.25%溴酚蓝 40%（*W/V*）蔗糖水溶液 18%聚蔗糖（Ficoll400）	4 °C
V	0.15%溴甲酚绿 0.25%二甲苯青 FF	4 °C

4. 磷酸盐缓冲溶液（PBS）溶液

在 800 mL 蒸馏水中溶解 8 g NaCl、0.2 g KCl、1.44 g Na_2HPO_4 和 0.24 g KH_2PO_4，用 HCl 调节溶液的 pH 至 7.4，加水定容至 1 L，在 1034×10^5 Pa 高压下蒸气灭菌 20 min，保存于室温。

5. 2×BES 缓冲盐溶液

用总体积 90 mL 的蒸馏水溶解 1.07 g 盐溶液 BES[N，N-双（2-羟乙基）-2-氨基乙磺酸]、1.6 g NaCl 和 0.027 g Na_2HPO_4，室温下用 HCl 调节该溶液的 pH 至 6.96，然后加入蒸馏水定容至 100 mL，用 0.22 μm 滤器过滤除菌，分装成小份，于-20 °C 保存。

6. 2×HEPES 缓冲盐溶液

用总量为 90 mL 的蒸馏水溶解 1.6 g NaCl、0.074 g KCl、0.027 g $Na_2PO_4 \cdot 2H_2O$、0.2 g 葡聚糖和 1g HEPES，用 0.5 mol/L NaOH 调节 pH 至 7.05，再用蒸馏水定容至 100 mL。用 0.22 μm 滤器过滤除菌，分装成 5 mL 小份，于-20 °C 保存。

7. 20×SSC

NaCl 175.3 g；柠檬酸钠 88.2 g；H_2O 800 mL；用 10 mol/L NaOH 溶液调节 pH 至 7.0 后，定容至 1 000 mL。

8. 20×SSPE

NaCl 175.3 g；$Na_2HPO_4 \cdot H_2O$ 27.6 g；EDTA 7.4 g；H_2O 800 mL；用 NaOH 溶液调节 pH 至 7.4 后，定容至 1 000 mL。

9. Tris 缓冲盐溶液（TBS）（25 mmol/L Tris）

在 800 mL 蒸馏水中溶解 8 g NaCl、0.2 g KCl 和 3 g Tris 碱，加入 0.015 g 酚并用 HCl 调至 pH 至 7.4，用蒸馏水定容 1 L，分装后在 1.034×10^5 Pa 高压下蒸汽灭菌 20 min，于室温保存。

10. TNT

10 mmol/L Tris-Cl 溶液（pH 8.0）；150 mmol/L NaCl 溶液；0.05% Tween20。

附录 C　常见限制性核酸内切酶酶切位点

常用限制性内切酶的酶切位点及其缓冲液见附表。根据各酶所需的盐浓度，常配制高盐、中盐、和低盐缓冲液的储存液。

附表　常用限制性内切酶的酶切位点及其缓冲液

常见限制性内切酶	缓冲液盐浓度	识别顺序
Bam H I	中	G↓GATCC
Eco R I	高	G↓AATTC
Hind III	中	A↓AGCTT
Kpn I	低	GGTAC↓C
Nde I	中	CA↓TATG
Pst I	中	CTGCA↓G
Sac I	低	CCGC↓GG
Sal I	高	G↓TCGAC
Sca I	中	AGT↓ACT
Xba I	高	T↓CTAGA

1. 10×低盐缓冲液

100 mmol/L Tris-HCl（pH 7.5），100 mmol/L 氯化镁，10 mmol/L DTT。

2. 10×中盐缓冲液

0.5 mol/L NaCl，100 mmol/L Tris-HCl（pH 7.5），100 mmol/L 氯化镁，10 mmol/L DTT。

3. 10×高盐缓冲液

1 mol/L NaCl，100 mmol/L Tris-HCl（pH 7.5），100 mmol/L 氯化镁，10 mmol/L DTT。

参考文献

[1] 刘戟，等. 生物化学与分子生物学实验教程. 北京：科学出版社，2021.

[2] 揭克敏，等. 医学生物化学与分子生物学实验教程. 2 版. 北京：科学出版社，2021.

[3] 孙军，等. 医学生物化学与分子生物学实验. 北京：科学出版社，2019.

[4] 宋海星，等. 生物化学与分子生物实验学. 北京：科学出版社，2012.

[5] 黄立华，等. 分子生物学实验技术：基础与拓展. 北京：科学出版社，2017.

[6] 龙子江，等. 生物化学与分子生物学实验技术教程. 合肥：中国科学技术大学出版社，2020.

[7] 王玉明，等. 医学生物化学与分子生物学实验技术. 2 版. 北京：清华大学出版社，2017.

[8] 曾卫民，等. 生物化学与分子生物学实验教程. 北京：科学出版社，2019.

[9] 孙聪，等. 生物化学与分子生物学实验教程. 2 版. 北京：清华大学出版社，2017.

[10] 陈宁，等. 氨基酸工艺学. 2 版. 北京：中国轻工业出版社，2020.

[11] 王廷华，等. 蛋白质理论与技术. 北京：科学出版社，2013.

[12] 余梅，等. 基础生物化学. 北京：科学出版社，2020.

[13] 邓毛程，等. 氨基酸发酵生产技术. 2 版. 北京：中国轻工业出版社，2014.

[14] 张艳贞，等. 蛋白质科学——理论、技术与应用. 北京：北京大学出版社，2013.

[15] 丁益，等. 生化分析技术试验. 北京：科学出版社，2018.

[16] 胡永红，等. 生物分离实验技术. 北京：化学工业出版社，2019.

[17] 李凌，等. 生物化学实验指导. 北京：人民卫生出版社，2020.

[18] 姚文兵，等. 生物化学. 8 版. 北京：人民卫生出版社，2016.

[19] 朱圣庚，等. 生物化学. 4 版. 北京：高等教育出版社，2017.

[20] 何华勤，等. 简明蛋白质组学. 北京：中国林业出版社，2011.

[21] 汪世华，等. 蛋白质工程. 2 版. 北京：科学出版社，2018.

[22] BARKER K. 分子生物学实验室工作手册. 王维荣，黄伟达，译. 北京：科学出版社，2005.

[23] FRIEDBERG E C. The eureka enzyme: the discovery of DNA polymerase[J]. Nature Reviews Molecular Cell Biology, 2006, 7: 143-147.

[24] 萨姆布鲁克（SAMBROOK J），拉塞尔 D W. 分子克隆实验指南. 北京：科学出版社，2016.

[25] 朱旭芬，吴敏，向太和. 基因工程. 北京：高等教育出版社，2014.